JN409326

그대 머무는 곳마다

이희석 에세이

그대 머무는 곳마다

인쇄 2018년 1월 25일
발행 2018년 1월 31일

지은이 이희석
발행인 서정환
펴낸곳 수필과비평사
주소 서울시 종로구 삼일대로 32길 36(익선동 30-6 운현신화타워 빌딩) 305호
전화 (02) 3675-3885, (063) 275-4000 · 0484
팩스 (063) 274-3131
이메일 sina321@hanmail.net essay321@hanmail.net
출판등록 제300-2013-133호
인쇄 · 제본 신아출판사

ISBN 979-11-5933-150-3 03810
값 13,000원

이 도서의 국립중앙도서관 출판예정도서목록(CIP)은 서지정보유통지원시스템 홈페이지(http://seoji.nl.go.kr)와 국가자료공동목록시스템(http://www.nl.go.kr/kolisnet)에서 이용하실 수 있습니다. (CIP제어번호: CIP2018003203)

Printed in KOREA

그대 머무는 곳마다

이희석 에세이

수필과비평사

| 머리말

거의 모든 일상이 직장을 중심으로 돌아갔던 40여 년의 긴장을 풀고 푹 쉬며 그해를 보낼 무렵, 친하게 지내던 학형學兄이 『정읍시사』라는 주간지에 글을 기고해보라고 권했다. 무식하면 용감하다고 했던가? 선뜻 응하였다.

드디어 2013년 정월 첫 주부터 「덧없이 짧은 세월 원하는 삶을 살고 있는가」라는 글을 필두로 소소한 이야기들을 게재하기 시작했다. 문재文才가 우둔한 탓으로 나의 글 쓰는 작업은 쉽지 않았다. 글감이 잘 풀리지 않을 땐 무진 애를 먹었다. 시간과 드잡이를 해가며 쓰고 지우고 고치기를 거듭했다. 가까운 글벗들로부터 격려와 조언도 받았다.

글쓰기 시작한 첫해는 무거운 내용을 담고 있는 에세이 형식의 글이 많았다. 다음해부터는 생활 주변의 일을 소재로 가볍게 쓰려고 시도해 보았다. 평범한 일상의 관심사로 출발한 글이 삶의 의미와 관계 깊은 주제로 옮겨갔고 칼럼의 경계를 넘어가서 수필이라는 형식으로 이야기를 풀어 갔다. 적어도 읽는 이의 마음을 상하게 해서는 안 된다는 것을 원칙으로 삼아 써왔다. 점차 독자들의 관심과 호응을 얻어갔다. 꼬박 2년 써 온 글이 100여 편이 되었다.

그동안 쓴 글들을 다시 읽어보니 서툴고 미흡한 대목이 많았다. 몇 해에 걸쳐 조금씩 퇴고를 했다. 가까운 문우들에게 물어 바로잡곤 했다. 버려두기엔 아깝다는 생각이 점점 짙어졌다. 한 권의 책으로 엮어내면 마음이 홀가분해질 것 같았다. 결단하고 용기를 내서 발간하기로 했다.

수필에 입문한 이래 자상하게 지도하여 주신 김학 교수님, 어쭙잖은 내 글을 끝까지 읽고 바로잡아 주신 한경선 교수님과 박용덕 문우님, 수필의 길을 동행하면서 조언과 격려를 아끼지 않은 문경근, 변명옥 문우님께 무엇으로 사의를 표해야 좋을지 모르겠다. 출간 비용을 대 준 아들딸들에게도 고마운 마음을 금할 수 없다. 이 책을 펴내주신 신아출판사 서정환 사장님과 직원 여러분들께도 감사한 마음을 전한다. 모든 것이 하나님의 크신 은혜다.

이제는 더 나은 글을 쓰는 것이 목표다. 이 책이 독자들에게 삶의 본질에 대한 생각거리를 제공하고 긍정적이고 건전한 세계관에 도움을 줄 수 있다면 더 바랄 나위 없겠다.

2018년 1월

養才 李喜碩

| 차례

제1부

제2부

제3부

제4부

제5부

제6부

제7부

제8부

제1부

원하는 삶을 살고 있는가

지난 섣달, 구순을 넘으신 사돈어른이 돌아가셨다. 그분을 처음 뵈었던 오래전 일이 바로 엊그제 같은데 어느새 돌아가셨구나 하는 생각이 들었다. 평소 자주 문안드리지 못한 아쉬움을 금할 수 없었다. 그분은 비록 수복壽福을 누리셨고 가족의 가슴에 오래 남으시겠지만, 우리는 석양 그림자같이 지나가는 나그네라는 걸 새삼 느끼게 되었다. 지난 세월을 돌아보니 좀 더 가치 있게 살지 못한 삶에 대한 후회와 함께 '지나온 삶이 너무나 짧은 삶이었구나!' 하는 생각이 들었다.

과연 오늘이 삶의 마지막 날이라면 무엇이 가장 후회스러울까? 작년 11월 취업포털 잡 코리아가 남녀 직장인 547명을 대상으로 '죽기 전 후회할 것'에 대한 설문조사를 했다. '진정 내가 원하는 것을 하며 살 걸'이라는 응답이 1위를 차지했고, 사랑하는 사람들과 더 많은 시간을 보낼 걸, 좀 더 도전해 볼 걸, 내 감정에 충실하며 살 걸, 일 좀 덜할 걸, 순이었다고 한다.

생을 마감할 때 크게 후회하는 3가지는 "참을 걸. 베풀 걸. 즐길 걸."이라는 말도 있지만, 인생의 마지막 순간을 앞둔 사람들이 가장 많이 하는 후회는 무엇일까? 일본인 의사 오츠 슈이치 씨는 1,000명이 넘는 말기 환자들 죽음을 접하며 그들이 죽기 전에 남긴 이야기를 책으로 정리했다.

그의 저서『죽을 때 후회하는 것 25가지』의 내용을 보면, 자신의 몸을 소중히 하지 않았던 것을 비롯하여 결정하지 못한 유산, 못 이룬 꿈, 맛있는 음식 먹지 않은 점, 결혼 못 한 아쉬움, 아이 낳지 않음, 악행, 감정에 지배된 일생 등 주로 자신과 가족 및 가까운 이웃에게 잘해주지 못했던 것이 대부분이다. 아주 단순하지만, 전혀 쉽지 않은 것들이다. 가족과 관련된 것들이 많고 한 일에 대한 후회보다 해보지 않은 일에 대한 후회가 훨씬 많다는 걸 알 수 있다.

선인들이 허무하고 덧없는 인생을 초로인생草露人生이라고 말했듯이 세상에서 가장 많이 애독되고 있는 위대한 책《성경》시편 90편에서도 인생을 아침에 꽃이 피어 자라다가 저녁에는 시들어 마르는 풀에 비유하고 있다. 우리는 잠깐 자는 것 같고, 아침에 돋는 풀과 같으며, 우리의 수명이 칠십이요 강건하면 팔십이라도 그 자랑은 수고와 슬픔뿐이요, 날아가는 화살과 같다는 것이다. 이처럼 짧은 게 우리의 삶이라면 시간을 천만금, 아니 억만금보다 더 귀하게 여기고, 죽기 전에 꼭 하고 싶고, 반드시 해야 할 일을 떠올려보고 실천하며 후회하지 않는 삶을 살아야겠다.

나그네인 우리의 세월은 지나가는 그림자 같으며 호흡이 끊어지면 생각도 소멸하고 흙으로 돌아가야 한다. 우주와 비교하면 비록 먼지 같은 존재이지만 과학자가 찾아낸 '물질 불멸의 법칙'처럼 나는 '영혼 불멸의 법칙'을 믿는다. 그렇지 않다면 우리는 너무 불쌍한 존재라는 생각이 들기 때문이다.

우리에게 삶이 남아 있고 그나마 시간의 여유가 있다면 건강할 때 어떻게 살아야 후회하지 않을까? 우선 마음껏 사랑해보고, 미움이나 걱정에 시간 낭비하지 말고, 있는 그대로 감사하면서 살고 싶다. 뭔가를 이루기 위하여 전속력으로 달리는 것보다, 곁에 있는 이의 손을 한 번 더 잡아보는 것이 훨씬 값진 일이 아닐까 생각한다.

언젠가는 마침표를 찍을 수밖에 없는 운명이라면 이제부터는 짧은 삶을 긍정하고 '지나간 삶'보다 '남은 삶'을 놓치지 말아야 할 것 같다. 떠오르는 해가 찬란하지만 해 질 무렵 노을은 더 아름답다. 내게 주어진 삶을 사랑해야겠다. 무엇보다 내 인생과 친해질 때 내 삶은 더 행복하고 더 아름다워질 것 같다. 귓가에 "사랑해요."라고 속삭여 줄 누군가가 그리워지는 날이다.

(2013. 1. 5.)

복 중의 복은 건강

평생을 같이 살며 함께 나이 들어가는 아내에게 어떤 사람이 복 있는 사람일까 물어보았다. 아내는 “아들딸 낳고 잘 먹고 잘사는 사람”이라고 쉽게 대답했다. 가난 극복이 삶의 목적이었던 50, 60대다운 생각이다. 오랫동안 당뇨 때문에 고생하고 있는 한 친구에게 물어보니 “마음을 비우고 사는 것”이라고 했다. 이왕 건강을 회복하기 어려운 마당에 ‘텅 빈 충만’을 추구하고 있는 것 같았다.

수술실을 나온 어느 중병 환자로부터 ‘내가 살아있다는 것이 이렇게 행복하다.’는 고백을 들은 적이 있다. 강추위에 웅크리고 앉아 있는 담장 위의 고양이를 보니 사람으로 태어난 것 자체가 복인 것 같았다. 어쨌든 느끼는 복은 사람마다 다른 모양이다.

문득 “거친 밥 먹고 물 마시고 팔베개하고 누워도 즐거움이 또한 그 가운데 있나니 의롭지 않게 얻은 부와 명예는 내게는 뜬구름과 같다.”는 공자의 말이 생각난다.

흔히 부모 복, 동기 복同氣 福, 처 복(남편 복), 자식 복, 재물 복, 관복官福, 문복文福, 인복人福, 식복食福 등 여러 복을 말하고 있지만, 유교에서는 오복五福을 말하고 있다.

《서경書經》 홍범편洪範篇에서는 오래 사는 수복壽福, 재물과 명예가 넉넉한 부귀富貴, 건강하게 사는 강녕康寧, 복덕 짓기를 좋아하는 유호덕有好德, 명대로 잘 살다가 편히 죽는 고종명考終命을 말한다. 수복을 첫째로 삼는 걸 보면 수壽야말로 오복의 가장 근본이고 이 수가 있지 않고는 나머지 네 가지 복福을 누리거나 가질 수도 없다는 의미 같다.

한편 민간에서 말하는 오복은 치아가 좋은 것, 자손이 많은 것, 부부 해로하는 것, 손님 대접할 것이 있는 것, 명당에 묻히는 것을 오복이라고 한다. 치아를 첫째로 삼는 것은 이러쿵저러쿵 말해 보아도 잘 먹어야 건강하게 오래 산다는 의미일 것이다. 옛 어른들은 대代를 잇는 것과 부부를 중시하였고, 가진 것이 있어야 손님을 대접할 수 있다고 생각했으며, 죽어서 명당에 묻혀야 자손들에게 복을 줄 수 있다고 믿었다.

예수는 산상수훈에서 팔복八福을 말했다. 심령이 가난한 자, 애통해하는 자, 온유한 자, 의에 주리고 목마른 자, 긍휼히 여기는 자, 마음이 청결한 자, 화평케 하는 자, 의를 위하여 박해를 받은 자를 복 있는 자라고 말하고 있다. 우리의 내적인 마음의 복을 강조하는 것 같다. 불교에서도 마음공부를 중시하고 해탈의 경지를 추구하고 있다.

인터넷을 보니 현대의 오복五福으로 건健, 처妻, 재財, 사事, 붕朋을 말한다. 첫째, 건강을 잃으면 모든 것을 잃어버리므로 건健을 으뜸으로 삼았다. 둘째, 옆에서 돌봐 줄 수 있는 배우자가 있으면 행복하다. 셋째, 적당한 재산이 있어야 삶을 즐기며 살 수 있다. 넷째, 일이 있어야 삶의 보람을 느끼고 생활을 유지할 수 있다. 다섯째, 나를 알아주는 참된 벗이 있어야 외로움 없는 삶을 가져다준다는 것이다. 복 있는 삶을 살고자 하면 위 오복에서처럼 건강을 으뜸으로 삼아야 한다. 실제 체험해 본 결과에 의하면 역시 건강이 우선이고 '복 중의 복'은 건강인 것 같다.

생존 문제가 해결된 지금은 건강을 더 챙기고 삶의 질과 가치를 더 중시하는 경향이 있다. 몸과 마음의 편안함과 행복을 추구하는 참살이(well- being)가 대세다.

최근 몸짱 열풍이 불고 온통 건강관리에 신경 쓰고 있지만, 정신 건강이 취약하다. 비즈니스(business) 사회에서 업무상 억지로 웃으며 속을 태우는 '감정노동感情勞動' 때문에 스트레스가 쌓이는 사람들이 많다. 쌓이면 병이 되는 위험천만한 스트레스를 극복하려면 일과 개인의 분리, 취미, 자기계발로 마음의 균형을 회복해야 한다. 명상, 음악, 봉사 활동을 통하여 자존감, 성취감, 행복지수를 높여야겠다. 건전한 마음에 건강한 몸도 있는 것이니 말이다.

내게 주어진 복을 찾아야겠다. 어느 재력가가 사업 실패로 알거지가 된 후, 장애인들이 몸이 아파서 돈벌이를 못 하는 걸 보고 '내가 건강한 것만으로도 감사하다. 건강하니까 다시 일어서자.'고 다짐하고 채소 가게를 시작하며 진정한 행복을 느꼈다는 글을 읽고 느낀 바가 컸다. 무엇을 주고 자기 건강과 바꿀 수 있을까? 만일 온 천하를 얻고도 자기 건강을 잃으면 무엇이 유익하겠는가?

(2013. 1. 13.)

감사는 세상을 아름답게 한다

얼마 전 바람 쐬러 밖으로 나갔을 때의 일이다. 아들이 하얀 자갈을 주워들고 "감사의 돌"이라고 말하면서 건네주었다. 감사라는 감정이 작은 돌을 통하여 잔잔히 전해져 옴을 느꼈다. 평소 아주 흔하고 대수롭지 않게 보았던 것이 큰 감사거리로 다가올 줄 예전엔 몰랐다. 이후 그 돌을 잘 보관하고 만질 때마다 고마움과 흐뭇함을 느낀다.

곰곰이 생각해보면 은혜와 감사가 아닌 것은 단 한 가지도 없다. 주위의 모든 것에 감사하는 마음으로 살면 반드시 좋은 일들이 생길 것만 같다. 세상에 이로운 것은 발명, 발견이라기보다 감사하는 마음이다. 일상의 소소한 풍경과 장면에 관심을 두고 감사하며, 사랑의 걸음으로 나아간다면 세상은 아름다워 보인다. 아침에 들리는 새소리, 등교하는 학생들의 재잘거림과 일터에 나가는 사람들의 콧노래를 감상하면 절로 신이 난다. 숲을 거닐며 나무들에, 바닷가를 거닐 때 파도 소리에 감사하고, 심지어 잘 포장된 길이나 가로등, 상점들, 거리에서 마주치는 사람들에게 감사하고 친절한 인사를 건네면 하루는 행복해진다.

행복한 삶을 사는 방법은 간단하다. 일상의 삶 속에서 만난 작은 감사들을 나누면 된다. 하루를 행복하게 만드는 일은 생각보다 어렵지 않다. 순간순간마다 감사하는 생활을 하면 된다. 화사한 얼굴로 입가에 밝은 미소를 머금고 "감사합니다." 말하는 사람이 이 세상에서 가장 아름다운 모습이 아닐까 생각해본다.

감사에는 메아리 효과가 있다. 감사하는 마음, 그것은 다른 사람에게 보내는 감정이 아니라 자신의 평화를 위해서 필요한 것이다. 마음에서 우러나 세상을 향해 감사를 보내면 벽에다 던지는 공처럼 언제나 자신에게 돌아온다. 그러므로 더불어 사는 인생을 살려면 타인의 잘못은 잊고 은혜에 감사하는 마음을 지녀야 한다.

좋은 일이 있을 때 감사하는 것은 누구나 할 수 있다. 돌이킬 수 없는 결정적 실수나 심각한 상황에서는 감사한 마음이 나오지 않는 것이 현실이다. 그러나 원망과 불평은 상황을 더 나쁘게 만들고 사태를 망칠 뿐이다. 위기가 닥쳤을 때도 감사해야 한다.

분노와 증오는 자신을 할퀴고 상대방에게도 상처를 준다. 제임스 아서 레이(Ray, James Arthur)는 그가 쓴 책『인생에서 버릴 것과 움켜쥘 것들』에서 좋은 생각은 좋게 변하고 나쁜 생각은 나쁘게 변한다는 논리를 이야기했다. 감사한 생각을 품으면 마음도 밝아지고 오장육부도 평안하게 돌아가지만, 누군가를 미워하고 세상을 나쁘게 본다면 당장 자신의 마음이 불안해지고 오장육부도 병든다는 것이다.

론다 번(Byrne, Rhonda)의 저서『시크릿(The Secret)』에서는 만물은 끌어당김의 법칙에 따라간다는 '양자물리학'의 법칙을 이용하여 원하는 삶을 창조하라고 권하고 있고 이를 실천해 나가기 위해서 '감사하는 자세'를 가지는 것이 좋다고 말하고 있다.

감사와 섬김은 우리 전통문화였다. 돌이켜보면 어렸을 때는 사소한 일에도 "고맙습니다."라고 말하는 것이 자연스러웠다. 부모님과 선생님에게서 가르침 받은 덕으로 감사가 몸에 배어 있었다. 그런데 어른이 되고 사회생활에 시달리다 보니 이런 표현에 인색해졌다. 사랑과 은혜를 베풀어준 가족, 일가친척, 이웃 중 대부분은 내가 충분히 감사를 표현하기 전 세상을 떠나기 일쑤였다. 이것을 생각하면 가슴이 아프다. 감사 표현은 잠시도 주저하거나 보류해 둘 것이 아니다. 그때그때 바로 표현해야 한다. 그렇지 않으면 후회한다.

감사하는 생활은 돈도 필요가 없다. 단지, 지금 감사하기만 하면 된다. 마음에서 우러나온 감사는 파동처럼 전달되고 퍼져나가 아름다운 세상을 만든다. 감사 표현은 직접 말하는 본인은 물론 상대와 주변 사람들까지 행복하게 만드는 긍정의 힘을 가지고 있음이 분명하다. 오늘날 미국이 잘사는 이유는 감사할 줄 아는 국민이기 때문이라고 말하는 이도 있다.이제부터는 항상 감사함으로 이웃을 대하고 작은 감사의 행위라도 표현해야 하리라. 따뜻한 눈으로 세상을 보며 범사에 감사하는 생활을 해야겠다.

(2013. 1. 18.)

사람은 믿음으로 산다

비가 내려 눈이 녹고 추위가 많이 풀린 밤, 아내는 잠이 오지 않는다고 산책을 나서더니 금방 돌아온다. 왜 벌써 왔느냐고 물어보니 너무 늦은 시간이라 사람들이 무서워 그랬다고 대답한다. 어렸을 적 큰 재 너머 호젓한 밤길을 혼자 걸을 때 낯선 사람을 만나면 깜짝 놀라고 두려워했던 일이 생각났다. 이는 사람이 사람을 신뢰하지 못하고 본능에 따라 경계하는 잠재심리의 발로 때문이다.

한편 생각해보면 우리는 믿음으로 세상을 사는 것 같다. 친구 간에 믿음이 있어 든든한 것처럼, 세상은 서로 믿고 살아야 마음이 편할 것 같다.

예를 들어 열차, 버스, 택시를 탈 때에 운전사가 안전 운행을 할 것이라고 믿고 탄다. 어쩌면 목숨까지 남에게 맡기는 셈이다. 빵집에서 빵을 사 먹거나 음식점에서 음식을 사 먹을 때도 요리사가 해로운 물질을 넣지 않았을 것이라고 믿고 사 먹는다. 남과 여도 연인으로 사귈 때는 서로를 믿음으로 묶는다. 사람은 서로 믿고 의존하고 더불어 살 수밖에 없는 존재다.

종교적 믿음은 많은 수수께끼를 안고 있으나 육신의 죽음을 초월한 영원한 삶이 있다고 믿고 있고 여전히 많은 사람이 신을 믿는다. 불교에서는 팔정도八正道를 실천하기 위해서 우선 믿음을 통해 붓다의 가르침을 잠정적으로 받아들이는 단계가 전제되고 있다. 여기서 말하는 '신(saddha, 信)'은 환자가 의사에게 자신을 맡길 때 가지는 신뢰에 견줄 수 있다. 중국인은 '신(信: 신뢰, 성실)'을 5가지 기본 덕목五倫의 하나로 삼는다. 성서에서는 믿음으로 좇아 하지 아니하는 모든 것이 죄라고 말하며 사랑으로 역사하는 믿음을 강조하고 있다.

도둑이나 범죄 집단도 아이러니하게 신의를 강조한다. 믿음 없이는 조직의 와해를 초래하기 때문이다. 이로 미루어 보면 악한 사람들도 믿음 없이는 살 수 없다. 속임에 능숙한 사기꾼도 솔깃한 말로 믿음을 심어주고 남을 속인다. 그러나 모든 거짓된 사람들의 내면은 불안한 정서로 항상 초조하고 우울할 수밖에 없다.

그동안 사귀어 온 친구들을 돌이켜보면 그중에 참된 친구는 변치 않는 우정으로 관심을 가지고 충고를 해주고 사랑으로 감싸주며 격려해 줌을 알게 된다. 역시 친구 간에는 무엇보다 사랑으로 함께하는 믿음이 있어야 한다.

의처증, 의부증이 있는 배우자를 둔 사람의 이야기를 들어본 적이 있는가? 늘 거취를 확인하고 의심하며 캐묻는 그들의 마음에 참 평화가 있을 리 없다. 행함이 없는 믿음은 그 자체가 죽은 것처럼 믿음이 없는 부부관계는 그 자체가 불행이다. 부부간에도 서로 믿고 의지하며 살 때 화목한 가정을 이룰 수 있다.

우리는 삶 속에서 다양한 상황을 맞닥뜨리게 되고 그 속에서 심리는 복잡하게 작동한다. 선善을 이루기 위해서 부득이 속여야 할 상황이 있을 수도 있겠으나 그래도 속는 것이 속이는 것보다 낫다. 믿음은 결국 자기를 편하게 한다. 믿음으로 사는 것이 인생이다. 성공의 바탕에는 믿음이 있다. 할 수 있다는 자신감도 믿음이다. 자신을 믿기 위해서는 있는 그대로의 자신을 좀 더 사랑하고 희망을 품어야겠다.

좋은 열매를 기대하듯이 믿음은 미래를 꿈꾸는 힘이다. 믿음은 사랑이 만들어가는 계단을 통해 자라며 소망이 열어가는 창문을 통해서 볼 수 있다. 잠깐 왔다 가는 삶이지만 영원한 세계를 소망하며 더불어 사랑으로 함께 걷는 삶, 그것이 바로 믿음으로 사는 삶인 것 같다.

(2013. 1. 25.)

사랑과 성공의 중요 원칙

며칠 전 사소한 일로 언쟁을 하다가 욱하는 충동을 참지 못하고 와락 성을 내어 시끄럽게 싸운 적이 있었다. 이날 밤 후회스러운 마음에 전전긍긍 잠을 설치게 되었다. 조급한 성질 때문에 다른 사람의 마음에 상처를 주고 아픔을 준 지난 일들이 번갈아 떠오르는 날이었다.

우리 삶에서 흔히 참지 못하고 뱉는 말 한마디와 잠시 견디지 못하고 화내는 일 때문에 사랑의 감정이 일시에 무너짐을 가끔 경험할 수 있다. 그래서 사랑은 가끔 현실 속에서 상처를 지닌 아픔으로 나타난다.

사랑은 근원적인 감정이며 모든 인격적인 교제를 가능하게 하는 힘이라고도 말할 수 있다. 남녀 간의 애틋한 사랑, 한없이 베푸는 부모의 사랑, 남을 위하고 이롭게 하는 사랑, 어떤 사물이나 대상을 소중히 여기는 사랑 등등 종류는 다양하다.

철학자 아리스토텔레스는 '사람은 자기 자신과 같은 생각을 가지고, 같은 것을 바라는 사람' 또는 '자기와 함께 기뻐하거나 슬퍼하는 사람'을 사랑한다고 말했다. 이 말은 부모가 자식을 사랑하듯 자기 자신과 비슷한 사람을 사랑한다는 말이다.

문화권마다 사랑의 표현 방법이 다르다. 그러나 본바탕은 서로 통한다. 힌두교에서의 카마(Kama, 사랑의 신), 유교에서의 인仁, 불교에서의 자비慈悲는 사랑의 다른 표현인 것 같다. 이렇듯 사랑은 철학이나 종교에서 가장 근본적인 관념의 하나로 다루어질 뿐만 아니라 노래나 문학에서도 가장 많이 다루어진다.

성경 고린도전서 13장에서는 사랑의 의미를 첫마디에 '사랑은 오래 참고'라고 말하고 있고 제일 마지막 마디에 '모든 것을 견디는 것이니라.'라고 쓰여 있다. 이를 보면 사랑의 법 제1조와 마지막 조를 오래 참는 것과 모든 것을 견디는 것에 두고 있음을 짐작할 수 있다. 성질이 급한 사람은 이 구절을 마음에 새기고 지키면 좋을 것 같다.

급하다고 보리 모가지를 빼지 말라는 이야기가 있다. 모든 대자연의 순리도 참고 견디는 과정을 거쳐 결실을 본다는 이야기일 것이다. 또한, 우리 삶의 여러 사랑도 참고 견디는 데서 유지되고 꽃을 피우며 결실하는 것 같다.

사랑하기 때문에 참고 견디는 것과 어떤 일을 성취하기 위해 참고 노력하는 것과는 서로 다른 차원의 이야기이겠지만 성공한 사람들이나 영재英才의 특성 가운데 가장 큰 요소는 오래 참고 끝까지 견디는 인성이 깃들어 있다고 한다.

『마시멜로 이야기』를 쓴 호아킴 데 포사다는 '마시멜로 실험'의 놀라운 결과를 '성공'을 향한 힘찬 출발점으로 삼고 있다. 실험에 참가한 네 살배기 아이들에게 달콤한 마시멜로 과자를 하나씩 나누어주며 15분 간 먹지 않고 참으면, 상으로 한 개를 더 주겠다는 제안을 한다. 그 결과 아이 중 3분의 1은 15분을 참지 못한 채 마시멜로를 먹어치웠고, 3분의 2는 끝까지 기다림으로써 상을 받았다.

그런데 정작 놀라운 사실은 그로부터 14년 후에 밝혀졌다. 당시 마시멜로의 유혹을 참아낸 아이들은 학업 성적이 뛰어나고 스트레스를 효과적으로 다룰 줄 아는 정신력과 함께 사회성이 뛰어난 청소년들로 성장해 있었다. 반면 눈앞에 마시멜로를 먹어치운 아이들은 쉽게 짜증을 내고 사소한 일에도 곧잘 싸움에 말려들었다. 놀랍지 않은가? 한순간의 유혹을 참고 견딘 아이들이 성공적으로 성장하고 있었던 사실!

'노하기를 더디 하는 자는 용사보다 낫고 자기의 마음을 다스리는 자는 성을 빼앗은 자보다 나으니라.'는 잠언이 있다. 모든 좋은 인간관계는 노하기를 더디 하고 마음을 다스려 오래 참고 견디는 사랑 속에서 오래 유지되고 있으며 흔한 남녀 사이의 사랑도 오래 참아 기다리며 견디어 주는 가운데서 사랑이 유지된다고 볼 수 있다. 부부간의 사랑이나 친구 간의 우정도 서로의 단점을 참아 주고 모든 것을 견디는 가운데서 유지되고 자녀들에 대한 사랑도 오래 참고 기다려주는 사랑 가운데서 결실을 보는 것 같다. 사랑의 제1조뿐만 아니라 모든 성공의 삶 제1원칙으로 "모든 것을 참고 견디는 것"에 두어도 무방하지 않을까 생각한다.

(2013. 2. 1.)

꿈꾸며 사는 인생이 아름답다

'꿈꾸지 않으면 사는 게 아니다. 사랑하지 않으면 사는 게 아니다.'는 말이 생각난다. 초등학교 시절 뒷동산에 올라가 소나무 위에 걸터앉아서 '세상 사람들 모두가 마음이 착하다면 얼마나 좋은 세상이 될까?' 꿈같은 생각을 한 적이 있다. 막연하고 실현하기에는 요원한 꿈이지만 아름다운 꿈이라고 생각하고 여전히 상상하고 있다.

우리는 흔히 꿈 많은 어린 시절을 보낸다. 어린 시절에 꿈을 꾼다는 것은 희망이고 미래이다. 삶의 지표가 되기도 한다. 가정 형편이나 학벌과 관계없이 성공을 꿈꾸는 능력으로 세계적 호텔 왕이 된 사람의 이야기가 있다.

콘래드 힐튼(Conrad Hilton; 1887~1979)은 호텔 객실 안내원에서 시작해 남극 대륙을 제외한 세계 각지에 250여 개에 이르는 힐튼 호텔을 세운 사람이다. 자신의 이름밖에 쓸 줄 모르던 그는 어렵게 호텔 사환으로 취직한 후 언젠가 호텔 사장이 되는 꿈을 단 하루도 잊지 않았고 가장 큰 호텔 사진을 구해 사장이 된 자신을 날마다 상상했다고 한다.

그가 꿈을 이뤄 한창 호텔을 늘려 가던 때, 무일푼으로 시작하여 성공한 원인을 물으니 "내가 호텔 종업원으로 일할 때 나보다 뛰어난 사람은 얼마든지 있었어요. 하지만 그들은 나처럼 하루도 빠짐없이 자신의 미래를 생생하게 그리지는 않았어요. 노력이나 재능보다 훨씬 중요한 것은 성공을 꿈꾸는 능력입니다."라고 대답하였다고 한다.

미국의 여성 성공학 상담사 바버라 셔(Barbara Sher)는 『소원을 이루는 기술(Wish craft)』에서 작은 일을 꾸준히 하는 것이 성공의 비밀이라고 말하면서 성공 계획서와 함께 성취 일기를 써 보기를 권하고 있다. 꿈에 대한 구체적 계획을 세우고 목표를 향해 나아가면서 한 일을 쓰는 성취 일기는 상상을 뛰어넘는 큰 효과가 있다고 한다.

미국의 39대 대통령을 지낸 지미 카터는 민주당 후보로 나선 대통령 선거 후 개표 방송을 그가 처음 대통령을 꿈꾸었던 곳, 자신이 다닌 초등학교의 3학년 교실, 자기가 앉았던 자리에서 지켜보았다고 한다. 그는 대통령 퇴임 후에 대변신하여 사랑의 집짓기 운동과 같은 자원봉사 활동이나 국제적인 분쟁 지역을 찾아 화해를 주선하는 평화의 사도로 활동하여 노벨평화상을 받았다. 그가 이런 인생을 살게 된 원동력은 '후회가 꿈을 대신하는 순간 우리는 늙는다.'는 생각을 했기 때문이라고 한다.

힘찬 내일을 꿈꾸는 사람은 아름답다. 꿈꾸는 가정도 행복하다. 그러나 노력하지 않고 꿈만 꾸는 삶은 인생을 허비한다. 난관, 곤경을 참고 이겨내는 것이 꿈이다. 현실에 최선을 다하는 사람에게 비전(vision)이 실현된다. 크고 작은 단련을 통해 꿈은 열매를 맺는 것이다.

우리는 꿈이 삶을 견인하는 인생을 살아야 한다. 용도 폐기되는 인생, 구정물 같은 인생을 향기 나는 인생으로 바꾸려면 차원 높은 꿈을 꿔야 한다. 낮은 단계의 꿈은 대개 원초적 본능과 관계된 것이 많다. 그러므로 식색食色같은 하위 본능을 넘어서야 높은 단계의 꿈이

다가온다. 높은 차원의 꿈은 기다리고 기다려서 때가 되면 이뤄지는 것이 많다. 오랜 기다림의 고통을 수반하는 꿈일수록, 장애물이 많은 꿈일수록 대개 높은 단계의 꿈이다.

우리 삶에서 꿈꾸는 높은 차원의 성공은 바로 자아실현이 아닌가 생각한다. 심리학자 매슬로(A. Maslow)는 '모든 인간은 인생의 노정路程에서 자신의 잠재력을 충족할 만한 자아실현의 기회를 얻고 있다.'고 지적하고 있다. 그는 인간의 욕구단계를 생리적인 욕구, 안전에 대한 욕구, 소속감과 사랑에 대한 욕구, 자존감에 대한 욕구, 자아실현의 욕구 단계로 이야기 하고 있다. 욕구단계의 최정상에 위치하는 자아실현의 욕구는 자기가 바라는 높은 차원의 꿈을 실현하는 욕구로서 모든 것을 해보려는 욕구라는 것이다. 그리고 그는 자아실현의 전제 조건으로 무엇보다 자신의 강점과 약점, 선악에 대한 현실적 지식을 가지고 있어야 한다고 말하고 있다.

그러나 인간의 오랜 꿈은 이 세상에서의 자아실현보다 영원한 삶에 있는 것 같다. 선사시대의 유물 유적을 보더라도 영생불사를 꿈꿨던 그들의 신앙 흔적을 엿볼 수 있다. 인간들은 원시 시대부터 자신들의 이성적 능력을 넘어서는 것에 대해서는 동경과 두려움을 동시에 가지면서 살아왔다. 아직도 많은 인류가 선한 일을 행하며 이 세상을 살면 내세에 복을 받는다는 복스러운 꿈을 꾸고 있다. 인간만이 선과 악에 대한 개념을 지니고 영원한 것을 사모하기 때문인 것 같다.

(2013. 2. 8.)

평온한 생활을 위한 침묵의 지혜

모처럼 한적한 뒷산 숲길을 천천히 올라가니 나무들이 조용히 반겨 주고 미풍이 살며시 뺨을 어루만지며 지나간다. 바쁜 하루 생활을 벗어나 자연과 침묵으로 대화하니 마음속에 쌓인 피로가 풀리고 머리가 맑아지는 걸 느낄 수 있었다. 쉬엄쉬엄 산 위에 올라 마음을 가라앉히고 고요히 생각에 잠기니 그동안 내 마음을 주관하던 침묵의 자아가 말을 걸어오는 것 같았다.

침묵은 말하지 않는 것이 아니라 자신에게 말하는 것이다. 침묵을 통해 자신의 마음에 전달되는 말과 생각이 얼마나 증폭되는지 느낄 수 있다. 침묵은 자신의 마음속 깊은 곳까지 들여다보고 관조할 수 있는 묘한 매력의 공간이다. 마음뿐만 아니라 어떠한 대상을 고요히 바라보면 그들의 참모습이 잘 드러난다. 침묵은 마음의 풍요로움을 갖고 일상으로 돌아가는 활력의 전환점이기도 하다.

간디는 월요일을 침묵의 날로 정하고 문밖에서 아무리 급한 일로 야단을 치더라도 절대 말을 하지 않았다고 한다. 그는 말하기를 "생의 순간순간마다 나는 침묵이 최대 웅변임을 인식하게 된다. 진리를 맹세하는 사람은 침묵하기를 훈련해야 한다. 극기를 많이 하거나 일에 몰두한 사람은 말이 적다." 가히 침묵의 지혜를 깨달은 사람다운 말이라고 볼 수 있겠다. 그래서 침묵이 금 취급받으면서 사람의 입에 자주 오르내리는지도 모른다.

침묵은 마음의 청정을 추구하는 내면의 공간이다. 어둠과 별들로 가득 찬 밤에 조용히 앉아 마음을 가라앉히고 침묵의 기회를 가져 보자. 맹자孟子는 기氣를 잘 간직하는 방법으로 '존야기공부存夜氣工夫'를 말하였다. 야기夜氣는 밤 사이에 정화되는 청명한 기운인데 잠잘 때처럼 고요한 상태를 낮에도 보존해야 한다는 것이다. 야기가 맑으면 아침의 기운도 더욱 맑고 깨끗하여지므로 맑은 기상을 스스로 보게 된다는 것이다. 이것은 정자程子의 정좌靜坐와 이퇴계李退溪의 경사상敬思想에도 영향을 주었다. 모두 침묵과 명상을 통해 깨닫는 마음공부라고 말할 수 있겠다.

문득 "미련한 자라도 잠잠하면 지혜로운 자로 여기고 그의 입술을 닫으면 슬기로운 자로 여겨지느니라."는 잠언이 생각난다. 일찍이 노자는 "아는 자는 오히려 말이 없고, 말 많은 자는 아무것도 모르는 자이다."라고 하였다. 어쨌든 말 많은 사람보다 침묵하는 사람이 더 현명하고 무게 있어 보인다. 자연을 보라. 한순간도 쉬지 않고 끊임없이 일하면서도 말은 없지 않은가?

요즈음 세상은 말이 넘쳐나는 세상이다. 이런 시대일수록 사람은 침묵의 지혜를 터득해야 한다. 침묵은 하되 생각은 치열하게 해야 한다. 깊은 사고와 내적 고요가 없는 시끄러운 말의 성찬은 소음과 같다. 오늘날 사람의 말이 소음의 상태로 빠지는 까닭은 침묵을 배경으로 하지 않기 때문이다. 침묵의 여과를 거친 말은 메아리가 큰 법이다. 침묵은 소리 높은 부르짖음인 것이다.

침묵의 세계는 지혜의 세계요 신비의 세계이다. 그리고 침묵은 신

神의 언어인 것 같다. 태초에 말씀(logos, 理性)이 있어 세상이 창조되었다는 말이 있다. 언어가 사고思考를 객관화하는 수단이라면, 천지가 만들어지기 전 우주의 본체는 이理와 같은 침묵의 세계였을 것이다. 자기 성찰로 심성의 본원을 깨닫고자 하는 사람들은 고요히 관조하는 침묵의 지혜를 이용한다. 영적인 세계에 몰입하는 사람들도 마찬가지이다. 침묵할 때 비로소 존재의 근원을 만날 수 있고 진정한 나 자신을 만날 수 있다. 오늘 하루만이라도 적게 말하고 침묵으로 자아自我와 대화하고 싶다. 더 나아가서 시공을 초월한 영적 존재와도 대화하고 싶다.

(2013. 2. 22.)

만남의 소중함을 생각하며

제법 포근한 봄기운이 느껴지는 목요일, 공교롭게도 하루 중에 여러 가지 만남이 이루어졌다. 새로운 만남을 축복하는 결혼 피로연, 주기적으로 만나는 친목 모임과 사랑하는 가족과 영별永別하는 만남이었다. 만남은 무엇보다 우리의 삶에서 소중한 의미를 준다는 것을 느낀 하루였다.

우리의 삶은 만남의 연속이다. 평생 만남의 홍수 속에서 산다. 만남의 빈도수가 높기 때문에 대수롭지 않게 여기는 경향이 많다. 그러나 어떠한 만남을 가져 보았느냐에 따라 인생이 달라지기 때문에 만남을 함부로 할 수 없다. 인류의 스승인 위대한 영혼들을 책에서 만나 가르침을 깨닫고 진리의 길 생명의 길로 걸어가는 사람도 있다.

우리는 처음부터 만남으로 살 수밖에 없는 존재이다. 이 세상에 태어나는 순간부터 부모를 만나게 된다. 차츰 많은 사람과 만나며 서로 영향을 주고받고 살아간다. 착한 친구를 만나면 착해지고 어진 친구를 만나면 어질어진다. 그러므로 만남의 소중함을 인식하고 살아가야 한다. 사람과 사람이 더불어 살아가는 세상 속에서 만남만큼 소중한 것이 그리 많지 않다.

만남은 소중하고 거룩한 의식이다. 직장이나 사회나 주어진 상황

속에서 만남은 모두가 특별한 선물이요 사랑이다. 사람과 사람의 만남은 그 자체가 축복이다. 물론 모든 만남이 인생에 축복이 되는 것은 아니다. 인생이 180° 달라지는 악연도 있다. 우리는 가끔 보기 싫은 사람을 만나야 할 경우가 있지만 사람이 존귀한 생명의 존재라는 걸 인식하고 신神의 형상이 그 안에 있음을 인정하고 만난다면 거룩한 축복의 통로가 되는 만남이 될 수 있다. 그러므로 지금 우리 앞에 있는 사람들을 지극히 소중한 마음으로 대해야 한다. 서로 귀하게 여기며 가슴과 가슴으로 만날 때 비로소 사랑이 통하고 축복의 만남이 되는 것이다.

우리들 각자 모두는 전무후무前無後無한 유일한 존재이다. 그러나 사람은 홀로 존재할 수 없다. 사람은 만남을 통해 생명이 풍성해지고 그 가치가 높아진다. 사랑하는 사람들과 만남은 우리에게 주어진 어떠한 보물들보다 소중한 것이다.

우리가 흔히 만남을 억겁의 인연이란 말로 표현하기도 한다. 참으로 의미심장한 말이다. '겁劫'이라는 말은 천지가 개벽하고 다음 개벽이 시작될 때까지의 시간을 말하는데 천 년에 한 번씩 내려오는 선녀의 옷자락이 사방 사십 리의 바위를 닳아 없애는 시간을 말하기도 한다. 억겁의 관점에서 보면 우리의 만남은 '무량수無量數 분의 1'이라고 볼 수 있다. 우리의 만남은 가히 기적이라고 말할 수 있겠다.

광대무변한 우주에 비하면 모래알같이 작은 지구에서 미물 아닌 사람으로 태어나 함께 살게 되었다는 사실을 생각하면 우리의 만남은 엄청난 축복이다. 처음과 끝(Alpha and Omega)을 알 수 없는 시간의 흐름 속에서 우리의 만남과 헤어짐은 너무나도 아쉽고 소중한 순간들이다. 지구상의 모든 사람을 다 만나보려면 1초에 한 사람씩 만나도 220년 가까이 걸린다고 한다. 우리의 만남은 이처럼 우리의 삶에서 소중한 의미를 지닌다.

만남과 이별이 너무나 쉽게만 이루어지는 요즈음, 혼자서만이 아닌 서로가 행복할 수 있고 진정 좋은 사람으로 늘 기억될 수 있도록 지금의 만남을 소중하게 이어가야겠다.

(2013. 3. 3.)

절제 있는 소유

완연한 봄기운이 느껴지는 금요일, 황사가 누런 장막을 쳐 놓은 듯하여 밖으로 나가지 않고 우연히 텔레비전을 통해 청문회를 시청하였다. 새로운 장관 후보자가 투기 지역의 땅을 매매하여 거액의 차익을 거두었다는 의혹을 받고 있었다. 사실 여부를 떠나 물질적 소유에 대한 무절제한 추구 때문에 일어난 일이라고 생각하였다.

보통 사람에게 물질적 소유에 대한 모든 갈망을 버리라고 할 수는 없다. 인간이 행복하고 품위 있게 살려면 물질이 어느 정도 있어야 한다. 정당한 노력의 대가로 물질적 부를 소유하는 것은 바람직하다. 그러나 물질적 소유에 너무 집착하다 보면 자신의 삶을 더 높은 차원으로 이끌어 갈 마음의 여유를 잃기 마련이다.

우리는 어떤 사람이 훌륭하게 살았다고 하는 경우, 그 기준을 물질적 소유에 두지 않는다. 선한 사업을 많이 하고 나누어주기를 좋아하는 사람이라면 높이 평가받겠지만 비록 재산가일지라도 그의 삶의 내용이 보잘것없을 때에는 오히려 많은 재산이 그의 삶을 빈약하게 만들었다고 동정하기도 한다. 물질의 노예가 되면 일그러지고 빈약한 삶을 살 수밖에 없을 것이다.

무소유無所有의 경지! 헛된 욕망과 구속에서 벗어나고 시원시원한 몸과 마음으로 살고 싶은 사람도 있겠으나 이 경지는 보통 사람이 쉽게 도달할 수 있는 경지가 아니다. 물론 아무것도 갖지 않을 때 비로소 온 세상을 갖게 된다는 무소유의 역리逆理처럼 무소유의 삶을 실천하여 이 세상의 명망을 차지하고 있는 위인들도 있다. 하지만 현재와 같은 사회구조에서는 불가피하게 소유가 요구된다. 모든 소유를 포기하라고 개개인에게 요구할 수는 없다.

우리는 과거 어느 때보다 풍요로움의 유혹에서 벗어날 수 없는 시절을 살고 있다. 물질만능주의가 판치고 있는 요즈음, 탐욕을 스스로 절제하라고 권하는 것은 쇠귀에 경 읽기가 될 것이다. 그들에게 무소유의 경지를 강조해봐야 무슨 소용이 있을 것인가 의문이 든다. 무소유가 일반적 생활 방식으로 되기 전에는 무소유 경지로 살기에 많은 무리가 있기 마련이다. 없어도 되는 것도 없애며 절제 있는 소유를 추구하는 삶이 더 이상적이고 현실적인 삶이라고 말할 수 있다.

'주식투자의 귀재' 워렌 버핏조차 경의를 표한 영국의 경제학자 케인스(J. M. Keynes)는 "세계의 축적된 부富는 종래 우리가 절약이라고 부르는 개개인의 자발적인 절제에 의한 것이라고 보통 생각한다."고 언급하였다. 그는 주식투자의 여섯 가지 원칙 중 하나로 "절제와 균형의 미덕을 발휘하라."고 제시하면서 절제의 미덕을 강조하였다.

그렇다면 '절제 있는 소유'의 기준을 어느 정도로 삼으면 좋을까?" 나를 가난하게도 마시옵고 부하게도 마옵시고 오직 필요한 양식으로 나를 먹이시옵소서."라는 아굴의 기도가 생각난다. 너무 부하면 교만해질까 두렵고 너무 가난하면 도둑질을 하며 욕되게 살까 두렵기 때문에 이런 기도를 한 것이다. 이런 관점에서 우리는 최소한 먹고 마시고 즐거워할 수 있는 정도로 물질에 대한 소유의 기준으로 삼으면 무방할 것이다.

안빈낙도安貧樂道! 안분지족安分知足! 가난한 생활을 하면서도 물질의 소유욕을 버리고 편안한 마음으로 분수를 지키며 만족할 줄 아는 삶을 살았던 옛 선비들이 부럽게 느껴지는 날이다.

(2013. 3. 10.)

아름다운 용서의 미덕

지난 토요일 여수 애양원에 있는 손양원 목사 기념관을 찾아가 보았다. 그곳에서 손 목사의 아름다운 삶의 궤적을 더듬어 볼 수 있었다. 두 아들을 죽인 원수를 용서하고 양자로 삼음으로써 사랑 그 자체의 삶을 보여준 그분을 생각하고 가슴이 뭉클해짐을 금할 수 없었다.

성자聖者가 아닌 이상 우리는 평소 남을 용서하고 사랑하는 일이 얼마나 힘들고 어려운 일인지 모른다. 가령 웬 젊은 놈이 손가락을 까닥까닥하면서 "야! 이리 와!" 하면 속된 말로 머리 뚜껑이 열린다. 평범한 인간으로서 남이 저지른 악을 용서하기란 여간 어려운 것이 아니다. 피해를 준 사람을 응징하고 그가 잘못되기를 바라는 마음은 어쩌면 인지상정人之常情이다.

용서의 미덕과 복수의 당위성! 과연 용서가 악을 이길 수 있을까? 잘못한 사람에게 벌을 내리지 않으면 그것이 진정한 정의 실현이라고 할 수 있는가? 수많은 담론이 오고 갈 수 있지만, 영국의 격언에는 '용서는 가장 고귀한 승리이다.'라는 말이 있다. 상대방이 잘못을 범하였다가 이를 후회하고 용서를 빌 때 이를 용서하는 것이 그를 압도하는 것이라는 의미이다.

어릴 적 이야기가 생각난다. 6 · 25 당시 선친은 아랫마을 어떤 사람에게 무고를 당하여 빨치산에게 지리산 골짜기까지 끌려가서 돌아가실 뻔했다고 한다. 도대체 누가 그렇게 죽이려고 모함했는지 여쭈어보니 "물려줄 것이 없어 원수 갚는 일을 자식에게 물려주겠느냐?" 하시며 가르쳐주시지 않으셨다. 이 뒤 여러 번 누구인지 알고자 하였어도 끝내 말씀하시지 않으셨다. 자신의 삶과 행복을 남에게 맡기지 않고 스스로 책임지겠다고 선언하신 것이다. 어떤 의미에서 용서의 본보기를 보여 주신 거라고 생각하고 있다.

사람은 용서하고 용서받고 살아야 한다. 허물이 없는 완전한 인간은 없기 때문이다. 만약 증오와 시기로 상대방을 한없이 질책한다면 결국엔 자신의 마음도 상처를 입게 된다. 남을 용서할 줄 모르는 사람의 생활은 늘 미움에 차 있고 평화를 누리기 어렵다. 미움은 내 마음과 몸을 무엇보다 빠르게 폐허로 만든다. 용서하지 않는 이유가 무엇이든지 그저 자신만 아플 뿐이다.

상처를 준 그 사람을 위한 용서라면 어려울지도 모른다. 하지만 나 자신을 위한 용서로 인해 마음의 평안을 찾아갈 수 있다면 용서는 현명한 선택이 될 수 있다. 적어도 사람을 미워해서 오는 괴로움에서 벗어나려면 억지로라도 앙갚음할 생각을 잊어야 한다. 결국, 남을 용서한다는 것은 곧 자기 스스로를 사랑하는 길이다. 남을 용서함으로써 마음의 평온을 얻기에 말이다. 그러므로 우리 자신의 건강과 행복을 위하여 원수를 용서하고 잊어버리는 것이 지혜로운 일이다.

복수심에 불타는 사람은 먼저 증오와 분노라는 두 개의 무덤을 파야 한다는 말이 있다. 이럴 경우 상심도 깊어지고 끝내 몸과 마음에 병들기 마련이다. 노여움과 미움이 살아 있는 자신을 점점 갉아먹는다면, 어마어마한 부가 다 무슨 소용이 있을까? 우리가 삶을 제대로 인식하지 못한다면 명예와 권력이 다 무슨 소용일까? 누군가를 향해 분노하고 미워하고 있다면 오늘 용서해야 한다. 용서하지 않으면 자신이 쓰러지기 때문이다.

(2013. 3. 16.)

말은 삶의 방향을 바꾸어 놓는다

날씨가 포근하여 모처럼 친하게 지내는 분과 숲길을 걸으며 이런 저런 이야기를 나누던 중, 옛 친구와 말다툼으로 인해 서로 멀어지게 된 사연을 듣고 말로 인한 감정의 앙금들은 쉽게 지워지지 않음을 알 수 있었다. 무심히 내뱉는 말도 상처가 되어 상대방의 가슴 속에 오랫동안 화살처럼 꽂혀 있음을 느낄 수 있었다.

말에는 씨가 있다. 마음은 밭이다. 마음의 밭에 어떤 말의 씨앗을 심느냐에 따라 수확물이 달라진다. 말은 상념想念으로서 마음에 작용한다. 말은 생각과 감정을 전달하는 수단이지만 정신적인 사슬이 될 때가 있다. 그러므로 우리는 삶에 힘이 되는 긍정적인 말을 해야 한다.

유고슬라비아의 작은 시골 마을 천주교회에서 주일 미사를 준비하기 위해 신부를 돕던 두 소년이 실수하여 제단의 성찬으로 사용할 포도주병을 깨뜨리고 말았다. 소년들은 당황해서 어쩔 줄을 몰랐는데, 신부는 한 소년의 뺨을 치며 소리를 질렀다. "어서 물러가라. 다시는 제단 앞에 오지 마라!" 마침 한 소년은 포도주를 닦을 걸레를 치우기 위해 밖으로 나갔었기 때문에 조금 늦게 돌아왔다고 한다. 먼저 소년을 너무 심하게 야단친 일이 부담되었던 신부는 늦게 돌아온 아이는 미웠지만, 억지로 이해와 동정 어린 사랑의 눈으로 그를 바라보며 조용히 속삭여 주었다고 한다. "더 잘 준비하려다 실수를 했구나. 그래, 넌 앞으로 훌륭한 신부가 되겠구나."

정말 이 신부의 이야기대로 야단맞은 소년은 마음에 깊은 상처를 가지고 천주교를 떠나 공산주의 운동에 앞장서서 유고의 대통령이 된 티토(Josip B. Tito, 1892-1980)이고, 칭찬받은 소년은 자라서 유명한 풀톤 쉰(Fulton J. Sheen, 1895-1979) 대주교가 되었다고 한다.

사람의 말에는 에너지가 있다. 말에너지는 그 대상에 영향을 끼친다. 그 대상이 식물이건 동물이건 사람이건 마찬가지다. 말과 함께 전달되는 감정, 감성에너지에 의해 그 대상은 죽을 수도 살 수도 있다.

중앙일보 2012년 9월 20일 자 스포츠면을 보면 프로축구 포항 구단이 고구마 실험으로 말에너지가 식물에 절대적인 영향력이 있음을 증명한 기사가 있다. 고구마도 사람들의 말에 반응한다는 것이다. "사랑해.", "너 참 예쁘다."처럼 긍정적이고 따뜻한 말을 건넨 고구마는 잎이 풍성하게 자라났지만 욕설 등의 부정적인 말을 건넨 고구마는 앙상하게 말랐다고 한다. 포항스틸러스 선수들도 그 긍정의 힘을 눈으로 확인하고 실천하기 시작하여 5연승을 이어갔다는 내용이다.

말의 힘이 어느 정도인가를 한국노랫말연구회에서 조사한 이야기도 있다. 가수 100명을 대상으로 히트곡이 운명에 어떤 영향을 미쳤는가를 조사해보니 놀랍게도 91명의 가수가 자신의 히트곡과 비슷한 운명을 만들었고 요절한 가수들은 너나없이 죽음과 연관된 노래를 불렀다는 사실을 발견했다고 한다. 노랫말이 가수의 잠재의식을 변화시켜 삶의 방향에 커다란 영향을 끼쳤다는 것이다. 그러기에 자식이 실수를 저지를 때도 "박사博士 할 놈", "훌륭한 사람 될 놈" 등등으로 일컬으며 나무라면 좋을 듯싶다.

일언천금一言千金! 말의 중요성을 생각해본다. 긍정적인 말, 향기로운 말, 감사의 말, 위로의 말, 꿈이 담긴 말, 용기를 주는 말, 진실한 말, 미더운 말, 선한 말, 유순한 말, 겸손한 말, 세워 주는 말, 은혜로운 말, 덕이 있는 말, 매력 있는 말, 즐거운 말, 살려주는 말 등등이 바로 복된 삶의 방향으로 바꿔주는 말들이 아닐까 생각해본다.

(2013. 3. 24.)

누구나 기회는 있다

지난 26일 오후 서울월드컵경기장에서 카다르와 우리 대표팀이 월드컵 최종예선전을 벌였다. 경기 종료 직전 터진 손흥민(함부르크)의 천금 같은 결승골로 카타르에 극적인 승리를 거두고 월드컵 8회 연속 진출에 청신호를 밝히는 장면을 보았다. 축구에서든 인생사에서든 찰나의 순간을 포착하느냐 흘려버리느냐에 따라 승리와 실패를 가르는 순간이 되고 있다는 걸 느꼈다.

그와 동시에 작년 한 해 오디 농사를 낭패 본 일이 생각났다. 이튿날 바로 아내와 같이 뽕나무밭에 가서 유기농 방제를 하였다. 까맣게 물이 들어서 하나를 먹어도 혀끝에 단물이 질척거렸던 오디가, 때맞춰 방제를 못 하여 준 탓에 그만 오디균핵병에 감염되었던 전철을 밟지 않기 위해서였다.

때를 잘 알아야 한다. 콩 한 알도 심고 거둘 때가 있듯이 세상 모든 일에는 때가 있다. 주식 투자는 매매의 타이밍이 알파와 오메가라는 말이 있다. 타이밍의 예술이라는 말도 있다. 때를 잘 판단해야 성공할 수 있다는 말이다. 모든 것은 때가 있는 것이다.

저자가 지혜의 왕 솔로몬이라는 설이 있는 전도서를 보면 "범사에 기한이 있고 천하만사가 다 때가 있나니, 날 때가 있고 죽을 때가 있으며, 심을 때가 있고 심은 것을 뽑을 때가 있으며, 죽일 때가 있고 치료할 때가 있으며, 헐 때가 있고 세울 때가 있으며, 울 때가 있고 웃을 때가 있으며, 슬퍼할 때가 있고 춤출 때가 있으며, 돌을 던져 버릴 때가 있고 돌을 거둘 때가 있으며, 안을 때가 있고 안는 일을 멀리할 때가 있으며, 찾을 때가 있고 잃을 때가 있으며, 지킬 때가 있고 버릴 때가 있으며, 찢을 때가 있고 꿰맬 때가 있으며, 잠잠할 때가 있고 말할 때가 있으며, 사랑할 때가 있고 미워할 때가 있으며, 전쟁할 때가 있고 평화할 때가 있다."는 말이 있다. 이 세상 모든 일에 때가 있고 범사에 기한이 있으며 모든 목적이 이루어질 때가 있음을 역설하는 말이다.

기회는 준비된 사람의 몫이다. 주어진 절호의 기회를 잘 포착하여 성공하는 인생을 살려면 늘 준비하고 만들어가야 한다. 적극적인 태도로 준비하고 덤비는 사람에게는 가장 좋은 기회가 찾아오는 법이다.

일본의 중졸 조립공 오네다 가쓰미〔大根田 勝美〕씨는 미국에서 가장 성공한 일본인 실업가로 불리는데 개인 자산만 1000억 이상이라고 한다. 그는『한 마리 이리가 되어라』라는 저서에서 "인생에서 가장 중요한 것은 기회의 신을 알아보는 것"이라고 말한다. 기회의 신은 가끔은 우리를 향해서도 달려온다고 한다. 그런데 이 신은 앞머리는 풍성하지만, 뒤쪽은 머리카락이 없으므로 기회의 신이 달려올 때는 재빨리 앞머리를 잡고 절대로 놓쳐서는 안 된다고 한다. 기회의 신을 알아보고 거머쥐는 사람은 본인의 노력만으로도 큰 부자가 될 수 있다는 것이다.

인생살이에 역전의 기회는 있다. 복싱경기를 생각해본다. 상상의 주인공이 된다. 다운되어 10까지 주어지는 심판의 카운트 끝자락에서 겨우 일어나 시간을 연장한 상태, 정말이지 포기하려는 순간이지만 이를 악물고 뻗은 카운터펀치를 통해 얻어낸 역전의 순간. 얼마나 감동적인가.

누구에게나 평생 세 번의 기회가 있다는 속설도 있다. 살아 있다는 것 자체가 소중한 기회이다. 어쩌면 살아가는 매 순간순간이 기회가 아닐까.

(2013. 3. 31.)

제2부

무엇을 대물림하여 줄 것인가

지난 4월 4일 국세청이 불법 증여, 변칙적인 경영권 승계 등을 통해 자녀들에게 재산을 물려주면서 세금을 안 낸 기업인 등 대재산가 51명을 대상으로 특별세무조사에 착수한다고 발표하였다. 대기업이나 부유층에 대해서는 불공정거래, 세금 없는 부의 대물림에 대해 엄정 대응한다는 방침이라고 한다. 이 기사를 읽고 가난을 자식들에게 대물림하지 않으려고 온갖 고생을 감수하셨던 부모님의 모습을 생각해보았다.

한 가정에서 부모가 자녀에게 무엇을 대물림하여 주느냐에 따라 아주 달라지는 집안 이야기가 있다. 1703년 미국에서 태어나 청교도 신앙을 물려받은 위대한 신학자 · 철학자로, 나중에 명문 프린스턴대학의 총장을 지낸 조나단 에드워즈(Jonathan Edwards)는 열한 명의 아이를 두었는데 그는 날마다 열세 시간씩 규칙적으로 공부하는 바쁜 와중에서도 하루에 한 시간씩은 꼭 집에 와서 아이들과 함께 지내는 것을 일과로 삼았다고 한다.

그로부터 5대에 걸쳐 1,394명의 후손 중에서 300명이 넘는 목사와 전도사, 120명의 대학교수, 110명의 변호사, 60명의 유명작가, 30명의 법관, 14명의 대학총장, 3명의 상원의원, 1명의 미국 부통령이 배출되었다고 한다.

이에 반해 그의 친구인 맥스 주크(Max Juke)는 술집으로 큰돈은 벌었으나 방탕한 여인과 결혼하여 평생 타락한 삶을 살았으며 자녀교육에도 실패했다고 한다. 주크의 후손 1,062명 중에서 직업거지 310명, 죄를 지어 몸이 망가진 장애인 440명, 습관적인 도적 60명, 죄수 130명, 부도덕한 사람이 55명, 상업을 배운 사람은 12명인데 그 중 10명은 그것을 감옥에서 배웠고 살인자가 6명이 나왔다고 한다. 이런 사례를 보면 조상들의 정서와 사유 체계는 대물림 된다는 걸 짐작할 수 있다.

심리학자 칼 융(Carl Gustav Jung: 1875.7.26.~1961.6.6.)은 인간의 행동에 영향을 끼치는 것은 의식보다 잠재의식이 더 크다고 하였다. 그리고 가문의 전통과 마을의 문화는 자신도 모르게 잠재의식으로 형성되어 유산으로 이어져 가게 되고 행동으로 나타나게 된다는 것이다. 좋지 못한 유습을 대물림하면 결국 후손들의 삶에 끼치는 부정적인 영향은 불을 보듯 뻔하다.

메릴린 히키(Marilyn Hickey, 1931~)는 그녀의 책『가계에 흐르는 저주를 끊어야 산다』에서 '과실 책임의 법칙'을 말하고 있다. 모든 사람은 자신의 죄에 대한 책임을 져야 하며, 자기 삶의 영적, 육체적, 정서적 영역에서 약점은 다음 세대에 전달될 수 있다는 것이다.

지난 4월 4일 국세청이 불법 증여, 변칙적인 경영권 승계 등을 통해 자녀들에게 재산을 물려주면서 세금을 안 낸 기업인 등 대재산가 51명을 대상으로 특별세무조사에 착수한다고 발표하였다. 대기업이나 부유층에 대해서는 불공정거래, 세금 없는 부의 대물림에 대해 엄정 대응한다는 방침이라고 한다. 이 기사를 읽고 가난을 자식들에게 대물림하지 않으려고 온갖 고생을 감수하셨던 부모님의 모습을 생각해보았다.

무엇으로 심든지 그대로 거두는 법이다. 우리는 자녀들에게는 사랑과 지혜를 심어주고 대물림해 주어야 한다. 물질적 부富의 대물림도 좋지만 훌륭한 정신적 유산을 후손들에게 남겨주는 것이 더 소중하다. 물질적 유산은 남겨주지 못하더라도 조나단 에드워즈처럼 지성, 인격, 신앙의 유산을 남겨주는 삶의 지혜가 필요하다. 화목한 가정을 이루어 자녀들에게 바르게 사는 법을 대물림하여 주는 것은 아무리 강조해도 지나치지 않다.

좋은 기업을 자손만대로 이어주고 싶지 않은 사람이 어디 있겠는가? 그러나 대물림도 쉽지 않다. 받아들이는 것은 자녀 몫이기 때문이다.

이 시간 우리 가문에는 어떤 전통이 이어져 오고 있는지 생각해 본다. 아울러 좋은 전통과 유산을 후손들에게 물려주고 훌륭한 잠재의식을 형성시켜 가문의 영광을 이루어 보고 싶은 소망을 기원해 본다.

(2013. 4. 6.)

성공으로 이끄는 올바른 자존감 세우기

봄기운이 완연한 지난 금요일 오후, 막역한 지기知己와 내장산을 산책하며 이야기를 나눴다. 평소 불의를 보면 참지 못하는 그는 비리와 범죄를 고발하는 뉴스를 접하게 되면 매우 화가 나고 직접 나서서 응징하고 싶은 충동이 생긴다고 했다. 그에게 직접 해를 끼친 것도 아닌데 일상사에서 자존감 상한 기억들이 분노 에너지로 축적돼 못마땅한 뉴스에 민감하게 반응하는 것으로 느껴졌다.

2012. 08. 10. EBS 방송에 '자존감'이 주는 힘에 대해서 방영한 내용이 있다. 40점을 받을 때도 있었던 아이가 30살에 하버드대 교수가 된 조세핀 김 교수의 이야기이다. 8살에 미국으로 이민을 간 그녀가 가난과 문화의 차이로 실패하고 실수하고 넘어져도 어머니가 "괜찮다. 지나간 것이니까. 다시 시작하면 돼." 하면서 격려하고 자존감을 올바로 세워주었기에 수많은 어려움을 이겨낼 수 있었다고 한다. 그래서인지 그녀는 인생을 성공으로 이끄는 비법은 자존감에 있다고 강조하였다.

자아존중감(自我尊重感, self-esteem)이란 용어는 미국의 의사이자 철학자인 윌리엄 제임스가 1890년대에 처음 사용하였다. 자신이 사랑받을 만한 가치가 있는 소중한 존재이고 어떤 성과를 이루어낼 만한 유능한 사람이라고 믿는 마음이다. 간단히 자존감이라고도 부른다. 그는 자존감에 대해 간단한 공식을 제시했다. 즉, 자존감은 성공(성취 · success)을 욕구(허세 · pretensions)로 나눈 값이라는 것이다. 자존감은 성취를 늘리거나 욕망을 줄여야 커질 수 있는 것이라는 뜻이다.

자아존중감이란 자신의 가치, 존엄성에 대한 인식이다. 자기를 존경할 줄 아는 능력, 건전한 자기 사랑의 능력이며 한마디로 말한다면 자신에 대한 확고한 믿음이라고 할 수 있다. 자존감은 무한한 잠재력을 발휘할 수 있는 최상의 힘이다. 대인관계, 좌절 극복, 미래지향성, 학업 성적, 리더십, 위기 극복능력 등 삶의 많은 영역에 영향을 미친다. 삶에서 어떠한 긍정적 경험과 부정적 경험을 하였느냐에 따라 자존감은 변한다. 특히 어린 시절의 부모와의 관계는 자존감 형성에 큰 영향을 준다. 부모의 가치관이나 관계 속에서의 배움을 통해 이루어진다. 이로 인해 부모는 자신의 자존감을 그대로 자식에게 대물림하게 되며, 어린 시절 형성된 자존감은 성인이 되어서도 영향을 미친다. 조세핀 김 교수처럼 어릴 적부터 자존감이 바르고 높게 형성된 사람은 어려움을 잘 이겨내고 성공하는 삶을 산다.

우리는 흔히 자존감自尊感과 자존심自尊心을 혼동하여 쓰는 경우가 있다. 둘 다 자신에 대한 긍정이라는 공통점이 있고 모두 자신을 좋게 평가하고 사랑하는 마음이다. 그러나 세부적으로는 서로 다르다. 자존감은 자신의 존재를 그대로를 받아들이는 긍정이고 자존심은 타인과의 경쟁 속에서 얻는 긍정이다. 자존감은 자신에 대한 확고한 사랑과 믿음이기에 경쟁 상황에 따라 급격히 변하지 않는다. 반면 자존심은 끝없이 타인과 경쟁해야 존재할 수 있으며 패배할 경우 무한정 곤두박질친다.

진정 위로를 받아야 할 대상이 사람인데 서로 자존감에 상처를 주는 세상이 아닌가 싶다. 자존감의 상처는 누구나 안고 있는 문제다. 사회적으로 높은 지위를 성취해도 자존감의 상처는 있기 마련이고 이 상처는 우울증으로 이어지고 자살에 이르게 될 수도 있다. 낮은 자존감에서 나오는 감정의 에너지는 과열되기 쉽다. 그러므로 자신의 삶을 긍정적으로 바라보고 용서해주며 격려해주어 자존감을 세워주어야 한다. 성공적 삶을 위해서 자존감이 얼마나 중요한지 아무리 강조해도 지나치지 않는 것이다.

(2013. 4. 13.)

삶은 방향이 중요하다

삶을 살아가면서 우리는 순간순간 수많은 갈림길에 부닥치게 된다. 지난 4월 11일, 친구들과 옥정호 순환도로 옆 국사봉 산길을 걸어가다가 두 갈래 길을 만났다. 모두 초행길이라 방향 정하기가 난감했으나 결국 주도主導하는 친구의 의견을 좇아서 즐겁게 다녀왔다. 산행에서 방향 정하기가 중요함을 느낀 하루였다.

산행에서 길의 방향을 잘 잡아야 하듯 우리 삶에서도 방향을 잘 잡는 일이 중요하다. 방향이 분명해야 어디에서 출발하여 어디로 가는지 알 수 있고 지금 위치를 알 수 있다. 방향이 바른 삶, 목적이 있는 삶, 기준이 있는 삶에는 실패가 없다. 삶의 방향을 잘 잡아야 성공적으로 살 수 있다.

무엇을 위해 일하는가? 어디로 향해 가고 있는가? 이것은 바로 '방향'의 문제이다. 한 예화가 있다. 아버지와 아들이 사막을 걷다가 길을 잃었다. 아들은 시계를 쳐다보며 어떻게든 빨리 사막을 벗어나려고 부지런히 걸었다. "아버지, 이러다간 평생 여기를 못 벗어날 것 같아요. 좀 더 빨리 걸어야겠어요." 아버지는 지도와 나침반을 연신 펼쳐 보며 아들에게 말했다. "애야, 이쪽이다. 우리는 다른 방향의 길을 걷고 있었던 거야."

두 사람은 방향을 바꾸어 다시 며칠을 걸은 후에야 목적지에 도착했다. 그날 저녁 아버지는 아들을 불렀다. "아들아, 시간이란 그다지 중요한 게 아니란다. 그보다 더 중요한 건 방향이라는 사실을 잊지 말아라. 하마터면 우리는 영원히 사막에서 헤맬 뻔했단다. 자, 이걸 선물로 주마."

아버지는 자신의 소중한 나침반을 아들에게 내밀었다. 그러자 아들이 자신의 시계를 풀어 아버지에게 건네며 말하였다. "고맙습니다, 아버지. 이건 제가 스스로 방향을 가늠할 수 있을 때까지만 아버지께서 보관해 주십시오."

이 이야기 속에서 알 수 있듯이 열심히 부지런히 사는 것도 중요하지만 올바른 방향으로 사는 것이 더 중요하다. 모호하고 불투명한 세상일수록 삶의 방향이 분명해야 한다. 미국 로스앤젤레스에서 모스크바로 가는 비행기가 출발할 때 1도만 방향이 달라져도 이스라엘에 도착한다고 한다. 속도가 아무리 빨라도 방향을 잘 잡지 못하면 목적지에 도달하지 못하는 것이다.

우리는 지금 누군가와 경쟁하여 이겨야 하는 속도(speed)의 경쟁 시대에 살고 있다. 한 세기 전만 해도 교통수단이나 정보통신수단이 이처럼 빠르게 발전하리라고는 거의 상상하지 못했다. 그런데 문제는 미국의 사회학자 W.F.오그번(William Fielding Ogburn)이 주장한 문화지체이론(Cultural Lag Theory)처럼, 급속도로 변화하는 기술과 양적인 누적으로 인한 물질문화의 변화와 발달의 속도를 비물질문화가 따르지 못한다는 것이다. 다시 말해, 빠르게 발달하는 물질문화 세계 속에서 개인은 궁극적으로 나아갈 길을 찾지 못하고 정신적 혼란을 경험하게 된다는 거다. 이와 다름없이 우리의 삶에 절박하게 다가오는 문제는 '속도'의 문제가 아니라 '방향'의 문제이다.

빠른 것이 느린 것을 잡아먹는 속도의 시대라지만 바쁘게 열심히 사는 것만으로 행복한 인생길의 방향을 잡기가 어렵다. 아무리 빨리 남들보다 멀리 간들 그것이 잘못된 방향이면 무슨 소용이 있겠는가. 길을 걸어갈 때 방향을 잘 잡아야 하듯 인생에서 중요한 것은 올바른 삶의 방향을 설정하는 일이다. 빗나가는 삶은 불행을 낳고, 엉뚱한 곳으로 이끌 뿐이다.

잘못된 방향으로 열심히 뛰고 있는 경주자를 상상해본다. 그것이 혹시 나의 모습은 아닌가? 오늘은 잠시 속도를 줄이고 삶의 나침반을 확인해 봐야겠다. '인생은 속도가 아니라 방향이다.'는 말에 크게 공감이 가는 날이다.

(2013. 4. 21.)

먼저 가신 사랑하는 분들을 생각하며

너무 화가 나서 도저히 진정을 할 수 없다.

어느새 오월이 오고 어버이날이 가까워진다. 돌아가신 어머님을 생각하니 그리움이 사무친다. 어이없는 교통사고를 당하여 돌아가셨을 때 하늘이 무너지는 듯하였고, 왜 내게 이런 일이 생긴 것일까? 속을 끓이며, 어머님의 죽음 앞에 할 수 있는 일이 아무것도 없었다는 무력감과 죄책감으로 한없이 자책하며 지내던 날이 있었다.

그러던 어느 날, 잠재의식이 꿈으로 표출된 것인지 모르겠으나, 꿈에 어머님이 헌 옷을 벗어 버리고 다른 새 옷으로 갈아입듯이, 세상 근심 걱정과 육신을 벗어놓고 새로운 영의 세계로 떠나시는 모습이 보였다. 비록 꿈일지라도 어머님이 무궁한 생명의 신비 속으로 떠나가셨다고 생각하며 안도감과 위로를 느꼈다. 상식적으로 생각해 보아도, 자식이 깊은 슬픔에 빠져 방황하는 걸 어머님도 원치 않으실 것이라는 생각이 들어 애통한 마음을 추스르며 누그러뜨린 적이 있었다.

시간이 지나가면서 그리움은 커지고 슬픔은 엷어졌지만 어쩌다가 꿈에 만나 뵐 때는 죄송하고 안타까운 마음이 든다. 살아생전 정성을 다해 모시지 못한 후회가 지금도 나의 가슴을 치고 있다.

죽음은 예측할 수 없고 피할 수도 없다. 누구나 한 번은 사랑하는 사람과 영원히 이별한다. 이는 모든 사람의 숙명이다. 특히 사랑하는 가족을 잃은 슬픔을 당하게 되면 그 비통함을 이루 말로 다 할 수 없다. 한동안 그 사실조차 믿지 못하고 자기부정自己否定하며 무감각의 상태에 빠지기도 한다.

장자莊子에 의하면 슬픔이란 자기부정에서 온다고 한다. 사랑하는 사람을 잃은 삶은 이전의 삶과 같을 수 없다. 계속되는 자기부정을 통하여 슬픔을 극복해야 하고, 사랑하는 사람이 없이 살아가는 방법을 모색해야 한다.

슬픔은 나누면 반으로 줄어들고 기쁨은 나누면 그 배가 된다는 영국 격언이 있다. 남에게 털어놓고 이야기함으로써 슬픔을 누그러뜨리는 지혜가 필요하다. 비슷한 경험을 했던 이웃이나 이해해주는 친구, 돌아가신 분을 아끼고 사랑했던 친지들의 위로와 도움이 슬픔을 극복하는 힘이 된다. 슬픔의 유일한 치료법은 무슨 일을 열심히 하는 것이라고 한다.

이 세상에서 슬픔과 고통을 당하지 않는 사람은 한 사람도 없다. 누구나 갖가지 크고 작은 아픔을 겪게 마련이다. 만나고, 알게 되고, 사랑하고, 헤어지는 것에도 슬픔과 고통이 따르게 마련이다.

불경에서는 고(苦, duhkha)를 일반적으로 괴로움, 고통, 슬픔 등으로 번역하고 있다. 고성제苦聖諦에 의하면 여덟 가지 고苦가 있다. 태어남, 늙음, 병듦, 죽음 등의 고苦와 사랑하는 이와 헤어지는 고(愛別離苦), 미워하는 사람과 만나는 고(怨憎會苦), 구하는 것을 얻지 못하는 고(求不得苦), 오온의 집착에서 생기는 고(五取蘊苦)를 말한다.

살다 보면 별별 슬픈 일이 다 생긴다. 화禍 중에 화는 슬픔인 것 같다. 영원한 이별의 슬픔을 개인 스스로 치유하기에는 너무나 버거운 일이다. 버거운 일이라고 그대로 놓아두면 몸과 마음이 상한다. 이로 인하여 생긴 고통은 반드시 치유하고 극복해야 한다.

이 시간 사랑하는 분들의 죽음을 어떻게 받아들여야 할지 곰곰이 생각해 본다. 모두 본향으로 돌아가 영생복락 누리기를 간절하게 소망한다. 다음 세상에 대해 이러쿵저러쿵 변증하고 싶지는 않다. 할 수만 있다면 사랑하는 이웃들의 슬픔의 눈물을 모두 씻어주고 싶다.

(2013. 4. 27.)

행복은 마음 나름

요즈음 매주 월요일과 수요일에 기체조를 배우고 있다. 부드럽고 유쾌한 음악에 맞춰 체조를 따라 하다 보면 삶의 시름과 심신의 나른함이 시원하게 씻어지고 밝은 심혼과 활력을 얻는 것 같다. 즐거운 생각으로 하는 운동이라서 이러한 행복감을 느끼는 것이다.

인생은 아름답고 사랑스러우며 귀중하고 행복한 것이라고 여겨야 한다. 생각을 긍정적으로 해야 행복을 느낄 수 있다. 뇌 과학자들이 부정적인 생각이나 단어를 떠올릴 때의 뇌 상태를 관찰했더니 감정 처리의 중추인 편도체 활동이 증가해 스트레스 유발 호르몬과 신경 전달 물질이 분비됐다고 한다. 부정적인 생각과 말은 뇌의 기능을 방해하고 스트레스만 주는 것이다.

세상사 마음먹기에 따라 달라진다. 행복도 마찬가지이다. 세기의 영웅 나폴레옹은 모든 것을 소유했고 최고의 지위를 누렸다. 그리고 인생의 성취감도 누구보다 더 누렸다고 할 수 있다. 그러나 그는 죽게 되었을 때 "내가 진정으로 행복했던 때는 단 6일밖에 없었다."고 말했다고 한다.

이와 다르게 시각, 청각, 언어 장애라는 삼중고三重苦를 겪은 헬렌 켈러는 "내 생애 행복하지 않은 날은 단 하루도 없었다."고 말했다고 한다. 그녀는 암흑 같은 육체를 지녔으나 많은 사람과 아픔을 나눠서 지고 사랑하는 마음으로 살았기 때문이다. 착하고 좋은 생각으로 사는 사람은 항상 마음이 행복한 것이다.

시각장애인이지만 밝은 영혼을 가진 제니퍼 로스차일드는 그가 쓴 책『내 영혼에게 말 걸기(Self Talk Soul Talk)』에서 자신의 영혼과 대화하기를 강조하고 있다. 그는 "내 주제에 무슨!", "모두 다 날 싫어해!", "난 너무 멍청해!"와 같이 스스로 헐뜯지 말고 비난하지 말라고 주장한다. 영혼의 대화는 매우 강력한 힘이 있어서 올바른 말을 할 때는 활력과 희망을 주지만 그릇된 말을 할 때는 좌절과 절망의 구렁텅이에 내동댕이쳐 버린다는 것이다.

생사를 가를 만큼 엄청난 힘을 가진 것이 바로 사람의 생각이다. 절망의 순간에도 결코 놓지 않은 희망과 용기가 필요하다. 건강작가 이송미의 글에 의하면 긍정적인 생각의 힘이 얼마나 큰지 알 수 있는 이야기가 있다. 저명한 심장전문의이자 심신의학자인 하버드 의대 버나드 론 교수에 의하면 말기상태에 죽음을 앞두고 있던 어느 심장병 환자가 회진하던 의사들의 대화를 오해해서 기적적으로 살아났다고 한다. 그 환자는 심장의 말기 상태를 뜻하는 갤럽(gallop)이라는 용어를 '말이 질주하는 모습'이라는 일반용어로 이해하고 자신의 심장이 달리는 말처럼 건강하다고 생각하였고, 그 말을 들은 후부터 빠르게 호전되어 결국 완치되었다는 것이다.

좋아하든 싫어하든 그것에 아랑곳없이 사람은 무엇인가를 생각하는 존재다. 화엄경에 일체유심조一切唯心造라는 말이 있다. 세상사 모든 일은 마음먹기에 달려있는 것이다. 마음 아프고 불쾌한 일은 하루 빨리 잊어야 한다. 슬프고 짜증나는 일도, 한 생각 돌이키면 편안해지는 법이다. 낙심하고 불안해하면 생각이 막히고 마음이 어두워진다. 이러한 마음속에서는 행복이 깃들지 않는다.

이 세상은 마음 나름, 세상에는 복이나 화가 따로 없다. 다만 생각 여하에 따라 이렇게도 저렇게도 되는 것이다. 지금 살아 있다는 것이 신비요, 행복한 순간이다. 항상 희망을 노래하고 즐거운 날을 회상하며 고요하고 평안한 영혼을 유지하자. 행복지수 하면 떠오르는 저 가난한 나라 방글라데시가 본보기다. 행복이라는 것은 어떠한 생각을 갖느냐에 달려 있는 것이다.

(2013. 5. 4.)

세상을 아름답고 행복하게 하는 봉사

산야가 온통 연초록빛 새싹들로 싱그러운 5월 두 번째 주말, 샘문화 회원들과 괴산에 있는 산막이옛길에 다녀왔다. 호수를 둘러싼 산들이 물결을 이뤄 더할 나위 없는 장관을 이루는 이곳은, 등산, 트레킹 그리고 배도 탈 수 있어 나름대로 봄날의 기운을 만끽하기에는 참 좋은 곳이라는 생각이 들었다.

더욱이 여행 도중에 회원 중 몇 사람이 요깃거리로 가져온 맛있는 음식을 다 같이 모여 앉아 먹으니 오순도순 정다운 기분이 들었다. 매번 이것저것 먹을거리를 챙겨서 가져오는 회원들의 봉사 정신이 새삼 고맙게 느껴지는 날이었다. "남에게 장미를 선사한 사람의 손에는 장미 향기가 난다."는 말이 실감 나는 하루였다.

주는 즐거움이 받는 즐거움보다 크다고 한다. 대가를 바라고 하는 봉사는 아니겠지만, 봉사를 하는 사람들은 이구동성으로 말한다. 자신이 준 것보다 훨씬 큰 사랑을 받게 된다고. 그래서 너무 행복하다고. 이러한 의미에서 봉사는 베푸는 행위이지만 결국 베풂을 받아 삶을 완성하는 일이다.

人(사람)은 상형자로서 서로 기대는 모습을 본떴다는 설이 있다. 모름지기 사람은 서로 의지하고 살아가는 존재라는 것이다. 이런 의미에서 우리는 매일매일 누군가에게 봉사(service)하면서 살아가야 하는 존재가 아닐까 생각한다.

봉사는 도움, 헌신, 희생, 사랑과 상통한다. 위대한 봉사의 롤 모델(role model)로 '빈자의 성녀'로 불리는 마더 테레사 수녀가 있다. 빈민, 고아, 한센병 환자 등 불우한 이웃을 돕는 데 한평생을 바쳐 봉사하는 삶의 본을 보여 준 여인이다. 생명 외경畏敬 윤리로 살아있는 모든 것에 봉사하면서 산 슈바이처의 삶도 훌륭한 본보기가 되고 있다.

봉사는 헌신적인 봉사와 사랑의 손길을 주었고 성실하게 사는 것부터 시작된다. 공중도덕을 잘 지키고 웃어른을 공경하며 이웃을 배려하고 따뜻한 말 한마디 건네며 옳은 일을 가르치는 일도 봉사다. 휴지를 줍거나 쓰레기를 쓰레기통에 잘 버리는 것조차 봉사하는 일이다.

우리 삶을 편안하고 건강하게 만드는 일들도 봉사하는 삶이 될 수 있다. 남편으로서 아내를 편안하게 해 주고, 자식으로서 부모님을 편안하게 해 드리면 그 또한 봉사하는 삶이며, 다니는 직장에서 충실하게 일하는 것도 봉사하는 삶이다.

마음만 먹으면 할 수 있는 장기 기증, 의료봉사, 기부, 무료급식, 헌혈, 육체 봉사, 무료 강의, 무료 상담 같은 봉사도 할 수 있다. 물질을 사랑하면서도 물질에 얽매이지 않고 필요에 따라 다른 사람에게 나누어 주는 것도 위대한 봉사적 행위이다.

그리고 이러한 모든 봉사적 삶을 위해서는 반드시 이타심, 배려, 친절, 겸손, 존중, 진실, 헌신적 사랑이 마음속 깊숙이 내면화되어 있어야 한다.

제임스 C. 헌터는 그의 저서 『서번트 리더십(The servant leadership)』

에서 "영향력은 권위에서 나오고 권위는 봉사하는 삶에서 비롯된다."고 말했다. 그리고 봉사와 희생으로 획득한 권위만이 부하직원들을 진정으로 마음속으로부터 따르게 할 수 있다고 하였다.

그러므로 봉사와 희생정신으로 다른 사람들을 배려하고 도와주는 사람, 겸손과 진심으로 베풀고 섬겨주는 사람이야말로 진정한 리더요, 참된 봉사자가 아닐까 생각한다.

이 시간 세상을 아름답고 행복하게 하는 봉사에 대하여 되새겨 보며, "너희 중에 누구든지 크고자 하는 자는 너희를 섬기는 자가 되고 너희 중에 누구든지 으뜸이 되고자 하는 자는 너희 종이 되어야 하리라."는 성서의 말을 곰곰이 생각해본다.

(2013. 5. 12.)

도전하는 삶은 아름답다

황소개구리 올챙이를 한 마리를 잡아 와서 그 자람을 관찰하려고 작은 어항에 키운 적이 있다. 1년 가까이 키우는 동안 올챙이에서 개구리로 변태하였는데도 계속 성장하지 못하고 크기가 올챙이 때와 비슷했다. 아마도 환경이 열악하여 제대로 성장하지 못하는 것 같았다. 나쁜 여건與件으로 인해 타고난 재능을 발휘하지 못하고 사는 사람들이 생각났다.

이에 반해 채마밭의 호박순이 넝쿨로 뻗어 갈 때 줄기를 잡고 뿌리 체 잡아당기면, 우지직 소리가 난다. 그 자리를 바로 발로 밟아주기만 하면 뿌리에는 큰 지장은 없다. 뿌리들은 생존의 위협을 직감하는지 외려 저들끼리 더 협동해서 땅 깊이 뿌리내려 풍성하게 자라 열매를 맺는다.

인간의 삶도 비슷한 점이 있다. 어쩔 수 없는 여건 때문에 자아실현을 못 하고 현실에 머물러 있거나 열등감의 늪에서 빠져 있는 사람이 있다. 그러나 어려운 여건 속에서도 희망의 빛줄기를 찾아 도전 극복함으로써 성공적인 삶을 사는 사람들도 있다. 베토벤은 귀가 멀었음에도 불구하고 「합창」 교향곡이라는 명곡을 만들었고 밀턴은 실명失明이란 장애를 극복하고 불후의 명작 『실낙원』을 저술하지 않았는가.

사람의 잠재능력은 무한하다. 비전(vision)을 갖게 하는 근원이 여기에 있다. 우리는 발전의 연속선상에 있는 존재다. 자기 한계를 규정하지 않는 한 발전의 여지는 있는 것이다. 인간은 일상생활을 할 때 뇌의 3% 능력밖에 사용하지 않고 평생 뇌 용량의 10%도 못 쓴다고 한다. 고물상에 팔면 몇천 원 가지 않는 단순한 쇠붙이 하나도 시계의 스프링으로 만들어 팔면 몇백만 원의 가치로 변한다. 인간의 잠재능력 가치 변화는 이와 견줄 수 없다. 단순한 물질과는 차원이 다르다. 끊임없는 탐구와 체화體化된 행동력으로 도전하면 삶의 가치를 얼마든지 높일 수 있다.

비단잉어의 한 종류인 '코이'는 적응력이 강한 물고기다. 이 잉어는 작은 어항에 넣어두면 5~8cm쯤 자라지만 아주 커다란 수족관이나 연못에서는 15~25cm까지 자라고 강물에 방류하면 90~120cm까지 자란다고 한다.

삶의 스케일(scale)을 넓히려면 스스로 갇혀 있지 말아야 한다. 고정관념을 깨고 자신의 그릇을 키워야 한다. 결핍과 생존 욕구가 성공의 원동력이 될 수 있다. 생의 의지를 불태워 자기 발전 동력을 얻어야 한다. 작은 어항에 살아갈 것인가 넓은 강물에서 살아갈 것인가는 자신이 정하는 것이다.

세상은 넓고 도전할 일은 많다. 그리고 도전하는 삶은 아름답다. 갇혀 있는 생각의 틀을 부숴주자. 성공은 생각의 크기에 달려있다. 터무니없이 큰 꿈이라도 좋다. 실제 성공 가능성을 떠나 도전하는 일련의 과정에서 삶의 의욕을 느낄 수 있지 않을까.

미국의 루이저 로스차일드 박사는 어느 날 벼룩의 점프력을 실험해보니 그 높이가 약 30cm로 벼룩 자신의 키보다 몇백 배가 넘었다.

이 벼룩들을 실험용 대형 용기에 집어넣고 투명한 유리로 덮어두자 벼룩들은 뛰다가 덮개에 부딪히고 말았다. 일정한 시간이 지난 뒤 덮개를 열었지만 이미 그 환경에 적응한 벼룩은 유리병의 덮개 높이 이상으로 뛰어오르지 못하게 되었다.

인간의 습성도 이와 비슷하다. 인간의 잠재능력은 무한에 가깝지만, 대부분 사람들은 자신의 능력을 스스로 유리병 속에 가둔다. 자신에게 적합한 환경을 만들고 습관적으로 되풀이되는 매너리즘(mannerism)에 빠지기 일쑤이다. 독창성과 신선한 맛을 잃어버리는 것이다. 도약할 수 있는 잠재력이 있음에도 불구하고 일상에 적응한 채로 가만히 있는 것이다. 더욱 안타까운 사실은 많은 사람이 자기 최면에 빠지듯 스스로 한계를 지우고 안주安住하여 자체적 노력을 포기하고 주어진 일만 한다는 것이다. "인생은 B와 D 사이의 C이다." 라고 소설가 사르트르가 말했다. C는 선택(choice) 변환(change) 기회(chance) 등이 있거니와 도전(challenge)이 있다. 선택도 중요하지만 도전은 더욱 중요하다. 도전하는 자만이 정복할 수 있고 승리할 수 있기 때문이다.

집채만 해도 물결 따라 떠내려가는 죽은 고래와 손가락만 해도 거센 물결을 거슬러 올라가는 살아 있는 피라미를 상상해 본다. 올바른 자기 지향성으로 끊임없이 도전하는 삶이 아름답다고 생각해 본다.

(2013. 5. 19.)

느림은 행복이다

5월 넷째 주 목요일과 금요일, 다정한 벗들과 함께 청산도에 들어가 모든 잡념을 버리고 푸른 바다와 신선한 공기를 마음껏 마시며 자연과 동화된 한가로움에 젖다가 돌아왔다.

청산도에 도착한 첫날, 예약한 펜션에 짐을 풀고 슬로우(slow)길을 따라 권덕리에서 구장리로 이어진 '낭길'을 걸었다. 이 길은 고즈넉한 숲 속 오솔길이지만 낭떠러지를 끼고 있어서 그 절경은 마치 하늘에 떠 있는 듯, 바다에 떠 있는 듯 신비로운 운치가 있었다.

이어서 한가로운 들판 길을 지나 당리마을 언덕길을 올라가니 주위에 빨갛고 화려한 꽃양귀비들이 청보리들과 어우러져 그림 같은 풍광을 자랑하고 있었으며, 영화 〈서편제〉의 촬영지가 나타났다. 조금 더 올라가니 KBS 2TV 드라마 〈봄의 왈츠〉가 촬영된 곳이 나오고 세트장으로 사용된 언덕 위의 하얀 집이 자리 잡고 있었다.

도청항으로 내려가 저녁 식사를 한 후 차를 타고 숙박할 펜션으로 갔다. 밤이 되니 어디선가 소쩍새가 울어댔다. 갯바위로 낚시하러 갔다. 기대한 고기는 반응이 없었으나 파도도 잠들고 있는 밤 바닷가에서 낭만에 젖어 이야기꽃을 피우는 재미로 시간 가는 줄 몰랐다.

이튿날 아침, 친구가 즉흥적으로 시를 지어 넌지시 보여 준다.

하늘 바다 산이 푸르다는 청산도/ 권덕리 OK팬션에서 아침을 맞는다./ 뻐꾸기 연이어 울어대고/ 아름 모를 산새들이 고요를 깨우는/ 평화로운 섬마을// 앞에 바다가 있고/ 뒤에 범바위산이 있고/ 파도 소리 잔잔히 들려오는/ 권덕리의 아침은/ 어릴 적 나의 고향 같다./ 범죄 없는 마을/ 가슴에 평안을 안고 사는 마을/ 사람들의 얼굴에 고운 향기가 난다.

아침 식사를 마치고 말탄바위와 범바위 사이의 명품길을 느릿느릿 걸었다. 파노라마처럼 펼쳐지는 해안 절경을 바라보고 있으니 마음이 평안해지며 정화되는 느낌이 들었다.

내려와 개인택시를 타고 일주도로를 따라 화랑포길을 돌고, 창밖으로 보이는 다랭이논을 구경하며, 상서돌담마을에 도착하였다. 골목길을 들어서니 층층이 쌓아 올린 돌담과 대나무로 엮은 사립문이 소박하게 지어진 농가와 조화를 이루어 포근한 정취를 풍기고 있었다.

이어서 길가의 구들장논 이야기를 들으며, 신흥리해수욕장, 지리청송해변, 단풍길을 지나 12시 20분 출항하는 배를 타기 위해 도청항에 도착하였다. 슬로시티(Slow City) 청산도는 느림을 통해 행복을 일깨워 주는 섬이었다.

'슬로시티'는 과거와 현대의 조화를 통한 "느리지만 행복한 삶"을 추구하며 자연환경과 고유음식, 전통문화 등을 지키며 지속할 수 있는 발전을 추구하는 지역 공동체를 의미한다. 글로벌마켓이 한국의 '속도전' 성공 신화를 롤모델(role model)로 하는가 싶더니 어느새 요즈음 느림과 여유를 강조하는 '슬로우(slow)'가 새로운 가치로 떠오르고 있다.

프랑스 사회학자 피에르 쌍소(Pierre Sansot)는 느림(slow)을 '부드럽고 우아하고 배려 깊은 삶의 방식'이요 '개인의 자유를 일컫는 가치'로 이해한다. 그는 "빨리빨리" 살면서 놓쳤던 삶의 의미, 인생의 목표, 세계와 나 등 조금은 거창한 주제를 사색하고, 인생의 진정한 가치를 발견할 것을 권하고 있다. 그는 느리게 사는 지혜 중 '한가로이 거닐기'를 손꼽았다. 한국에서 외국인이 가장 빨리 배우는 단어는 '빨리빨리'라는 말을 들은 바 있다. 곰곰이 생각해도 문제다. 무릇 바쁜 일상에서 빨리빨리 서두르면 급기야 사달이 나기 마련이다.

우리에겐 쉼표가 필요하다. 답답하고, 짜증이 나고, 반복되는 일상에 지쳐갈 때, 바쁜 인생길 문뜩 한 번쯤 쉬었다 가고 싶어질 때, 잠시 쉼표를 찍고 편안한 마음으로 여행을 떠나 보기를 권하고 싶다.

(2013. 5. 26.)

꽃을 보고 아름다운 인생을 생각해본다

5월의 마지막 주다. 가까운 친구와 모처럼 송산동 앞 둑길을 걸으니 노란 금계국이 한창이다. 금빛 물감을 뿌려 놓은 듯 눈이 부시다. 바람에 출렁이는 꽃물결을 보고 있으면 황홀한 기분이 든다. 산책길이 허전하지 않고 행복과 평온함을 더해주며 발걸음을 가볍게 해주고 있다.

꽃물결만 아름다운 건 아니다. 사람도 아름답다. 감미로운 음악에 젖은 스타와 프로 댄서가 감정과 몸짓의 호흡을 맞춰 춤추는 모습을 보면 어쩜 그리 즐겁고 행복해 보이며 아름다운지.

어찌보면 꽃과 인생은 닮았다. 꽃과 인생이 아름다운 것은 한 번뿐이기 때문이다. 일회성 인생이기에 우리들의 만남은 더욱 소중하고 아름답다. 짧은 만남이었지만 만날 때마다 설레고, 두근거렸던 그리운 사람이 생각난다. 꽃처럼 짧은 우리 인생 서로 사랑하며 살자는 뜻으로 여러 차례 꽃을 선물했던 일도 생각난다. 꽃처럼 아름다운 사랑과 그리움이 있기에 인생은 아름다운 것 같다.

꽃을 바라보면서 아름다웠던 청춘을 생각해 본다. 그리고 꽃과 인생의 짧음을 탄식한다. 일순一瞬의 꽃과 같이 우리들 인간의 영화도 짧은 순간이다. 아름다운 꽃이 피고 지듯 우리 인생에서 권력도 일시적인 것이고, 인기도 건강도 그렇고, 행복도 재력도 그렇다. 승패도 교차하고 흥망에도 기복이 있다. 꽃과 인생 모두 덧없는 것들이다.

인간이 아무리 아름다운 옷을 만들어도 꽃의 아름다움에는 미치지 못한다. 영국 시인 윌리엄 블레이크(William Blake)의 「순수를 꿈꾸며」라는 시에 "한 알의 모래 속에서 세계를 보고,/ 한 송이 들꽃 속에서 천국을 본다./ 손바닥 안에 무한을 거머쥐고/ 순간 속에서 영원을 붙잡는다."는 구절이 있다. "한 송이 들꽃 속에서 천국을 본다."라는 구절은 예수의 "백합화를 생각하여 보라. 실도 만들지 않고 짜지도 아니하느니라. 그러나 내가 너희에게 말하노니 솔로몬의 모든 영광으로도 입은 것이 이 꽃 하나만큼 훌륭하지 못하였느니라."라는 말을 연상케 한다.

그러나 눈으로 보이는 꽃만 아름다운 것이 아니다. 아름다운 마음과 인간미 넘치는 사람도 꽃처럼 곱게 보인다. 아름다운 옷을 입는 것보다 겸손한 자세로 섬기고 사랑하는 것이 꽃처럼 아름다운 법이다.

꽃에 향기가 있듯 우리에게도 향기로운 마음이 있다. 잘난 구석 없어도 가진 게 많진 않아도 아름다운 미소를 지으며 넉넉한 마음으로 서로에게 향기로운 인생의 꽃이 될 수 있다. 미소가 아름다운 사람을 보면 오히려 꽃보다 아름답게 느껴지는 것이다.

누구나 한 번쯤은 꽃을 피운다. 사람은 반드시 꽃을 피워내야 한다. 하지만 사람이 정말 빛나는 때는 그 꽃이 진 후의 삶이다. 지금 한창 '잘나가는' 사람도 그 영광을 계속 누릴 수는 없다. 늘 새로운 능력을 길러야 한다. 깊은 골짜기와 같은 외로운 자리에서도, 가시나무와 같은 환란이나 아픔 속에서도, 운명을 극복하고 삶의 꽃을 피우는 사람을 보면 아름답다. 이런 사람이 많을수록 세상은 더욱 아름다워진다.

조금씩만 서로서로 양보하고 손잡고 용서하며 함께 나아가면 꽃보다 아름다운 세상이 될 것만 같다. 「사람이 꽃보다 아름다워」 노래가 오늘따라 귓가에 맴돈다.

(2013. 6. 2.)

인생은 희비쌍곡선

6월이 시작되니 뽕나무밭의 오디가 무르익는다. 아내를 도와 오디를 땄다. 오디를 수확하는 기쁨과 함께 햇빛 알레르기로 손과 얼굴이 벌겋게 부어오르고 가려웠다. 그러던 중에 문득 "인생이란 희비의 쌍곡선 연속이다."라고 하셨던 고교 시절 수학 선생님의 말씀이 생각났다.

인생은 언제나 희비쌍곡선의 교차점에서 시이소오 게임을 하는 것 같다. 굳이 희비쌍곡선이라는 말을 들추지 않더라도 기쁨과 슬픔은 우리 인생을 구성하는 양대 요소라고 할 수 있다. 우리의 일곱 가지 감정, 즉 기쁨喜, 노여움怒, 슬픔哀, 즐거움樂, 사랑愛, 미움惡, 욕심欲을 두 줄로 세운다면 한 줄은 기쁨–즐거움–사랑이 될 것이고, 나머지 줄은 노여움–슬픔–미움–욕심이 될 것인데, 대표성을 따져 두 줄의 줄반장을 뽑는다면 역시 기쁨과 슬픔이 선출될 수밖에 없을 것이다.

희비의 쌍곡선을 인생의 명암明暗으로 바꿔 비유할 수 있다. 명암은 여러 색채와 함께 형태와 입체감, 공간감, 그리고 정서를 표현하는 중요한 조형적 요소이다. 명암은 모두에게 주어진다. 우리의 삶의 가치는 회화繪畫처럼 인생의 명암을 어떻게 받아들이느냐에 따라 달라진다. 빛만 보거나 어둠만 보면 둘 다 눈이 상한다. 빛이 밝을수록 그림자는 짙어진다. 빛과 어둠이 적절한 명암으로 균형을 이룰 때 사물을 온전하게 파악한다. 인생에도 성공만 있거나 실패만 있으면 위험한 상황에 빠진다.

아무리 좋은 것도 반드시 어두운 면이 있다. 열심히 일해서 성공하는 것은 좋으나 일에만 몰두하다가는 자신의 건강과 가정을 파괴하기 쉽다. 박식하고 말 잘하는 것이 좋으나 다른 사람들의 말문을 막는 경우도 있다. 리더가 하나에서 열까지 철저하게 챙기면 부하들은 숨이 막힌다. 고생을 너무 많이 한 사람은 인색해지고, 고생을 너무 안 한 사람은 아끼지 않는 경향이 있다. 모든 사람과 관계를 잘 맺는 사람은 오히려 깊은 우정을 나눌 수 있는 친구들이 적다. 한쪽이 강해지면 반드시 다른 한쪽이 약해질 수 있는 것이다.

인생의 명암에 관한 L. H. 그린돈의 시를 소개해 본다.

> 삶은 즐거움으로 가득 차 있다/ 그림자가 있다는 것은 해가 멀리 있지 않다는 것이다/ 꽃은 잡초들과 가시들로 인해/ 더 아름답게 드러나고 있느니/ 많은 꽃에도 빗방울은 있다/ 세상에는 눈물이 있기에 웃음이 더 많다/ 미움보다는 사랑이 많고 버리는 것보다는 성실하게 가꾸는 것이 더 많다/ 파괴를 목적으로 불평하는 사람을 친구로 사귀지 마라

세상을 살아가는 모습도 두 개의 곡선曲線으로 비유할 수 있다. 밖에서 안으로 좁혀 들어오는 내향형 곡선(Outside in, 小我)과 안에서 밖으로 넓혀 나가는 외향형 곡선(Inside out, 大我)이다. 내향형 곡선을 그리며 사는 사람은 바깥세상의 모든 것을 끌어들여 자기의 것으로 하

려고 한다. 더 많은 물질, 더 높은 지위, 더 큰 명예를 탐하며 성공을 추구한다. 외향형 곡선을 그리며 사는 사람은 베풂과 나눔을 좋아하고 자신의 이익보다 타인을 먼저 생각한다. 헌신과 봉사, 섬김을 미덕으로 여기며 일의 '의미'를 통해 보람을 추구한다.

내년에 우리나라는 지방선거가 있을 예정이다. 후보들은 오직 유권자 마음 잡기에 집중할 것이다. 그리고 선거의 결과에 따라 웃고 우는 희비의 쌍곡선을 그릴 것이다. 그때 우리는 당락 희비를 들을 수 있다. 외향형 곡선을 그리는 사람, 다시 말해 대의大義를 앞세워 실천하는 이타주의利他主義 후보자가 많이 나오기를 기대해본다.

말 한마디에 일희일비一喜一悲 쌍곡선을 그리는 내 인생은 어디로 가고 있는 것일까?

(2013. 6. 9.)

절제된 삶의 아름다움

요즈음 매일 밤, 인기 드라마를 보는 재미에 빠져 있다. 14일 MBC 특별기획 드라마「구암 허준」63회 방송을 보니, 허준이 중문과 정청을 오가며 어필 현판을 천 회 낭독하는 장면에 '調攝修養'와 '藥石次之'라는 글씨가 보인다.

이 두 글은 조섭수양調攝修養을 우선으로 하고, 치료법으로 약석藥石을 사용하는 것을 다음으로 한다는 말이다. 조섭調攝이란 음식이나 주위 환경, 움직임 등을 알맞게 조절하여 쇠약한 몸을 회복되게 한다는 뜻이다.

이 글을 보며 "절제는 최고의 양약이다."라는 영국 격언이 생각났다. 그리고 알맞게 조절 절제하지 못했던 지난 삶을 돌이켜보게 되었다. 젊었을 때, 조섭을 무시하고 하루에 열 군데의 술집을 전전했던 일, 수양하지 못한 품성과 조급한 언행으로 남의 마음을 상하게 했던 일들이 생각났다. 여전히 절제력이 부족한 지금의 일상을 반성해 보는 기회가 되었다.

우리의 현실적 삶은 늘 욕망의 충족과 연결되어 있어, 어쩌다가 방심하게 되면 허황한 욕심에 이끌려 건전한 삶의 궤도에서 벗어나게 된다. 절제하지 못하고 욕망에만 이끌려 가게 되면 우리의 삶은 기우뚱거린다. 결국에는 행동과 생각이 엇나가 자신을 스스로 해치게 되는 것이다.

절제된 삶의 아름다움을 추구하려는 노력은 인류의 오랜 전통이다. 기원전 5세기경 시작된 불교의 신비주의는 금욕주의의 노선을 취하고 있다. 육체의 갈망과 감정을 억제하고 절제節制하며 고된 수련을 통해 내면의 궁극적 절대자 불성과의 합일체에 이르는, 무념무상의 적멸 상태로 들어가고자 정진에 정진을 거듭하는 것이다.

생의 진정한 자유는 절제를 통해 이뤄진다. 기원전 4세기 전국시대에 태어난 장자莊子의 소요유逍遙遊편을 보면, 구속이 없는 절제의 자유로운 경지에서 노니는 것이 소요유이다.

유가儒家 순자(荀子, BC 298 ~ BC 238)는 성악性惡을 말하면서, 사람은 태어나면서부터 눈과 귀는 미색美色과 미성美聲을 좋아하는 본성이 있는데, 이러한 본성에 따르기 때문에 무절제無節制가 생기고 예의와 문리文理가 없어지므로 반드시 스승에 의한 법도의 감화와 예의에 의한 교도가 있어야 한다고 역설한다.

성경에서는 절제란 신의 성품으로 영적 성장을 가져오는 것(벧후 1:6)이라고 말하고 있다. 그리고 절제해야 할 것들로 모든 일(고전 9:25-27), 말(약 3:2), 음식(잠 23:1-3), 음욕(고전 7:1-9)을 말하고 있다.

삶의 지향이 커다란 상식에서 벗어나지 않도록 하려면 모든 일에 절제해야 한다. 절제된 자유와 방종은 엄연히 다르다. 남의 눈에 거슬리기 전에 스스로 자신을 다잡고 매조지는 슬기가 절제이다. 건전한 궤도를 벗어난 삶의 단면들을 스스로 깨닫고 양식良識의 눈초리로 다잡는 일은 언제나 요구되는 것 같다.

피천득은 그의 수필 「나의 사랑하는 생활」에서 정도를 넘지 않고 알맞게 삼가며 사는 한 선비의 절제된 아름다운 삶을 잘 보여주고 있다. 그의 글처럼 나도 나의 생활을 구성하는 모든 작고 아름다운 것들을 사랑한다. 여러 사람을 좋아하며 미워하지 아니하고, 끔찍이 사랑하며 살고 싶다. 또한, 점잖게 늙어 가고 싶다.

절제 속에서 피어나는 삶이 얼마나 아름다운지 다시 생각해보는 날이다.

(2013. 6. 16.)

별을 보자

요즈음, 아들이 고급 반사망원경을 사 들고 밤마다 밖에 나가기에 무얼 하느냐고 물어보니 달을 관측한다고 한다. 구경口徑이 크고 시야가 넓어 성운星雲, 성단星團, 은하銀河 같은 천체도 관측할 수 있다고 한다.

듣다 보니 어린 시절, 여름밤 마당 멍석 위에 누워 어머니 무릎을 베고 견우와 직녀 이야기를 들으며 총총히 깔린 밤하늘의 은하수를 바라보던 시절이 생각났다. 별을 잊어버리고 산 지 오랜만에 새삼 별과 우주와 인생을 생각해보는 기회가 되었다.

오늘날 21세기 천문학은 허블우주망원경의 발견을 바탕으로 우주의 신비를 향한 무한 도전의 시기를 맞이하고 있다. 천체 망원경을 통해 관찰해 본바 우주에는 통계 수치상 약 10의 25승개의 별이 있는 것으로 천문학자들은 추정한다. 그런데, 묘하게도 지구상의 모래의 수효도 대략 그 정도라고 한다. 지구 전체의 모래알의 숫자를 가정하고 사람이 1초에 20개를 센다고 할 때 1,100,000조 년이나 걸린다는 것이 수학적 설명이다. 아득하고 무한대로 많은 수數의 별이 있다고 여길 수밖에 없다는 것이다.

나는 가끔 가까운 벗들과 우주의 크기를 이야기한다. 그리고 광활

한 우주에 비하면 모래알보다 작은 지구 속의 나는 얼마나 작은 존재인지 생각해보곤 한다.

1초에 지구를 일곱 바퀴 반을 돌 수 있는 빛의 속도로 우리 은하에서 가장 가까운 안드로메다은하까지의 거리만 해도, 무려 2,200,000년이 걸린다고 한다. 이렇게 엄청나게 큰 은하들이 모인 걸 '은하단'이라고 한다. 인간이 상상하기 힘든 크기다. 여기에 또 은하단들이 모인 것을 '은하군'이라고 한다. 우리가 살고 있는 지구는 우주 전체에서 보면 한낱 보잘것없는 작은 티끌과 같다. 우리의 존재도 넓고 넓은 우주에서 눈에 보이지 않는 먼지 하나에 불과한 것이다.

그러나 한편 생각해보면 우리 인간에게는 놀랍고 위대한 능력이 있다. 존재론적으로 비록 우주의 먼지 같은 존재이지만 인식론적으로 우주를 품는 존재이다. 현실을 이해하고 마음속에 우주를 품는 존재이다. 바로 눈앞에 보이지 않는 것과 경험과 멀리 떨어져 있는 것을 이해하고 상상하는 능력이 있다. 반지름이 10－7～10－8cm인 원자原子 크기의 10억 분의 1거리를 분해할 수 있는 거대 강입자 충돌기를 만들어 우주를 지배하는 법칙을 발견하고 태양계 끝보다 10조 배나 더 먼 곳을 볼 수 있는 위성과 망원경을 만들었다.

이러한 위대성에도 불구하고 밤하늘을 쳐다보면 우리가 무한無限 속의 한 점이요, 우리의 인생이 영원永遠 속의 한순간임을 알 수 있다. 별들을 보면 나의 명성, 나의 업적, 나의 재산이 하나의 티끌이요, 무無요, 공空에 지나지 않는 것을 깨달을 수 있다.

별은 우리의 실재實在를 가르쳐 주는 우주의 계시요, 지혜이며, 스승이다. 인간의 유한有限을 배우고 자신의 한계를 인식할 수 있다. 별을 보면 겸손해질 수밖에 없다. 우리 모두가 무한한 시공을 잠깐 스쳐가는 존재임을 알 수 있다. 그러므로 허욕을 버리고 교만을 버리고 겸손을 배워야 한다.

별을 쳐다보며 사는 사람들이 많아질수록 우리 사회는 더욱 맑고 깨끗해질 것 같다. “현대인이 하루에 몇 분만이라도 밤하늘을 쳐다보며 우주를 생각한다면 현대문명이 이렇게 병들지 않았을 것이다.” 라는 20세기의 별 슈바이처의 말이 생각난다.

오염된 도시의 밤하늘은 별을 보기가 힘들다. 이제부터라도 교외로 나가 가끔 별을 보며 우주와 인생을 생각해 보고 싶다.

(2013. 6. 23.)

어울림 세상을 꿈꾸며

아파트 출입문 옆 화단에 다양한 꽃들이 피어 있다. 누가 알아주거나 말거나 아랑곳하지 않고 고운 자태를 뽐내고 있다. 그들은 자신과 다르다고 시비를 걸지 않는다. 가만히 바라보고 있으면 모양이나 빛깔이 서로 다른 여러 가지 꽃들이 어울려 아름다운 조화를 이루고 있다.

재미있는 이야기가 생각난다. 갓 결혼한 어느 집 새댁이 국수를 설탕물에 말아 내놓았다. 이를 받아든 남편은 역정을 내었다. "설탕에 국수를 어떻게 말아 먹나? 다시마 국물에 말아 먹어야지." 이제껏 한 번도 국수를 설탕물에 말아 먹어 본 적이 없었기 때문이다.

국수를 설탕으로 말아 먹는 집에서 시집온 새댁은 화가 났다.

"무슨 다시다 물에 국수를 말아 먹어요?"

옥신각신 다투다가 결국 누가 옳은지 마을 어른에게 물어보기로 했다.

이야기를 듣고 난 마을 어른은, "국수를 설탕에 말아 먹는 사람은 처음 보았다."고 말했다. 이 말을 듣고 기세등등해진 남편에게도 "국수를 다시마 물에 말아 먹는 사람도 처음 보았다."고 덧붙여 말했다.

티격태격하던 그들이 마을 어른에게 다시 물어보았다. "그러면 어른께서는 어떻게 드세요?" 그러자 마을 어른은 "콩국에 말아 먹지." 했다고 한다.

그동안 나도 모르게 잠재되고 고정된 무의식으로 다른 사람을 대하고 내 생각만 고집했던 자신을 돌이켜 본다. 최근 십여 년 이상 우의를 다져왔던 친목 모임이 깨진 일이 있다. 한동안 마음이 아팠다. 평소 진심 어린 마음으로 소통하지 못하고 사소한 말로 생긴 응어리가 도화선이 되어 그런 일이 벌어진 것이다.

우리 모두 다른 사람과 구별되는 고유의 개성이 있고 나름대로 굳어진 사고방식이 있으며 자란 환경이나 얻은 경험, 지식이 다르다. 서로 다르게 태어났고 유전자도 다르며 저마다 독특한 특성을 지니고 살아간다. 자기만의 생각만 고집하면 분명 다툼과 분열이 생긴다. 다양성의 차이를 인정할 때 하나가 될 수 있고 행복한 관계로 발전할 수 있다. 어느 누구도 나와 같지 않다는 점을 이해하면 관용의 여유가 생기고 억지로 다른 사람을 바꾸기 위해 에너지를 낭비하지 않을 것이다.

모자이크 그림을 멀리서 볼 때는 하나의 아름다운 그림으로 보인다. 가까이 다가서 하나하나 보면 각각의 아름다운 색채로 조각을 맞추고 있음을 볼 수 있다.

모자이크처럼 여러 인종이 사는 아프리카공화국을 어울림 세상으로 만든 넬슨 만델라 전 아프리카공화국 대통령(95)의 본보기가 있다. 백인 정부와 협상을 벌여 350여 년에 걸친 인종분규를 종식하고 아파르트헤이트(Apartheid)라는 유색인종에 대한 차별정책을 완전 폐지한 위대한 정치가이기 때문이다. 폭력과 차별과 식민주의 등 지난 세기의 모순과 싸워 이긴 그의 위대성은 두고두고 세계인들의 칭송을 받을 것이다.

조화롭게 살아가는 것이 가장 이상적인 자연의 질서이다. 요즈음은 다문화라는 말이 자주 들려온다. 다문화 가정도 흔히 볼 수 있다. 채소나 과일, 고기 같은 먹거리는 글로벌 시대에 맞게 다문화로 섞여져 어떤 것이 우리 고유의 것인지 구분하기 어려울 정도에 이르렀다. 시대의 조류에 맞춰 다원화된 문화를 꽃피웠으면 좋겠다.

우리는 더불어 사는 존재이다. 저마다 다른 꽃들이 모여 형형색색의 꽃밭을 이루듯 모두가 어울려 행복하게 사는 아름다운 세상을 꿈꾸어 본다.

(2013. 6. 30.)

제3부

저마다 느끼는 시간은 다르다

지나간 세월을 돌이켜보면 시간은 시위를 떠난 화살처럼 순식간에 지나가 버렸다. 너무 빨리 흘러간 것 같다. 지난 일요일에 오랜만에 한 제자를 만났다. 코흘리개 어린애가 어느덧 마흔이 넘은 중년이 되어 있었다. 반가운 마음과 더불어 세월의 빠름을 느낄 수 있었다.

기다리는 시간이 지루할 때가 있다. 어렸을 적 정읍 오일장에 장 보러 가신 아버지를 마중 나갔던 일이 생각난다. 재 너머 날은 저물어 가고, 기다리는 아버지는 오시지 않고, 어찌 그리 시간이 더디 가는지, 마음을 졸였던 기억이 새롭다.

가족 모두가 잠든 시간, 깨어 일어나 시간에 대해 생각해보았다. 사방이 고요하다. 시간의 흐름은 끊임없이 순환, 반복되는 것 같고, 시작과 끝이 있는 선線 같기도 하다.

예로부터 시간은 우리가 사는 공간인 3차원의 세계와 분리되어 있다고 생각하였으나, 현대 물리이론은 시간과 공간을 시공간 연속체라고 하는 단일한 양으로 통합시켰다고 한다.

오늘날, 시간을 연속적인 것으로 생각하는 과정철학자들은, 시간의 흐름이 형이상학적 사실이기는 하지만 비합리적인 직관에 의해서만 이해될 수 있다고 주장한다. 반면에 시간을 불연속체의 무한한 집

합으로 생각하는 철학자들은, 시간의 흐름이나 시간을 통한 인간의 진보는 환영幻影이라고 주장한다.

경험에 의하면 어린 시절에는 어서 빨리 어른이 되었으면 좋겠다는 생각을 많이 한 것 같다. 어느덧 나이가 들어가니 시계를 거꾸로 돌리고 싶어진다.

노화(aging) 이론에 의하면 각각의 포유류가 느끼는 시간은 심박수와 관계가 있다고 한다. 어린이는 심박수가 1분에 130번 정도이고 생태 순환이 빠르며 시간이 느리게 가는 것처럼 느껴진다고 한다. 그러나 성인이 되면 분당分當 심박수는 대략 70회 정도로 느려지고 상대적으로 시간이 급히 감을 느낀다고 한다. 개인적인 차이는 있으나 누구나 경험하게 되는 보편적 과정이라는 것이다.

짐승들은 시간을 어떻게 느끼며 살까? 분당 심박수가 800kg 코끼리는 30번, 200kg 수사자는 60번, 20g 쥐는 800번이라고 한다. 이런 요인으로 심박수와 생태 순환이 빠른 쥐는 시간이 느리게 가는 것처럼 느끼고, 심박수가 느린 코끼리는 시간이 빠르게 지나가는 것처럼 느끼게 된다는 것이다. 이처럼 시간에 대해 느낌은 개체마다 다르고 주어진 상황에 따라 다르다.

사람은 가슴으로 시간을 느낀다. 주어진 상황과 심정에 따라 시간을 다르게 느끼며 산다. 즐겁고 행복한 시간은 빨리 흐른다. 아무도 붙잡을 새 없이 순식간에 지나간다. 불난 집에서 소방차가 늦어지는 시간을 안타까워하며 발만 동동 굴러야 할 때의 시간은 1분 1초가 급하다.

심리학자는 나이가 들수록 생체시계가 느려져 외부 시간이 더 빨리 흐르는 것처럼 느낀다고 설명한다. 누구나 지하철을 기다리거나 극장 앞에 줄 서서 표 사기를 기다릴 때 시간이 유난히 느리게 흐른다고 느껴봤을 것이다. 반면 하고 싶은 일을 할 때는 시간이 순식간에 지나간 것처럼 느낀다.

이 사례는 온스타인의 이론과는 반대되는 내용이다. 온스타인의 이론에 따르면 줄을 서서 기다리는 것보다 하고 싶은 일을 할 때에 더 많은 기억이 저장되므로 시간이 더 많이 흘렀다고 인식해야 하지만 사람들은 반대로 인식한다. 이러한 현상에 대해서는 '시간에 대한 관심'에 의해서 그렇다고 대답할 수 있다. 시간에 대한 관심이라는 것은 단순히 흥미를 갖는 일을 했을 때에만 시간이 빠르게 흘렀다고 느끼는 것이 아니라 관심의 집중이 필요한 까다로운 일을 할 때에도 시간이 빠르게 흐른다고 느끼는 것이다.

반면, 삶이 고단할수록 시간은 지루하다. 불행한 시간, 고통의 시간도 견디기 어렵다. 약속 시각에 오지 않는 사람을 기다리는 순간도 길게 느껴진다. 권투시합에서 다운 직전까지 몰리고 선수는 어서 빨리 시간이 지나가기를 고대苦待할 것이다.

시간은 흐른다. 몸과 마음도 따라 흐른다. 끊임없이 순환되고 반복되는 영속성 차원에서 시간을 보면, 지루하게 느껴졌던 불행한 시간, 고통의 시간도 지나고 보면 순간이다.

요령 있게 시간을 잘 분배하는 지혜가 부족했던 지나간 세월을 돌이켜 본다. 허송세월한 것이 아쉽기 그지없다. 시간의 낭비 때문에 나의 인생이 한층 짧아진 느낌이다. 어떠한 삶을 사느냐에 따라 하루가 천 년 같고 천 년이 하루같이 느껴지는 게 시간이다. 할 일은 많고 시간은 자꾸 흘러간다 생각하니 마음만 급해진다. 이제라도 내게 주어진 날을 계수해 보고 시간을 아끼며 세월을 보람차게 보내야겠다.

(2013. 7. 6.)

듣고 싶은 말

요즈음 자주 만나는 친구에게 대뜸 물었다. "가장 듣고 싶은 말이 무엇인가?" 서슴지 않고 대답한다. "사랑한다, 좋아한다는 말과 칭찬해주는 말이네."

매주 수요일 수필창작반에서 수필 쓰기를 배우고 있다. 특이한 점이 있다. 강의를 시작하기 전에 수강생 모두 의무적으로 돌아가면서 남을 칭찬하는 이야기를 해야 한다. 처음엔 어색하고 막연했으나 의도적으로 찾아보니 주위에 칭찬받을 만한 사람들이 많이 있음을 발견할 수 있었다.

말은 인류가 사용한 가장 효력이 있는 약이다. 긍정적인 말은 강력한 생명력을 불어넣는다. 칭찬하는 말, 사랑스러운 말 한마디로 마음은 생기를 얻는다. 때에 맞는 칭찬의 말은 심령을 위로한다. 말은 영혼을 고치는 불가사의한 힘이 있다.

데일 카네기(Dale Carnegie)는 칭찬에 대해서 인간의 영혼을 따뜻하게 해주는 햇빛 같은 것이라고 말한다. 이탈리아 나폴리의 한 공장에 열 살짜리 소년이 있었다. 소년의 어머니는 가난한 농부의 아내였지만 아들의 어깨를 늘 감싸주며 칭찬을 아끼지 않았다. "너는 훌륭한 성악가가 될 거야. 너는 점점 더 노래를 잘 부르고 있지 않니." 칭찬과 격려는 소년의 운명을 바꾸어 놓았고, 엔리코 카루소는 당대 최고

테너 오페라 가수가 되었다.

'비난, 비판, 불평하지 마라.'

데일 카네기가 알려주는 인간관계의 첫 번째 원칙이다. 그는 "다른 사람을 비난하는 것은 바로 당신이 스트레스를 받고 있음을 나타내는 것이며 비난, 비판, 불평은 인간의 소중한 자존심에 상처를 주고 때로는 원한을 불러일으킨다."고 경고한다. 비난을 날려 보내면 집비둘기와 같이 결국 다시 돌아온다는 말이다.

돌이켜 생각해보니 그동안 살아오면서 말에 실수가 가장 잦았다. 말에 실수가 없는 자는 곧 온전한 사람이다. 허물없는 사이일수록 말을 조심해야 함은 알고 있지만, 그것은 쉬운 일이 아니다. 말을 하는 사람은 아무 생각 없이 내뱉은 말이지만 상대방은 상상외로 마음의 상처를 받고 고통을 겪게 된다.

셰익스피어는「햄릿」에서 "사람은 비수를 손에 들지 않고도 가시 돋친 말 속에 그것을 숨겨둘 수 있다."라고 하며 무기 없이도 사람을 해할 수 있는 위험성에 대해서 말하고 있다.

공자는 "평생 선을 행해도 한마디 말의 잘못으로 이를 깨뜨린다."라고 하였다. 불교에서는 허망한 말〔妄語〕을 열 가지 악惡의 하나로 가르쳤다. 『논어』에서는 "말만 영리하게 하는 자는 인자한 마음이 없는 법이다."라고 하였고, 노자는 "진실한 말은 아름답지 않고 아름다운 말은 미덥지 않다."고 하였다.

이처럼 말에 관한 말은 많다. 말한다는 것은 우리의 본성이다. 말은 무한한 생명력이 있다. 어떠한 말의 씨를 심었나에 따라 삶의 밭 모양은 달라질 것이다. 마음이 행복해지는 사랑의 말 한마디를 듣고 싶어지는 날이다.

(2013. 7. 14.)

잘 사랑하는 방법

요즈음 가끔 그동안 사랑했던 사람들이 꿈에 보인다. 늘 신선하고 경이로우며, 눈만 마주쳐도 어찌할 바를 몰라 정신이 아득해지던 예전 사랑이 생각난다. 지금은 간혹 마주쳐 눈인사를 나누어도 이제는 새롭게 느껴지지 않는 자신을 보고 놀랄 때가 있다. 세월 따라 열정도 소진되어 버린 것이다. 이런 사랑은 대부분 의지와 상관없이 피고 진 열병 같았던 사랑이었다.

그런데 어떤 사랑은 언제나 선명한 형상으로 아름답게 되살아난다. 따뜻하고 아름다운 눈으로 마주 보며 서로 위로하고 격려하고 축복했던 사랑이다. 아직도 가슴에 남아서 영구불변의 다이아몬드로 반짝거리고 있다. 삶에서 가장 가치 있는 것은 역시 사랑인 것 같다.

사랑은 인류가 이 세상에 살면서부터 시작되었다. 사랑에 대한 관심도 마찬가지다. 고대 그리스 철학자 플라톤은 '완전한 것, 이상적인 것(이데아)으로 상승하려는 영혼의 기본 욕구'를 사랑이라 규정한 바 있다. 실증적 사랑에는 남녀 간의 애착을 넘어서는 무엇이 더 있다. 너무나도 흔한 그럼에도 너무나도 소중한 것이 사랑이다.

많은 사람이 자기식의 사랑을 한다. 종종 사랑하는 상대가 나의 취향에 맞게 변하기를 바란다. 내가 이렇게 최선을 다해 주는데, 왜 불만이냐고 서로 싸운다. 사랑의 기술이 부족하기 때문이다. 사랑은 상대가 무엇을 원하는지를 파악하고 상대를 기쁘게 해 주어야 한다. 자기가 좋아하는 것을 상대가 좋아한다는 논리는 통하지 않는다.

이솝우화에 소와 사자의 사랑 이야기가 있다. 어느 화창한 날 숲에서 소와 사자가 만났다. 둘은 운명적인 사랑에 빠졌고, 곧 결혼해서 살게 되었다. 둘은 최선을 다하기로 서로에게 약속했다. 소는 날마다 최선을 다해서 맛있는 풀을 사자에게 대접했다. 사자는 싫었지만 참았다. 사자도 최선을 다해서 맛있는 살코기를 날마다 소에게 가져다 주었다. 소도 괴로웠지만 참았다. 그러나 참을성은 한계가 있는 법이다. 소와 사자는 끝내 헤어지고 말았다. 그런데 헤어지면서 둘이 서로에게 한 말은 똑같았다.

“난 당신에게 최선을 다했어.”

우리 삶의 모든 경우에도 적용된다. 오랜 세월을 두고 서로 다른 가치관을 가지고 다른 삶을 살아온 두 개인이 완벽하게 일치할 확률은 지극히 낮다. 상대방을 위한다면 상대방의 입장에서 최선을 다해야 한다. 그러므로 관계를 잘 다져 나가려면 사랑하는 사람의 존재 자체를 긍정적으로 받아들이는 노력이 필요하다.

정신분석학자인 에리히 프롬(Erich Fromm)은 사랑이란 말에는 보호와 책임과 존경이 포함된다고 주장한다. 그의 『사랑의 기술』이란 책을 보면, 진정한 사랑에는 존경이라는 요소가 포함되어야 한다고 말한다. 여기서 말하는 존경이란 어떤 사람을 있는 그대로 보고 그의 독특한 개성을 파악할 수 있는 능력이다. 그리고 그는 ‘사랑이란 수동적 활동이 아니라 능동적 활동’이라고 말한다. 진실한 사랑은 나 자신을 사랑하고 이웃을 사랑하며 참된 겸손, 용기, 신념 등의 훈련이 필요하다는 것이다. 꽃을 사랑하면 꽃밭에 물을 주듯, 사랑하고 있는 자의 생명과 성장에 대해 적극적 관심을 가지는 것이 사랑이라는 것이다.

그동안 상대방의 특성을 고려 않고 일방적으로 사랑했던 일을 돌이켜본다. 사랑하는 사람들에게 실망과 고통을 안겨 주었던 일들이 주마등처럼 지나간다. 사랑은 허다한 허물을 덮어준다는 말이 생각난다. 상대가 어떤 모습을 보여주건, 어떤 행동을 하건 아름답게 미화해서 보려는 마음가짐을 가져보기로 다짐해본다.

(2013. 7. 20.)

치유의 숲이 주는 행복

아파트 바로 뒤에 산이 있어 아주 좋다. 풋풋한 숲 냄새를 맡으며 거북이처럼 오르다가 앉아 쉴 때 살랑살랑 얼굴을 어루만지는 골바람을 만나면 얼마나 상쾌한지, 바람결에 하늘하늘 춤추는 잎사귀들의 합창을 듣다 보면 어느덧 근심 걱정이 말끔히 사라진다.

주말이 되어 가족과 함께 장성 축령산으로 산행을 나섰다. 추암 마을에 주차해놓고 길 따라 오르니 나무들은 침묵으로 맞아주고 골짜기 물은 노래하며 내려간다. 오를수록 숨은 가빠지고 땀이 끈적거린다. 이윽고 물소리는 잦아들고 울울창창한 편백과 삼나무 숲이 반겨준다. 피톤치드 내음이 솔솔 풍기는 숲길을 걸으니 답답한 가슴이 어느새 개운해진다. 맑고 시원한 공기로 마음이 새털처럼 가벼워진다.

숲 속 우물터에 이르러 아담하게 지은 정자의 마루에 자리를 폈다. 나무들의 싱그러운 표정을 우두커니 바라보고 있으니 무성한 이파리들 사이로 살짝 들어온 햇살이 볼을 만져준다. 스트레스가 스르르 녹아내리고 잡념이 숲 속으로 숨어 버린다. 생각이 텅 비어 고요하다. 자연스레 명상으로 이끌린다. 마음이 쉼을 얻었다.

여기에 와서 누리는 산림욕 혜택은 과연 누구의 덕인가? 원래 여기는 지금과 같은 숲이 아니었다. 벌거벗은 산을 독립운동가였던 춘원

임종국 씨가 1956년부터 그가 떠난 1987년까지 31년간 정성 들여 조성한 숲이다. 생계도 어려웠던 시대에 조림에 투자하는 것은 세상 사람들의 비웃음거리가 되었지만, 선각자인 그는 이곳 90만 평의 숲을 조성하는 동안 많은 빚을 짊어지게 되었다. 1968년 심한 가뭄 때는 인부를 구할 수 없어서 온 가족이 물지게를 지고 비탈길을 오르내리며 한 그루의 나무라도 살리기 위해 온 힘을 쏟았다. 이에 인근 주민들도 밤중에 횃불을 들고나와 도와주었다는 일화도 있다. 그의 집념과 땀으로 가꾼 이 산림은 드디어 식재율植栽率 관리상태 경제성 등이 전국 제일로 평가되었으며 호주, 일본, 독일 등지에서 시찰단이 방문하여 격찬을 아끼지 않았다고 한다.

숲은 몸과 마음을 치유해 준다. 산행으로 세 가지 암을 극복한 사나이 최윤호 씨의 이야기가 KBS1「강연 100℃」에서 방송되었다. 그는 말했다. "제 희망, 꿈을 포기하지 않고 암이란 걸 잊고 다시 전진할 수 있게 해준 생명의 원천은 산이었다고 생각합니다."

산림치유란 숲의 다양한 환경요소를 활용하여 인체의 면역력을 높이고 건강을 회복시키는 활동이다. 숲에서 뿜어 나오는 피톤치드, 햇빛, 음이온, 소리, 경관, 산소, 자기 성찰, 명상, 대화 등을 통해 면역력이 향상되고 질병이 예방된다고 알려졌다. 이 중에 특히 천연 항균 물질인 피톤치드는 산림욕 효용의 근원이다. 피톤치드는 편백에서 가장 많이 발산되는데 살균, 탈취, 피부미용, 감기, 피로 회복, 스트레스 해소 등에 효능이 있다 한다. 또는 혈액순환 및 신진대사를 촉진하며, 요즈음 사회적 문제가 되고 있는 아토피 질환에도 효과가 있다고 한다. 이러한 숲의 혜택을 알게 되면 어찌 환경론자가 되지 않을 수 있으랴.

숲은 우리가 숨 쉬고 있는 생명의 본바탕이다. 보통 한 사람이 1년간 0.72t의 산소를 마시고 0.36t의 이산화탄소를 내뿜는다고 한다. 이렇게 내뿜는 이산화탄소를 흡수시키려면 100그루의 나무를 심어야 하고, 승용차 한 대의 이산화탄소 배출량을 흡수하기 위해서는 최소한 1,000그루를 심어야 한다고 한다. 자주 승용차를 몰고 다니는 나는 과연 얼마나 나무를 심고 가꾸었을까 헤아려 본다. 환경론을 말하기에 부끄러울 따름이다.

그럼에도 숲은 언제나 포근히 안아 준다. 물과 새와 바람 소리가 있는 곳, 숲에 오면 마음이 열리고 숨이 터진다. 삶이 고달플 적마다 한적한 숲에 안겨 보기를 권하고 싶다.

(2013. 7. 28.)

생각의 틀을 바꾸어 도전하자

지난 7월 28일 세계적인 테너 최승원의 콘서트(concert)를 감상할 기회가 있었다. 그는 지팡이가 없이는 서 있기 힘든 장애 2급의 몸으로 끝까지 도전하고 좌절과 포기를 넘어선 순간순간들을 이야기하면서, 「유 레이즈 미 업(You raise me up)」, 「내 길(My way)」 등 여러 명곡을 열창하였다. 매혹적인 황금의 목소리였다. 청중들은 탄성을 지르며 환호의 기립 박수를 하였다. 가슴이 뭉클했다. 그처럼 아름다운 노래를 부르는 사람을 만나 보지 못했다.

그는 일반적인 성악가와 다르다. 4세 때 소아마비를 앓게 되었고 누워서 꼼짝하지 못하는 식물인간과 같은 삶을 살아야 했다. 어머니의 도움으로 어렵게 학교에 다니고, 전기 대학 시험에 다 떨어지고 후기대학에 간신히 붙어서 성악을 시작하게 된다. 성악을 하려면 하체의 힘이 있어야 목소리를 낼 수 있는데 한 시간도 혼자 서 있을 수 없는 다리였다. 자신의 몸이 성악을 하기엔 불가능하다고 느꼈다. 하지만 그는 노래하는 것이 너무도 좋았기에 포기하지 않고, 1990년 미국으로 건너간다. 81세인 헤르타 그라츠 선생님을 만나 드디어 패배의식을 극복하고 끝까지 노력하여, 1993년 미국 메트로폴리탄 콩쿠르에서 우승하기에 이른다. 동양인으로도 최초였고, 장애의 몸으로도 최초였다. 불편한 몸으로 3만 명의 경쟁자를 물리치고 우승한 것이다. 절망과 포기가 앞섰다면 결코 불가능한 일이었다.

한계를 극복한 사람의 이야기가 또 있다. 소아마비를 극복하고 육상선수가 되어 로마올림픽에서 3개의 금메달을 획득한 미국 윌마 루돌프(Wilma Rudolph) 이야기다. 그녀는 태어날 때부터 신체적 장애가 있었다. 그녀는 목발을 짚어야 했다. 4세 때 소아마비를 앓아서 걷지도 못했다. 그러나 육상선수가 되는 것이 꿈이었다. 조금씩 걷기 시작했고 나중엔 뛸 수 있게 되었다. 그리하여 13세 때부터 소원대로 육상경기에 처음 나갔는데 뒤뚱거리면서 뛰다가 꼴찌를 했다. 그래도 계속 뛰었다. 고등학교에 들어가서도 육상경기에 빠짐없이 참여했지만 언제나 꼴찌였다. 사람들은 포기하라고 권했다. 하지만 포기하지 않았다.

드디어 한 경기에서 꼴찌에서 2등을 하게 되었다. 엄청난 사건이 일어난 것이다. 여기에 용기를 얻은 윌마 루돌프는 놀랍게도 얼마 후에는 우승을 차지했다. 이후로 줄곧 우승했다. 테네시 주립대에 입학해서 열심히 훈련한 결과 올림픽에 나가게 되었는데 그때 경쟁자는 당시 최고의 육상선수인 독일의 주타 하이네, 누구도 주타 하이네는 결코 이길 수 없다는 타의 추종을 불허하는 선수였다. 그러나 윌마 루돌프는 100m, 200m 경기에서 주타를 이겼다. 또 400m에서도 우승했다. 마침내 세 개의 금메달을 목에 걸어 미국 여자 육상의 영웅이 되었다.

장애를 극복한 성악가 최승원과 육상선수 윌마 루돌프의 이야기는 한 편의 드라마 같다. 좌절과 포기, 그 어떤 사람에게도 필요치 않은 것이다.

다리가 사슬에 묶인 새끼 코끼리는 아무리 발버둥을 쳐도 끊을 수 없다는 걸 학습한다. 이런 코끼리는 무럭무럭 자라서 사슬을 너끈히 끊을 수 있는 힘이 생겨도 그럴 생각을 못 한다. 사람이라고 다르지 않다. 무슨 일을 시도할 때 낭패를 거듭 당하면 포기하고 무기력증에 빠지는 경향이 있다. 이런 일이 반복되면 자신의 한계를 서서히 규정하고 거기에 적응하기 시작한다. 한계를 스스로 정하는 것이다.

꿈이 있다면 포기란 없다. 아기가 걸음을 걷기 전에 2000번 이상을 넘어진다고 한다. 주어진 삶의 여건과 환경은 좋았지만, 최선을 다하지 못했던 지난 삶을 돌이켜 보니 후회된다. 지금이라도 생각의 틀을 바꾸어 스스로 한계를 정하지 말고 도전해 보아야겠다.

(2013. 8. 3.)

내가 꿈꾸는 물 같은 삶

요즈음 주말 밤이 되면 가족과 함께 내장산 저수지 옆 물놀이공원(Water Park)에 놀러 간다. 질서 정연하게 온갖 모양으로 치솟는 분수가 아름다움의 극치를 자랑한다. 감미로운 선율과 함께 바라보고 있으면 어느새 더위도 도망가고 시원한 기분이 가슴에 차고 넘쳐흐른다. 물방울로 보여주는 장관처럼 우리 사회도 아름다워지면 얼마나 좋을까 상상해본다.

모처럼 내장산에 갔다. 가마솥더위였지만 물은 아무렇지도 않은 듯 계곡을 따라 재잘재잘 수다를 떨며 흐르고 있었다. 다리쉼을 하려고 물가의 바위에 잠시 걸터앉았다. 양말을 벗고 발을 담그니 물결은 맨발을 간질이듯 어루만져 주고 달아난다. 시원한 기운이 온몸으로 올라온다. 실로 오래간만의 일이다. 잔물결을 반짝이며 흘러가는 물을 바라보고 있으니 순간마다 새로운 물이다.

생각을 멈추고 조용히 물소리를 들어 보았다. 생명의 소리, 존재하는 것의 소리, 끊임없이 생성하는 것의 소리였다. 이 물이 이르는 곳마다 죽었던 생명이 살아나고, 좌우편에는 철을 따라 과실을 맺는 나무가 있을 것이다. 요산요수樂山樂水라더니 문득 물처럼 살고 싶어진다.

이 세상에서 물보다 더 무르고 겸손한 것은 없다. 낮은 곳으로 낮은 곳으로 흘러가는 물은 겸손한 삶과 같다. 앞을 가로막는 바위가 있으면 보듬고 감싸며 돌아갈 줄 안다. 둑이 있으면 머무른다. 무저항의 겸손한 덕을 지니고 있다. 물처럼 행동함이 필요하다. 사람을 능숙하게 부리는 사람은 물처럼 언제나 겸손하다.

그러나 물의 힘은 위대하다. 거친 돌도 매끄럽게 깎는다. 냇가나 바닷가의 조약돌은 원래 모나고 거친 돌이었다. 그러나 오랜 세월 물에 깎이고 깎여 표면이 동글동글한 조약돌로 된 것이다. 이유제강以柔制强이란 말이 있듯 물은 부드럽지만 강한 것을 이긴다. 능히 배가 다니게 하고 또한 배를 전복시키기도 한다. 그래서 물을 민심으로 정권을 배로 비유하기도 한다. 물은 돌도 자를 수 있다. 초소형 구멍으로 물을 발사하는 기계가 있는데 보통 대리석을 자르는 데 쓰인다고 한다. 딱딱한 것에 물보다 센 것이 없다.

물은 자기 모습을 고집하지 않는 유연함이 있다. 온도의 높낮이에 따라 얼음이 되기도 하고 수증기가 된다. 고체, 액체, 기체라는 형태를 달리할 뿐 그 본질은 변하지 않는다. 물은 어디에나 담을 수 있고 그릇에 따라 그 모양을 달리한다. 둥근 그릇에 담으면 둥근 모양으로, 네모난 그릇에 담으면 네모난 모양으로 자신의 모습을 그릇에 맞춘다. 그리고 높고 낮음이 없이 평등하다. 끊임없이 변하는 세상에 적응하고 모든 사람을 품어주려면 물과 같은 유연함이 필요하다.

"날 물로 보지 마." 하면서 사람들은 물 취급 받는 것을 싫어한다. 하지만 물과 같은 사람이 되어야 한다. 물처럼 사는 것이 바로 지혜로운 삶이다. 노자老子는 물을 이 세상에서 으뜸가는 선의 표본으로 여기어 상선약수上善若水라고 하였다. 머물 때는 물처럼 땅을 기름지게 하고, 마음 쓸 때는 물처럼 그윽하고, 함께할 때는 물처럼 어울리고, 말할 때는 물처럼 미덥게 하고, 일할 때는 물처럼 능숙하고, 바르게 할 때는 물처럼 다스리라고 하였다.

요즈음 물에 대한 고마움이 새롭다. 찜통더위로 땀을 주체할 수 없을 때에는 샤워하면 온몸이 산뜻산뜻하다. 땀내 찌든 옷을 물로 빨고 물로 몸을 씻을 적마다 마음도 한결 정결해지는 것 같다. 이처럼 물은 더러운 것을 깨끗이 씻어 주고 몸의 기혈을 맑게 해준다. 물처럼 고귀한 것이 어디 있으랴. 불현듯 물과 같은 삶을 살고 싶은 생각이 스친다.

아름답고 고귀한 삶은 세상을 사랑으로 적실 수 있는 물과 같은 삶이다. 돌처럼 굳은 마음도 사랑이 스며들면 원수도 용서할 수 있는 마음으로 변화된다. 물과 같은 사랑이 넘치는 아름다운 세상을 꿈꾸어 본다.

(2013. 8. 18.)

하루하루 뭐하고 사는 걸까

엊그제 이틀 동안 메마른 땅에 내린 단비로 무더위가 물러간 듯하다. 아침저녁으로 제법 선선한 바람이 온몸을 더듬고 지나간다. 연한 소름이 돋는다. 매미 소리가 잦아들면서 "찌르르~" 여치 울음소리가 저릿하다. 어느덧 가을이 다가옴을 느끼고 있다.

오늘 난 뭘 했나? 반성할 게 많은 오늘이 흘러간다. 무더위와 싸우며 8월을 힘들게 보내다 보니 시간을 아끼는 지혜를 생각할 겨를이 없었다. 정채봉의 「오늘」이란 시가 생각난다.

> '꽃밭을 그냥 지나쳐 왔네/ 새소리에 무심히 응대하지 않았네/ 밤하늘의 별들을 세어보지 않았네/ 친구의 신발을 챙겨주지 못했네/ 곁에 계신 하느님을 잊은 시간이 있었네/ 오늘도 내가 나를 슬프게 했네.'

오늘날에 이르러 먹고 살기에 급급하며 하루하루를 보내던 옛 시절보다 더 조급해지고 바빠지는 세상이 되었다. 바빠서 바쁘기도 하고, 조급한 마음에 일에 끌려다니느라 더 바빠지는 것 같다. 늘 바쁘고, 늘 불안하고, 늘 누군가를 미워하고, 늘 화가 나 있어, 생존 너머의 일엔 관심을 가질 겨를이 없다.

물론 성실하게 노력하며 돈을 버는 일은 생존을 위해선 중요한 일이다. 그러나 가시채를 뒷발질하는 소처럼 자신을 조직의 고삐에 묶고 바쁘고 고되게 채찍질만 해온 삶이었다면 자신을 돌아보고 고삐를 풀어주는 고요한 시간을 가질 필요가 있다. 노자老子를 빌리면 그것은 허정虛靜의 시간이다.

허정이란 아무런 생각도 없고 마음이 가라앉아 고요하거나 그런 정신 상태이다. 이런 상태에 이르려면 무엇보다도 '나'를 믿고 내게 시간을 허락해야 한다. '나'를 온전히 받아들일 시간, '나'를 좋아할 시간을 마련해야 한다. 눈물 흘릴 시간, 웅크릴 시간, 망각할 시간, 일부러 '나'만의 시간과 공간을 만들어서, '나'를 지지해준 몸과 마음과 호흡을 관찰해 보는 것이다.

『불교의 마음 챙김과 사상의학』(불교와 사상의학연구회 편)에 의하면 인간의 몸 · 느낌 · 마음 · 법이라는 네 가지 대상을 있는 그대로 관觀함으로써 몸과 마음의 참된 실상이 무상 · 고 · 무아임을 깨닫는 수행법이 마음 챙김이다. 허정과 일맥상통하는 점이 있다고 본다.

시간에 대한 진지함 가운데 위인은 태어나는 것 같다. 논어 '이인里仁'편을 보면 "아침에 도를 들으면 저녁에 죽어도 좋다."라는 공자의 말이 나온다. 이 말이 떠올려 보고 그의 구도 정신求道精神, 생사관生死觀, 시간에 대한 진지함을 생각해본 적이 있다. 사도 바울은 "이는 내게 사는 것이 그리스도니 죽는 것도 유익함이라"(빌 1:21)고 하였다. 이런 믿음이라면 시간에 아무런 구애 없이 지낼 수 있을 것 같다.

하고 싶은 일은 많고 시간에 여유롭지 않은 나이이다. 시간을 관리할 줄 아는 지혜가 더욱 절실해진다. 일의 경중을 판단하는 철저함과 더욱 가치 있는 일에 시간을 들여 인생을 아끼고 싶은 마음이 간절하다. 시편 기자는 이렇게 기도하였다. "우리에게 우리 날 계수함을 가르치사 지혜의 마음을 얻게 하소서"(시 90:12) 이처럼 나의 남은 시간을 소중히 맞이하는 지혜로 여생을 보내고 싶다.

하루하루가 참 빠르게 느껴진다. 세월이 갈수록 몸은 늙어가고 초라하게 변하나 마음은 성숙해지고 영혼의 무게는 늘어나는 것 같다. '하루가 천년 같고 천년이 하루 같다.'는 말을 생각해본다. 빠른 세월이 아스라하게 느껴 하늘을 올려다보았다. 창조주는 인생을 시간으로 길들이는 것 같다. 세월을 아껴야겠다는 생각이 부쩍 늘어난다.

(2013. 8. 25.)

삶의 힘이 되는 뿌리의식

그렇게 기승을 부리던 더위도 이제 한풀 꺾이고 가을이 성큼 다가왔다. 해마다 이 무렵이 되면 열 기基가 넘는 조상님들의 산소에 벌초하러 간다. 우거진 잡목숲을 헤치고 묘소를 찾아갈 때마다 고생이 이만저만이 아니다. 그래도 찾아가 땀 흘리며 무덤의 잡풀을 베고 다듬고 나면 돌아가신 분 앞에 면목이 조금 서는 것 같다. 산소를 돌볼 때마다 그분들이 계셨기에 오늘의 내가 있다는 정체성과 함께 뿌리의식을 체험하고 있지 않나 생각한다.

우리 조상들은 부모와 자식이 세상을 이어 간다고 믿는 계세繼世 사상을 믿으며 형제가 많고 자손이 자자손손 대대로 이어지는 것을 무엇보다도 큰 복으로 생각했다. 족보를 만들어 조상의 뜻을 후대에 계승하고 자손의 화목을 도모하는 데에 가장 훌륭한 지침서로 삼아 왔다. 그리고 조상의 뫼를 잘 관리하는 것이 자손 된 도리라고 여기고 선영先塋 받들 자손만은 있어야 한다는 신념이 강했다.

동서양을 막론하고 뿌리 의식을 느끼고 사는 것 같다. 지난 2004년 말, 영국에 가문의 뿌리 찾기 바람이 불었던 적이 있었다. 그동안 잠재해 있던 가족사에 대한 관심이 「당신은 누구십니까?」라는 BBC 프로그램을 계기로 폭발했다고 한다. 미국에서는 1970년대 중반 흑인 노예의 참혹상을 생생하게 그린 알렉스 헤일리의 소설 『뿌리』가 화제가 되면서 조상에 대한 관심이 폭발된 적이 있었다. 이 책의 선풍적 인기는 흑인뿐만 아니라 백인들에게도 미쳐 당시 이백 년이라는 짧은 미국 역사에 족보찾기운동으로 번졌고, 그것은 이웃 나라인 캐나다에까지 확산하는 일이 일어났다고 한다. 그 후에도 미국을 휩쓰는 뿌리 찾기 열풍은 계속 이어졌다고 한다. 물질적 성장을 추구해 온 그들의 이백 년 역사를 반성하고, 정신적 근원을 향한 오랜 갈증의 결과라고도 볼 수 있겠다.

반만년의 역사를 자랑하는 우리는 어떠할까? 8월 8일 자 매일 신문에 의하면, 국내 대표적 양반 가문 중 하나로 조선 후기 막강한 세도정치를 폈던 풍양조씨 가문이 국내 문중에서는 유례없이 전국에 있는 후손들을 상대로 30년 동안 뿌리 교육 연수를 진행하고 있어 화제다.

1984년부터 5일 코스로 시작한 풍양조씨 뿌리 교육 연수는 문중 어른들이 십시일반 연수비를 보태고 후손들은 연수비 부담 없이 학생 신분일 때 참여하고 있으며, 종친 부녀자들은 연수생들을 위한 식사 준비를 도맡는 등 가문 전체가 움직인다고 한다.

'사람은 자손을 통해 영원히 산다.'라는 말이 생각난다. 한 번 죽으면 그만이기 때문에 자손을 통하여 인생의 허무함을 달래며 영생에 대해 소망을 하는 것이다. 부모가 자식의 손을 잡고 눈을 감으면, 부모는 죽되 그 자식과 그 자손을 통해 영원히 산다고 믿는 것이다. 인생이 비록 일장춘몽일지언정 자신을 기억하는 사람이 세상에 남아 있는 한, 죽었다고 해도 세상과 영영 이별한 게 아니다. 후손의 가슴 속에 남아 계속 사는 것이다. 특히 사랑하는 사람은 여전히 가슴 속에 살아 있다. 죽어서도 산다는 말이 이런 게 아닐까 싶다.

이름 없이 흩뿌려진 무명초라 하더라도 놓였던 그 자리에 무엇인가 자취를 남기려 든다. 화단에 심어진 봉선화 한 포기도 자신의 자리에 수많은 씨앗을 터뜨리며 존재를 드러낸다. 이처럼 세상의 모든 만물이 있음의 흔적을 남기려 든다. 사람도 자손을 통해 세상에 왔다 간 자취를 남긴다. 후손들에게 정신적, 육체적 삶의 전 과정이 삶의 거울로 남겨진다. 부모님 살아생전에는 몰랐는데 이제 철이 들었는지 친척들을 뵈면 나의 '뿌리'를 되새기게 된다. 가까운 인연으로 지금 내 곁에 있는 사람들, 새삼스럽게 귀하고 귀하다. 그들의 얼굴과 삶 속에서 돌아가신 부모님도 만나게 되고, 나아가 현재의 나도 새삼스레 만나게 된다.

조상이 없는 후손이 어디 있으랴. 조상의 삶과 연결되어 살지 않는 사람은 아무도 없다. 추석이 다가오고 있다. 나의 정체감에 대해 뿌리의식으로 한 번쯤 깊은 사색에 잠겨 보고 싶다.

(2013. 9. 1.)

세상을 향기롭게 만드는 배려

주차난이 심해서 사는 아파트의 후문 골목길에까지 세워 둔 차들이 더러 있다. 이렇게 좁아진 골목길을 차로 오고 갈 때는 맞은편에서 오는 차 때문에 난감할 때가 간혹 있다. 그때마다 내가 먼저 양보하여 맞은편 차가 지나가도록 배려하는 경우도 있지만, 내 차가 먼저 지나가게 배려하는 사람을 만날 때도 있다. 이럴 때는 평화로운 마음을 얻을 수 있다.

양손에 물건을 들고 엘리베이터를 탔을 때, 올라가고 있는 층의 단추를 대신 눌러 주는 이웃을 만날 때도 가슴이 따뜻해진다. 작은 배려로 인해 이 세상은 아름다워진다.

배려란 무엇인가? 누군가에게 도움이 되도록 이리저리 마음을 써 주는 것이다. 받기 전에 주는 것이다. 사소하지만 위대한 것이다. 나누는 행복은 아주 작은 배려에서 시작된다. 배려는 사랑, 친절, 봉사 정신이 없으면 실천하기 어렵다. 배려는 낮추는 것이며 손해 보는 것이며, 심지어 욕심을 버리고 자존심을 녹이는 것이다.

배려는 상대방의 마음을 움직이는 힘이 된다. 가슴에 기억된다. 그리고 사람 사이 관계를 발전시켜 준다. 배려는 사람의 마음을 움직이는 지렛대이다. 거대한 힘의 원천이 된다.

순수한 마음에서 행한 배려가 기회를 가져다준 일화가 있다. 한진그룹 고故 조중훈 회장의 이야기이다. 조중훈 회장이 어느 날 서울 시내에서 차를 몰고 가고 있는데, 외국 여자가 차가 고장이 나서 어쩔 줄 몰라 하는 것을 보고, 그 차량을 고쳐 주었다. 그녀는 감사의 뜻으로 돈으로 사례하려고 했지만, 그는 "자신이 알고 있는 기술로 도움을 줬기 때문에 본인도 기쁘다며 돈을 받을 수 없다."고 했다. 연락처라도 알려 달라는 간청에 조 회장은 전화번호를 알려주었다.

며칠 후 그녀는 남편과 함께 조 회장을 찾아왔다. 남편은 당시 미 8군의 사령관이었다. 그는 감사의 뜻으로 뭔가 도움을 주고 싶다고 하면서 조 회장이 하는 일에 관해 묻더니 미 8군에서 폐차되는 차량의 처분권을 주겠다고 제안했다.

조중훈 회장은 "정당하고 객관성 있게 도움을 준다면 받아들이겠다."고 대답했고, 결국 폐차 처분권을 받게 되었다. 당시 자동차 산업이 열악했던 국내에서 미군으로부터 불하받은 폐차를 수리해서 판매하고, 또 부속품을 판매하는 일은 결국 오늘날 한진그룹 탄생의 밑거름이 될 수 있었다.

요즘 같이 각박한 세상에는 성공하려면 경쟁에서 이겨야 하고 모진 마음을 먹어야 한다. 이런 통념으로 얼핏 생각해보면 배려와 성공은 어울리지 않을 것처럼 보인다. 하지만 다른 사람을 위한 배려는 곧 나 자신을 위한 배려이기도 하다.

지동직의 지은 책『배려의 기술』을 보면 지금의 뉴욕 아스토리아 호텔은 작은 배려로 세워졌다고 한다. 비바람이 몹시 부는 어느 늦은 밤, 미국 필라델피아 호텔에 중년 부부 손님이 찾아왔다. 그러나 그 날은 주말이라 손님이 많아서 빈방이 하나도 없었으나, 프런트의 젊은이가 자기 방을 내어주는 따뜻한 배려 덕에 그날 밤을 편안히 기분 좋게 잠을 잤다.

그로부터 2년 후, 중년 부부는 뉴욕에 아주 멋지고 큰 호텔을 새로 지어 놓고 따뜻한 배려를 해주었던 그 청년을 초빙하여 호텔의 경영을 맡겼다. 그 후 젊은이는 친절 제일의 경영방침으로 호텔을 경영하였고 이 때문에 세계적으로 널리 알려진 지금의 뉴욕 아스토리아 호텔이 되었다고 한다.

작은 배려가 아름다운 사람! 그런 사람이 참 아름다운 사람이 아닐까 생각한다. 약하고, 모자라고, 못나고, 못 가진 이웃을 배려하며 사는 사람이 되고, 그런 사람을 만나 인품의 향기에 취해보고 싶다.

(2013. 9. 8.)

외로움이 친근해지는 계절

한가위가 다가오고 있다. 어릴 때 살던 고향 집을 찾아가 보았다. 마을 입구에 들어서자 텅 빈 모정이 기다리고 있다. 잠깐 마루에 앉아 옛 생각을 더듬고 있으니 뺨을 스치는 소슬한 바람에 제법 가을 향기가 은은하다. 고개를 들어 흘러가는 구름을 보니 멀리 떠난 사람들이 그리워지고 뭔가 쓸쓸하고 가슴 한구석이 텅 빈 듯 허전하다. 고향에 와서 뜻밖에 가을을 타는 남자가 된다.

우리는 혼자 세상에 나왔다가 혼자 세상을 떠난다. 어디서 와서 어디로 가는지 알지 못하는 인간은 죽을 때까지 외롭다. "그대가 곁에 있어도 나는 그대가 그립다."라는 류시화 시인의 말처럼 때로는 친구나 가족 심지어 사랑하는 사람이 옆에 있어도 가끔은 외로움을 느낄 때가 있다. 아는 사람이 없는 군중 속에서 더 심한 고독을 느낄 때가 있다.

인류의 스승들은 어떠했을까? 공자는 춘추시대 혼란기를 살면서 사람다운 길(道)을 놓고자 중원을 헤매며 다닌 사람이다. 자신을 아는 이가 없었지만 탓하지 않았다. 『논어』 '헌문' 편에 "아래로부터 배워 위로 통달하여 나를 아는 자는 하늘일 것이다(下學而上達, 知我者, 其天乎!)."라는 공자의 고백이 있다. 이 말에는 고독한 사람의 가슴 속 깊은 곳에서 우러나오는 외로움이 배어 있다.

예수께서, 따르는 무리가 자기를 에워싸는 것을 보고 건너편으로 가기를 명한다. 그때 한 서기관이 나아와 "선생님이여 어디로 가시든지 저는 따르리다."하고 아뢰니 "여우도 굴이 있고 공중의 새도 거처가 있되 인자는 머리를 둘 곳이 없다.(마 8:20)"고 하였다. 정처 없는 인생의 외로움을 갈파한 말이라고 생각한다. 비록 많은 사람이 따를지라도 군중 속의 고독은 어쩔 수 없는 것 같다.

사람들은 외로움에서 벗어나려고 남과 함께 있으려고 한다. 그러나 외로움은 함께 있는 것으로는 채워지지 않는다. 작가 한상복은 그가 지은 책『지금 외롭다면 잘되고 있는 것이다』에서 오히려 철저하게 '외로움' 속으로 걸어 들어가 '더 좋은 외로움(solitude)'으로 도약하기를 권하고 있다. 그는 갈릴레오, 베토벤, 아인슈타인, 그리고 현대의 빌 게이츠와 스티브 잡스 등을 사례로 들어 외로움과 결핍을 창조로 연결한 '외로운 창조자'가 유난히 많다고 분석했다. 그들은 외로움 앞에 우뚝 섰고, 외로움이라는 에너지를 이용해 누구도 따라오지 못할 업적을 남겼다는 것이다.

또한, 이 책의 에필로그에 어린 시절의 불행이 한 사람의 인생에 어떤 영향을 미치는지 알아본 내용이 있다. 열악한 환경에서 자란 아이들 210명을 대상으로 그들의 인생 이력을 분석한 결과 예상대로 대부분 아이는 학습장애와 사회에 적응하지 못하고 사건의 중심에 서 있었다. 그러나 그들 중 72명은 잘 자라서 행복한 삶을 누리고 있었다.

도대체 이런 차이는 어디서 비롯된 것일까? 심층 면담을 통해 그 해답을 찾아낼 수 있었다. 행복한 삶을 누리고 있는 72명에게서 공통점이 발견되었다. 그 공통점이란, 그들 인생에서 자신의 견해를 이해해

주고 받아주는 사람이 최소한 한 명은 있었다는 점이다.

외로움은 삶이 우리에게 던지는 화두가 아닐까? 간혹 어느 날 문득 이 세상에 나는 혼자구나 하는 외로움이 사무칠 때는 인생의 근원적 문제인 삶과 죽음에 대한 사색과 성찰의 시간을 가져 보자. 진정으로 생기 있는 신념과 희망의 불꽃으로써 꾸준하게 자신의 영혼을 불타오르게 할 수 있는 사람은, 어떠한 다른 삶도 초월하여 도발적이고 매우 유쾌한 삶을 창조할 것이다. 다정한 벗과 햇살 좋은 공원을 산책하면서 고독을 떨쳐야겠다.

(2013. 9. 15.)

지금, 가까운 곳에서 찾아야 할 행복

지난 주말 저물녘 가까운 친구와 정읍천 언저리의 산책로를 걸었다. 여느 때와 달리 오고 가는 사람들을 유심히 바라보니 그야말로 가지각색이다. 한참을 걷다가 유모차를 밀며 걷는 젊은 부부와 마주쳤다. 재롱을 떠는 아기를 보고 웃는 얼굴이 환하다. 행복이 피어오른다. 저만치 나이 들어 보이는 부부가 도란도란 걸어오는 모습이 정다워 보인다. 지켜보는 내 마음이 흐뭇해진다. 숲에 피어있는 배나무 안에도 행복은 숨어 있다는 안데르센의 말이 언뜻 생각난다. 행복은 주변의 평범한 것들 속에 숨어 있다는 것을 알았다.

행복의 사전적 의미는 '생활에서 기쁨과 만족감을 느껴 흐뭇한 상태'라고 말할 수 있다. 하지만 단순한 개념이 아니다. 영어의 행복이란 단어 'happiness'는 옳은 일이 자신 속에 일어난다는 'happen'에서 나온 말이다. 『행복 스트레스』를 펴낸 철학자 탁석산에 의하면 지금 통용되는 행복 개념은 근대의 산물이다. 그리스 철학자 아리스토텔레스가 '최상의 좋음'을 의미하는 에우다이모니아(eudamonia)로 행복론을 제시했지만, 이는 '신의 은총', '운'과 비슷한 말이었다. 그는 오늘날 행복 아니면 불행이라는 이분법의 틀에 갇힌 사람들이 너무 많다고 지적하면서 행복은 좀처럼 얻기 어렵고, 얻었다 해도 지속하기 어려우므로 누구나 강박적으로 행복 스트레스를 지닐 필요는 없다고 말하고 있다.

영국의 경제학자 리처드 레이어드는 행복에 영향을 미치는 일곱 가지 요소로 '가족관계, 재정, 일, 공동체와 친구, 건강, 개인의 자유, 개인의 가치관'을 꼽고 있다. 그가 집필한 '행복의 함정'을 보면, 특히 가족이나 친구들과 함께 보내는 시간, 일에서 얻는 보장이나 안정 등의 중요성을 자세히 언급하고 있다. 한편 그는 행복을 저해하는 요소로 '사회적 비교'와 '습관화'를 지목하고 있다. 얼마나 가지면 행복해질까? 결국, 다른 사람의 소득 증가가 자신의 행복을 감소시킨다고 한다. 돈이나 지위나 명예 같은 것들이 행복의 요소처럼 보이는 이유는 우리의 비교의식 때문이라고 주장한다. 소득에 대한 만족은 '사회적 비교'와 '습관화'에 의해 좌우되며, 결국 다른 사람의 소득 증가가 자신의 행복을 감소시킨다는 것이다.

행복이란 참 알쏭달쏭하다. 돈 많은 친구에게 물어보니 "억대 부자는 억대 고민이 있다."고 대답한다. 동창회에 나가면 공부 못했던 친구들의 표정이 밝다. 행복은 재산순도 성적순도 아니라면 행복한 인생의 비밀은 무엇일까?

조지 베일런트가 지은 책『행복의 비밀』을 보면 미국의 20대 젊은이 268명이 90대 노인이 되기까지(혹은 죽을 때까지) 하버드대 연구팀이 75년간 추적한 연구 결과를 종합하면 결국엔 '사랑'만 남는다. 저자는 "행복은 사랑을 통해서만 온다. 더 이상은 없다"고 강조하고 있다. 사랑받지 못하고 자란 아이는 사랑받고 자란 아이보다 70세에 심각한 우울증을 경험한 비율이 8배 더 높았다고 한다. 가족, 연인, 친구, 동료 사이의 애정이야말로 현재의 행복, 나아가 미래의 행복까지 담보해 주는 최고의 비결이라는 것이다.

요즈음 우리 사회의 여러 방면에서 '치유(힐링)'의 열풍이 거세다. '치유'을 주제로 한 토크쇼는 연일 높은 시청률을 기록하고 있다. 이는 현실에 만족하지 못하고 새로운 이상만을 추구하는 병적인 '파랑새 증후군' 현상이다. 내면에 바른 중심을 잡지 못하고 시류에 흔들리며 불안감을 느끼는 우리의 내면을 대변하는 현상이다.

사실 행복은 참 가까운 데에 있다. 먼 곳이 아닌 반복되는 일상 속에, 지극히 평범한 것들 속에서 숨어 있다. 동료와 친구와 이웃과의 관계는 행복의 보이지 않는 끈이요, 힘이다. 내게도 마음을 나눌 수 있는 친구가 있다는 게 참 행복하다.

(2013. 9. 30.)

제4부

성공과 행복으로 이끄는 인간관계의 힘
부부간 사랑이 꽃피는 가정의 행복
내일 일은 내일 염려하도록 하자
삶의 지혜와 사랑을 나누는 따뜻한 밥상머리
와장창 깨버려야 할 부정적 고정관념
좋은 삶의 근본이 되는 덕 세우기
지칠 줄 모르는 노익장에 큰 박수를 보내며
불굴의 의지는 꿈을 이룬다
나눔의 행복
꼭 만나야 할 소중한 사람, 나
돈으로 살 수 없는 것들
인생에 시기와 기회가 있다

성공과 행복으로 이끄는 인간관계의 힘

지난 토요일에 초등학교 1학년 담임으로 만나 지금껏 사제관계를 이어온 제자의 결혼식에서 주례를 섰다. 유학하여 대학교를 졸업한 제자에게는 스승도 많고 또한 제자의 부친이 인문학박사로서 사회적 저명한 인맥이 많음에도 불구하고 주례를 부탁하여 망설였으나 나름의 소중한 가치와 의미가 있을 것 같아 받아들였고, 막상 주례를 서고 보니 참으로 기쁘고 가슴이 따뜻하였다.

사람은 태어나는 순간부터 가족이라는 인간관계가 생긴다. 또 학교, 직장 등 사회생활을 하면서 자연스럽게 더 많은 인간관계를 형성하게 된다. 그리고 자신과 주변 사람들과 관계가 좋은가에 따라 삶의 행복이 결정된다. 행복의 질質도 역시 관계의 질에 따라 달라진다.

돌이켜보면 삶의 모든 고민의 출발은 '관계'에서 비롯된 것이 많았다. 일보다는 사람 때문에 받는 스트레스가 훨씬 많았다. 지난 40여 년간 직장생활에서 가장 힘들었던 것은 '일'이 아니라 사람과의 '관계'였다. 사회생활을 하면서 받는 스트레스의 대부분 역시 인간관계가 많았다. 그래서 적응하기 어려운 환경이나 조건에 처할 때면 마음이 통하는 친구를 사귀어 고민을 나누고 스트레스를 극복하려고 노력하였다.

솔로몬의 전도서를 보면 "두 사람이 한 사람보다 나음은 그들이 수고함으로 좋은 상을 얻을 것임이라. 혹시 그들이 넘어지면 하나가 그 동무를 붙들어 일으키려니와 홀로 있어 넘어지고 붙들어 일으킬 자가 없는 자에게는 화가 있으리라. 또 두 사람이 함께 누우면 따뜻하거니와 한 사람이면 어찌 따뜻하랴. 한 사람이면 패하겠거니와 두 사람이면 맞설 수 있으니 세 겹줄은 쉽게 끊어지지 아니하느니라.(전 4:9-12)"고 말하고 있다.

인간관계는 살아가면서 꼭 필요한 삶의 기술이다. 좋은 인간관계는 성공과 행복으로 이끄는 힘이 된다. 지난 9월 28일 자 동아일보 '재벌가의 제왕학' 기사를 보면, 경영 수업 핵심 과목이 '사람 관계'라고 한다. 이재용 삼성전자 부회장이 받은 경영 수업은 사람과의 관계 맺기가 핵심 중 하나였다. 이건희 회장은 아들에게 철저하게 경영자로서의 인맥을 다지도록 했다. 이 부회장은 삼성전자에 적을 둔 채 일본 게이오기주쿠(慶應義塾)대 대학원으로 유학을 떠났다. 도쿄대, 와세다대가 아닌 게이오대를 택한 까닭은 일본 재계와의 네트워크 구축에 있었다. 일본 재계엔 게이오대 출신이 많았다.

대학원을 졸업한 뒤에는 미국으로 건너가 하버드대 경영대학원 박사과정을 밟는다. 이건희 회장의 부탁을 받은 잭 웰치 GE 회장의 배려로 세계 최고의 인재 사관학교라는 크로턴빌에서 연수도 받았다고 한다.

지금까지 어떤 만남을 해왔으며 지금 내 곁에는 어떤 사람들이 있는지 한 번쯤 돌아볼 일이다. 혼자서는 행복해질 수 없다. 우리는 서로서로 연결되어 있기 때문이다. 행복은 관계에서 나오고 좋은 관계가 많을수록 삶이 깊이도 더해진다. 사람과의 관계는 이 세상 모든 사람이 살면서 겪게 되는 수많은 갈등의 실마리이자 진정한 성공과 행복을 위해 꼭 필요한 요소다. 철학자 키르케고르는 "행복의 90%는 인간관계에 달려있다."고 말했다.

내 인생의 중요한 순간이나 어려운 시기에 진심 어린 마음으로 손을 잡아주고 도움을 주었던 사람들을 생각해본다. 그리고 보이지 않게 스며든 여러 관계를 생각해본다. 원하는 것을 얻기 위해 계산적으로 관리하는 인맥보다 마음을 나눌 수 있는 순수한 인간관계가 더 행복의 힘이 되었던 기억이 많이 난다.

여하튼 인생의 튼튼한 동아줄은 관계이고 행복은 좋은 관계에서 나올 성싶다. 이 시간 조용히 글을 맺고 그리운 사람에게 전화를 걸어 따뜻한 이야기를 나누어야겠다.

(2013. 10. 7.)

부부간 사랑이 꽃피는 가정의 행복

며칠 전 가까운 한 친구와 이런저런 이야기를 나누던 중, 대뜸 "인생에서 가장 소중한 것이 무엇일까?" 물어보니 부부간에 사랑하고 가족과 화목하게 사는 것이라고 대답한다. 그는 아내로부터 담배 끊으라는 소리는 여러 번 들어왔지만 한 번의 부부싸움 없이 지금까지 지내왔다고 말한다. 어릴 적부터 부모님 역시 한 번도 다투시는 걸 보지 못했고 서로 배려하고 존중하는 모습만 보고 자라왔다고 말한다. 뜨거운 사랑으로 결혼한 부부일지라도, 살다 보면 마냥 좋기만 할 수 없고 가끔 성격 차이로 싸울 일도 있을 법한데 '배려와 사랑이 꽃피는 이런 가정도 있구나!' 하고 경탄을 금치 못했다.

어느새 결혼 40여 년이 훌쩍 지나간 날들을 돌이켜 보니, 그동안 아내와 가족이 나를 이해해줄 거라는 생각에 덜 친절하고, 덜 미소 짓고, 남들만큼 배려하려 들지 않았다는 걸 깨달았다. 더불어 원만하지 못했던 지난 가정생활이 떠올라 부끄러움을 감출 수 없었지만, 앞으로 더 행복한 가정을 이끌어갈 수 있도록 중간 점검하는 기회도 되었다.

가족은 영어로 Family인데 Fatherland, Mother, I love you에서 각 단어의 첫 글자를 합성한 것이란 말이 있다. 아무튼, 가족은 바로 부부간의 사랑이 출발점이다. 사랑이 머무는 가정이 기초가 되어야, 다른 행복들도 한 걸음 더 다가온다. 서로 양보하고 존중하는 가족에서 사랑의 꽃은 피어난다. 산과 들에 그냥 피는 꽃은 없다. 비바람과 태풍, 찌는 듯한 더위와 살을 에는 모진 추위뿐 아니라 병해충까지 이겨야 피어난다. 이처럼 가정에 피는 사랑의 꽃도 오래 참고 끝까지 견디는 인내심을 통하여 꽃 피운다.

집안이 화목하면 모든 일이 이루어진다는 말처럼 화목한 가정은 삶의 원동력과 경쟁력이다. "당신 덕분에 행복합니다." 따스함이 가득 담긴 서로에게 건네는 말 한마디의 표현은 바로 에너지요 치료제이다. 스케이터 김연아 선수에게도 끊임없는 용기와 조언, 지지해 준 엄마가 있었다.

에드 영이 지은『부부 십계명』을 보면 성공적인 결혼생활을 위한 10가지 원칙이 있다. 첫째, 이기적인 돼지가 되지 말지니라. 둘째, 주변에 연결된 끈을 자를지니라. 셋째, 끊임없이 대화할지니라. 넷째, 부부싸움을 화합의 장으로 만들지니라. 다섯째, 빚더미에 오르지 말지니라. 여섯째, 곳곳에 도사린 성적 유혹을 피할지니라. 일곱째, 배우자를 490번 용서하고 또 용서할지니라. 여덟째, 사랑의 불꽃을 타오르게 할지니라. 아홉째, 거듭 다시 시작할지니라. 열째, 승리하는 한 팀을 이룰지니라.

조선일보「행복특강-행복을 만드는 부부 대화 클리닉(2008.2.13)」에 의하면 "부부의 원만한 대화는 가정 행복의 척도"라고 말했다. 부부 행복지수를 높이는 방법으로, '눈을 보고 대화한다. 서로의 차이점을 인정한다. 대화의 시간을 자주 가진다. 기념일과 생일은 꼭 기억한다. 한 달에 한 번 부부만의 데이트를 한다. 나쁜 말과 폭력을 사용하지 않는다. 상대의 식구를 차별하지 않는다.'가 있다. 그 외 1분 말하고, 2분 듣고, 3분 맞장구치는 '1, 2, 3 법칙'을 비롯해 감정 내세우지 말고 상황 설명하는 '나' 대화법, 긍정의 언어, 동조의 언어 등 다양한 대화 기법이 있다고 한다.

서로 부대끼며 정감을 주고받는 가정이라는 행복한 울타리가 없으면 삶이 무거워지고 힘겨워질 것이다. 며칠 전 주변 어느 집에서 홀로 쓸쓸히 죽음을 맞이한 고독사孤獨死가 발생했다. 부부간의 결혼 생활이 파괴되어 일어난 일이라고 한다. 따사로운 눈빛으로 바라보며 어깨 다독여 주는 가족이 있는 사람은 정말 행복한 사람이다. 그동안 부족한 나를 인정認定해주고 참고 섬겨준 아내와 가족에게 "미안해, 고마워, 사랑해."를 자주 해주어야겠다.

(2014. 10. 14.)

내일 일은 내일 염려하도록 하자

가끔 낯모르는 보험회사원으로부터 보험 가입을 권하는 전화를 받는다. 며칠 전에도 한 생명보험회사에서 "암 보험은 하루라도 빨리 준비하시는 게 좋습니다."라고 메시지를 보내왔다. 보험회사들은 사람들의 두려움과 근심 걱정을 담보로 하여 돈을 걸고 내기를 하는 것 같다.

참, 근심 걱정거리가 많은 세상이다. 성장과 성취만을 갈망하는 개인과 집단 이기주의가 팽배해지다 보니 무분별한 경쟁 관계에서 걱정이 생긴다. 생활 전선에서 쉼 없이 시달리다 보니 어느새 망가지기 쉬운 건강에 대한 걱정이 많아진다. 부지런히 말을 해도 내심 기대하는 것만큼 쉽게 모이지 않는 돈에 대한 걱정도 빼놓을 수 없다. 원하는 것을 다 가진 사람이 얼마나 있을까? 열심히 노력해도 다람쥐 쳇바퀴 돌듯 제자리에서만 맴도는 이 현실 자체가 근심과 걱정거리이다.

미국의 심리학자 쉐드 헴스테더(Shad Helmstetter) 박사의 연구 결과에 따르면 사람들은 하루에 5~6만 가지 생각하며 지낸다고 한다. 그런데 놀라운 것은 그중에서 약 85%는 부정적인 생각이며 나머지 15%만이 긍정적인 생각이라는 것이다.

나도 부정적인 생각을 많이 하며 걱정을 달고 사는 것 같다. 소극적이고 내성적인 성격이어서 그런지 몰라도 불확실한 앞일을 자주 염려하며, 미래를 늘 현재의 주머니 속에 넣고 다닌다. 긍정적으로 살자고 다짐해보지만 여러 걱정을 떨쳐 버리기란 쉽지 않다.

존 학개(John Haggai)의 저서 『염려를 극복하는 길』을 읽어 보면, 인류의 가장 큰 적은 염려라고 한다. 염려라는 말의 희랍어 어원은 두 단어가 합쳐진 것인데 '나누다'라는 단어와 '마음'이라는 단어이다. 염려는 감정을 나눈다. 그래서 감정은 안전성을 잃게 된다. 염려는 이해理解도 나눈다. 그래서 확신은 얕고 흔들리기 쉽다. 염려는 감지의 능력도 나눈다. 또한, 판단의 기능을 나눈다. 그래서 몸가짐과 판단이 공평하지 못할 때가 많다.

정신 분석가들은 염려가 심해지면 몸이 긴장되고 조현병調絃病과 정신착란증을 가져오기도 하고 뇌경색, 심장병, 고혈압, 신경통, 위궤양, 감기 등 육체의 이상을 초래한다고 한다.

염려는 이처럼 해로운 것인데 뜻밖에 이 염려의 덫에 걸려 있는 사람들이 많다. 주위를 살펴보면 염려하지 않아도 될 것을 공연히 염려거리로 삼아 염려들을 하고 있음을 보게 된다.

사람들이 걱정하고 있는 재난은 얼마나 빈번하게 일어날까? 일종의 확률인 데일 카네기의 '평균감손平均減損의 법칙'에 의하면 우리가 벼락에 맞아 죽을 확률은 35만분의 1이며 암으로 죽을 확률은 8분의 1이다. 그러므로 벼락을 걱정하기보다는 암을 걱정하는 편이 훨씬 현명한 일이라는 것이다.

어니 젤린스키는 『모르고 사는 즐거움』이란 책에서 대개 우리가 하는 걱정의 40%는 절대 현실에서 일어나지 않고, 30%는 이미 일어난 일에 대한 것이며, 22%는 무시해도 될 만큼 사소한 것들이고, 4%는 사람의 힘으로는 어쩔 도리가 없는 일에 대한 것이며, 나머지 4%만이 우리가 바꿔 놓을 수 있는 일에 대한 것이니 굳이 애써 미리 걱정하지 말라고 권고한다.

미래의 불확실성을 생각하면 우리는 염려를 벗어나 살 수 없는 존재이다. 그러나 바쁘게 집중하여 사는 사람들을 보면 고민할 시간과 마음의 여유가 없어 보인다. 지나온 일을 되돌아보니 감사한 일들이 많이 떠오른다. 염려를 극복하는 길은 다른 데 있는 게 아니라 바로 감사하는 마음에 있는 것 같다. 내일 일은 내일 염려하도록 해야겠다.

(2013. 10. 20.)

삶의 지혜와 사랑을 나누는 따뜻한 밥상머리

지난주 토요일, 20여 년 전에 학부형으로 만나 변함없는 인연을 이어오고 있는 친지를 만나 이야기꽃을 피우며 식사를 하던 때였다. 요즘 근황을 물으니 "공경하고 순종하며 잘 섬겨주는 자식들이 있어 행복하다."고 하며 흐뭇해하였다. 어쩌면 그렇게 자식들이 바르게 성장하였는지 알아보니, 어릴 적부터 가족이 함께 모여 식사를 하면서 수저 바르게 사용하기와 식사예절을 실천하도록 하였고 올바른 생각과 제대로 된 삶의 자세를 갖도록 본을 보여주며 교육하였다고 한다. 교육의 틀이 무너졌다고 많은 사람이 걱정하고 있는 요즈음, 우리 조상들이 해온 밥상머리 가정교육의 맥을 찾은 것 같아 신선한 감동을 금할 수 없었다.

가족 식사는 작은 예절 수업이다. 밥상머리는 예절, 공손, 나눔, 절제, 배려를 배우는 곳이다. 따라서 세상에서 가장 훌륭한 교육 장소가 가족이 둘러앉은 밥상이다. 또한, 세상에서 가장 따뜻한 곳도 가족과 함께하는 밥상이다. 철학자 칸트는 "세상에서 가장 행복한 순간은 사랑하는 사람과 맛있게 밥을 먹을 때다."고 말했다. 이런 관점에서 보면 모든 가족이 함께 즐겁게 식사하는 것이 행복을 되찾는 길이라고도 말할 수 있을 것이다.

'밥상머리 교육'이 최근 들어 자녀의 신체 성장뿐 아니라 인성과 학업에도 효과적이라는 과학적 연구결과가 밝혀지면서 주목을 받고 있다. '청소년기 건강 저널'에 의하면 캐나다 맥길 대학의 연구팀이 11~15세의 청소년 2만 6,000여 명을 대상으로 얼마나 자주 가족과 식사를 같이 하는 것이 정신건강에 어떤 영향을 미치는지를 조사 연구를 했는데 '가족들과의 식사를 자주 할수록 감정이나 행태상의 문제를 보이는 경우가 덜했고 감정적 평온, 타인에 대한 신뢰감, 다른 사람을 도우려는 마음, 자기 삶에 대한 만족도에서 더 높은 수치를 보였다'고 한다.

밥상머리 교육은 함께 모여 식사하면서 대화를 통해 지혜와 관심을 나누며 사랑과 인성을 키울 수 있는 교육이다. 유대인들은 식사시간마다 가족들이 그들의 지혜를 총망라한『탈무드』에 관해 얘기하고 토론한다고 한다. 노벨상 수상자의 30%를 배출한 유대인의 저력도 밥상머리 교육에서 비롯되었다는 것이다.

미국 35대 대통령인 케네디의 어머니가 식사 시간을 온 가족이 참여하는 토론의 장으로 만든 일화는 잘 알려져 있다. 덕분에 케네디 대통령은 서툰 말솜씨를 극복하고 명연설가이자 미국 대통령이 될 수 있었다고 한다. 고 정주영 현대그룹 회장은 생전에 워낙 바빴지만 그래도 아침 식사만은 꼭 가족들과 함께하면서 자식들에게 밥상머리 교육을 했다고 한다.

핵가족시대가 되고 여성의 경제활동이 많이 늘어나면서 직업상 밥 먹는 시간이 들쭉날쭉하면서 각자 식사를 하는 가정이 많아지고 있다. 보건복지부가 2007년에 실시한 '국민건강영양조사'에 의하면 중고등학생의 48.5%가 부모와 함께 식사하지 않는 것으로 나타났다.

우리나라 청소년들의 인성교육이 걱정스럽다. 교육은 학교 장면에서 이루어지는 학습에만 국한된 것이 아니다. 밥상머리 교육 같은 비공식적 상호작용의 과정도 있는 것이다.

따뜻고 정이 넘치는 밥상머리! 생각만 해도 기분이 좋아진다. 어렸을 적에 아버지와 함께 식사했던 추억이 생각난다. 가족끼리 둘러앉아 오순도순 이야기꽃을 피우며 식사를 하는 모습만 상상해도 행복이란 바로 이런 게 아닐까 하는 생각이 절로 든다. 하루 한 끼만이라도 가족이 밥상 앞에 둘러앉아 지혜와 관심을 나누고 사랑으로 화합하는 가정이 많아지면 좋겠다.

(2013. 10. 28.)

와장창 깨버려야 할 부정적 고정관념

지난 토요일 내장사 문화광장에서 열린 정읍사문화제에 가 보았다. 한민족의 잃어버린 문화와 역사를 되찾자는 운동을 하는 한 행사장에서 얻은 책 『환단고기』를 읽어 보았다. 2002년에 시작된 중국의 동북공정이나 최근 '독도 영유권 주장'을 노골적으로 드러내고 있는 일본의 야욕은 모두 왜곡된 고정관념을 심어주려는 역사관 전쟁이라고 한다. 우리는 사회와 역사, 문화가 만들어놓은 고정관념의 지배를 받기에 십상이라는 걸 새삼 알게 되었다.

고정관념이란 본인의 의도와 상관없이 의식이나 표상表象이 거듭 떠올라 사람의 정신생활을 지배하고 행동에까지 영향을 미치는 관념을 말하는 심리학 용어이다. 성별, 인종, 민족, 출생 지역, 직업 집단 등 어떤 사회 집단에 대한 인상과 지식에 기초한 긍정적 혹은 부정적인 신념이다.

지난 31일 전남도청에서 열린 국정감사에서 서울의 모某 의원이 국감 질의 도중 "호남 하면 부정, 반대, 비판, 과거 집착 등 4가지 단어가 떠오른다."며 호남 비하 발언을 했다고 한다. 이처럼 어떤 지역에 대해 부정적 내용의 고정관념을 가진 사람은 그 지역을 배척하고 차별하기 쉽다. 편견에 사로잡힌 사람이 지배권을 잡으면 견해가 다른 사람을 거부하고 밀어 내치기 마련이다.

지난 수요일 좌중에서 최근 여덟 살짜리 아이들을 학대해 죽게 한 계모들에 관해 이야기를 꺼냈다. 아동학대는 옛적부터 계모가 심했다고 말하니 여러 사람이 이구동성으로 수긍한다. 그런데 한 젊은 동료는 사람 나름이며 그렇게 단정 짓기는 어렵다고 말한다.

며칠 후 통계를 통해 알고 보니 아동학대는 계모보다 친부가 훨씬 많이 저지른다. 중앙아동보호전문기관의 2012년 조사에서 전체 6,403건 중 친부 학대가 47.1%이고 친모 32.6%, 계모 2.4%, 계부 1.2%였다고 한다. 특정 사건 정보를 통하여 수많은 착한 새엄마들을 편견으로 바라볼 뻔했던 어리석음을 반성하였다.

고정관념은 마음속에 굳어 있어 변하지 않는 생각이다. 부정적 고정관념은 편견의 원천이 되기도 한다. 고정관념에 사로잡힌 사람은 보기는 보아도 도무지 알지 못하며 듣기는 들어도 도무지 깨닫지 못하는 경우가 많다.

한 예화가 있다. 영국의 극작가인 버어나드 쇼는 로댕의 작품을 무조건 싫어하는 사람들을 초대해놓고 한 장의 데생(dessin)을 보여주었다. "최근에 구한 로댕의 작품입니다." 손님들은 그 말을 듣고 다투어 혹평하였다. 그랬더니 쇼는 기다렸다는 듯이 "그래요, 참 이것은 로댕이 아니라 미켈란젤로의 작품이었는데……."

고정관념은 후천적 학습을 통하여 형성된다. 사회로부터 학습된 사회 관념에 맹목적으로 동조한다. 이렇게 우리의 머릿속에 굳어 버린 고정 관념은 바꾸기가 어렵다. 그렇지만 고정관념이 모두 나쁜 것은 아니다. 긍정적인 고정관념은 무한한 창조력을 발휘할 수 있다. 고루하고 부정적 고정관념은 우리를 옭아매고 불행한 삶의 골짜기로 인도한다.

그러므로 부정적 고정관념을 극복하는 것을 삶의 과제로 삼아야 한다. 부정적으로 고착된 관념에서 벗어나려면 순간마다 뒤집어 생각해보기, 긍정이라는 안경을 끼고 발상을 전환하여야 한다. 생각의 버튼을 반대쪽으로 팍팍 눌러야 한다.

오늘 곰곰이, 마음의 문을 열고 올바른 관념으로 충실한 삶을 살아가고 있는지 생각해 본다. 아직껏, 편견과 인습의 사슬에 얽매여 고루한 인생을 살아가는 부정적 고정관념이 있다면 와장창 깨버려야 할 때다.

(2013. 11. 3.)

좋은 삶의 근본이 되는 덕 세우기

가을에서 겨울로 접어드는 11월이다. 찬바람이 불며 기온이 급격하게 떨어지고 있으나 햇살은 사방팔방 노크를 해댄다. 고향 집을 가보았다. 뒤곁의 오래된 감나무들이 반가웠다. 조상들의 사랑이 열매 되어 노을빛으로 감들이 익어가고 있는 듯싶었다. 어릴 적 일을 돌이켜보다가 지극 정성으로 길러주신 부모님의 은덕을 기렸다.

한편으로, 지금도 나 자신이 많은 이웃의 덕을 입고 있다는 사실을 깨닫고 보니 덕이 인생살이 본바탕이라는 생각이 들었다. 덕 세우기를 잘하는 사람만이 좋은 삶을 살 수 있다는 걸 알 수 있었다.

덕은 닦은 데로 가고 죄는 지은 데로 간다는 말이 있다. 남에게 덕을 베푼 사람은 베푼 만큼의 덕이 자기에게 돌아오게 되어 있다는 말이다. 서로 덕을 세우며 살아가야 함이 사람의 본분이라고 생각한다.

어느 부유한 귀족의 아들이 시골에 갔다가 수영을 하려고 호수에 뛰어들었다. 그러나 발에 쥐가 나서 물에 빠져 죽을 것 같았다. 살려달라고 소리쳤고, 그 소리를 들은 한 농부의 아들이 그를 구해주었다. 둘은 친구가 되어 편지를 주고받으며 우정을 키웠다.

어느덧 시골 소년이 초등학교를 졸업하자 귀족의 아들이 물었다.

"넌 커서 뭐가 되고 싶니?"

"의사가 되고 싶어, 하지만 우리 집은 가난하고 아이들도 아홉 명이나 있어서 집안일을 도와야 해."

돕기로 한 귀족의 아들은 아버지를 졸라 그를 런던으로 데리고 갔다. 결국, 그 시골 소년은 런던의 의과대학에 다니게 되었고 그 후 '페니실린'이라는 기적의 약을 만들어냈다. 이 사람이 바로 1945년 노벨의학상을 받은 '알렉산더 플레밍'이다.

그의 학업을 도운 귀족 소년은 26세의 어린 나이에 국회의원이 되었다. 그런데 전쟁 중에 폐렴에 걸려 목숨이 위태롭게 되었다. 그러나 '알렉산더 플레밍'이 만든 '페니실린'이 급송되어 그의 생명을 건질 수 있었다. 이렇게 시골 소년이 두 번이나 생명을 구해준 이 귀족 소년은 다름 아닌 민주주의를 굳게 지킨 '윈스턴 처칠'이다.

덕을 세우는 사람은 연약한 자의 약점을 감싸 주고 자기를 기쁘게 하지 아니한다. 평생을 가난하고 병든 사람, 미혼모와 아이들을 위해 헌신하다 세상을 떠난 테레사 수녀와 의대를 졸업한 후 사제가 되어, 아프리카 수단 남부의 톤즈라는 곳으로 건너가 나병 환자와 내전의 피해로 황폐해진 아이들을 돌보며 살다 간 고 이태석 신부가 좋은 본보기이다.

수학에서 공리가 근본이듯이 덕은 인생의 근본이다. 『대학大學』에서도 "덕은 근본이요, 재물은 끝이다."라고 말하고 있다. 『시경詩經』에 의하면 "신분의 고하를 막론하고 친구의 협조에 의하지 아니하고는 인격의 완성을 기하지 못한다. 친척과 화목하고 현인을 벗 삼으며 옛 친구를 잊어버리지 않았다고 하면 사람의 덕은 두텁게 된다."고 하였다.

덕에 관련된 모든 문제는 그 나름의 독특한 환경에 비추어서 결정해야겠지만 베푸는 배려의 양과 질이 대수롭지 않을지라도 덕행을 쌓는 일이 된다. 예를 들어 마음 문을 열고 인사를 먼저 하며 따뜻한 마음이 담긴 말 한마디 건네기, 버스나 지하철에서 자리를 양보하기, 양보 운전하기 등도 덕의 발단이 될 수 있을 것이다. 이런 소소한 행위들도 좋은 삶의 근본이 되는 '덕 세우기'가 아닐까 생각한다.

찬찬히 나의 삶을 돌아본다. 그리 유덕하게 살아오지 못한 것 같다. 삶의 공덕이 미흡함을 느낄 때마다 아쉬움만 남을 따름이다. '나도 괜찮은 사람이구나.'라는 느낌이 들 때까지 선을 이루고 덕을 세우도록 힘써 볼 생각이다.

(2013. 11. 11.)

지칠 줄 모르는 노익장에 큰 박수를 보내며

지난 주말 오후에 거두어 말린 팥을 타작하기 위해 시골에 갔다. 날이 어두워지기 전에 타작을 끝내려고 손놀림을 서둘렀다. 마침 들일 나오신 할머니 한 분이 거들어 주셨다. 팥에 섞인 검부러기를 추려내는 솜씨가 능수능란하셨다. 팔순이 넘으셨는데도 지치지 않고 일하시는 모습이 참으로 부러워 보였다.

우리는 흔히 나이가 많음에도 불구하고, 오히려 실력이 젊은이들을 능가하는 어르신들을 일컬어 노익장老益壯이라고 일컫는다. 우리 주위에는 깜짝 놀랄만한 노익장들이 더러 있다. 70대이면서도 젊은이 같은 정열과 기력을 지닌 노익장을 실제로 주변에서 만날 때마다 놀라움을 금하지 못하고 있다. 고령에도 불구하고 축구나 마라톤 경기에 참여하여 노익장을 과시하는 분들을 보면 '나이는 그저 숫자에 불과하다.'는 말이 더욱 실감난다.

요즘은 섭생과 의술의 발달로 말미암아 과거의 같은 세대에 비해 훨씬 젊어지고 있다. 그래서 그런지 '현재 나이 곱하기 0.7'이 신체적 정신적 실제 나이라는 계산법이 일본을 비롯하여 널리 알려졌다. 지금 나이에 0.7을 곱한 값이 실생활에서 진짜 나이라는 것이다. 이런 견해로 보면 요즘 70세의 나이는 과거 49세의 건강이나 의식 수준과 비슷하다고 볼 수 있다. 아무래도 나이에 대한 관념을 근본적으로 바꿔야 할 시대가 온 것 같다.

어쨌든, 흙에 지팡이를 짚고 허리가 굽는다는 '노老'라는 글자와 어울리지 않는 몸과 진취적 사고를 하는 노익장들이 많아지고 있다. 지금 같은 추세라면 80대가 멀지 않아 '0.7 곱하기 세대'에 합류할 수 있는 확률이 높다. 이는 40~50대에겐 달갑지 않은 일이다. 40~50대가 실력으로 겨룰 생각을 않고 '노인네들이 주책없다.'고 못마땅하게 여기고 노욕老慾이라고 비난할 수 있겠지만 그건 세상의 변화를 보지 못하고 있는 셈이다.

생각건대, 우리나라 '0.7 곱하기 세대'는 가난, 전쟁, 좌우 이념적 격변, 고도성장, 경제적 위기와 극복을 경험한 세대이다. 역사의 맥박과 세상의 흐름을 통찰하는 눈을 지녔으며 젊은 세대들처럼 인터넷, 스마트폰을 다룰 줄 알고 정보 흡수력도 강하다. 건강한 두뇌와 용광로 같은 열정을 품고 있다.

연륜이 깊으면 나름의 장점長點과 특기가 있는 법이다. 칸트가 『순수이성비판』을 저술했을 때의 나이가 70이 넘었고, 괴테가 『파우스트』를 창작했을 때가 80세였으며, 미켈란젤로가 '베드로 대 성전의 돔(dome)'를 설계한 나이가 80세였다니 말이다. 어디 그뿐이랴. 독일의 안과의사인 히르슈베르크는 마드리드 근교에 있는 에스코리알 궁에 소장돼 있던 중세 아랍인 의사들의 원고를 읽기 위하여 85세 때부터 아랍어 공부를 시작하여 결국 그 원고를 통독하고 나서 7권으로 된 『안과 의학사』라는 방대한 저서를 남겼다지 않던가?

'경험을 쌓은 사람이 갖춘 지혜'란 뜻으로 흔히 쓰이고 있는 노마지지老馬之智라는 말이 있다. 제濟나라 환공 시절. 수상인 관중管仲이 환공을 모시고 고죽국孤竹國을 정벌하러 봄에 떠났다. 싸움은 겨울이 되어도 끝나지 않았다. 행군하다가 산속에서 길을 잃자 관중이 말했다. "이러면 늙은 말의 지혜를 이용하는 것이 좋습니다." 늙은 말은 여러 군데를 돌아다닌 경험이 풍부하니까 길을 잘 알 것이라는 뜻이었다. 그는 늙은 말을 풀어놓고 그 뒤를 따라가서 길을 다시 찾았다.

한 사회에서 노인의 중요성을 강조하는 뜻으로 "노인 한 명이 죽는 것은 도서관 하나가 불타는 것과 같다."라는 말이 있다. 평생 축적된 지식과 지혜가 도서관 하나와 버금간다는 의미일 것이다.

'집안에 노인이 없거든 빌리라.'는 그리스 격언이 생각난다. 산전수전 다 겪은 노인의 지혜는 삶의 나침반이 될 수 있다. 나이들은 사람의 지혜는 지식과 다르다. 이건 실제 경험하지 않으면 터득할 수 없다. 젊은이들이 가질 수 없는 많은 덕과 풍부한 인생 경험은 돈을 주고도 살 수 없는 인생의 자본이다.

대기만성大器晩成이라고 하지 않던가. 큰 그릇은 늦게 이루어진다. 지칠 줄 모르는 이 세상의 모든 노익장에 큰 박수를 보내고자 한다.

(2013. 11. 18.)

불굴의 의지는 꿈을 이룬다

따뜻하고 힘을 주는 이야기가 기다려지는 이때, 일요일 밤마다 KBS 1TV의 「강연 100℃」라는 강연 프로그램에 푹 빠져들고 있다. 상상하기 힘든 역경을 딛고 일어나 성공을 이룩한 분들의 이야기를 듣고 있노라면 가슴이 찡한 삶의 감동으로 가득 차오른다. '인생을 변화시킨 결정적인 한순간'을 들을 때는 반드시 메모하고 있다.

지난해 5월 첫선을 보인 이래 우리 주변에서 흔히 볼 수 있는, 다양한 직업에 종사하는 보통사람들이 연사로 나와 삶의 지혜와 비결을 전해주고 있다. 최근 71회 방송에서는 평생에 한 번 보기도 힘들다는 산삼을 100여 채가 넘게 캔 것도 모자라 이웃에 나눠주기까지 하는 집배원 길만영 씨, 수많은 역경을 이겨내고 가락시장에서 연 매출 30억 원을 달성하는 유태순 씨, 지방대 출신으로 유학하여 열등콤플렉스를 극복하고 세계적 투자은행에 입사한 김희중 씨가 출연하여 공감을 불러일으켜 주었다.

지난 5월 정읍시청 5층에서 강연을 했던 희망연구소 서진규 박사의 극적인 인생 이야기가 생각난다. 가발공장 직공에서 美 육군 소령 그리고 하버드대 박사까지 험난한 인생 여정을 헤쳐 온 사연은 감동적인 한 편의 드라마였다. "내가 불쌍한 나를 도와주자." 결심, 인생 지옥을 천국으로 바꿨다는 말이 아직도 반향이 되어 울리고 있다. 자신을 가엾게 생각하면서 내가 나를 돕기 위해 내가 할 수 있는 것을 하루하루 해 나가면서 살면 행복도 오고 기쁨도 온다는 말이다.

한국 최초 시각장애인 박사이자, 미 백악관 국가장애위원회 정책차관보였던 고故 강영우 박사의 일생도 감동적인 인생 이야기이다. 중학생 시절 축구공에 눈을 맞아 실명했던 강 박사는 온갖 고통과 사회적 편견, 차별을 기독교 신앙과 굳은 의지로 극복해 재활의 세계적 본보기가 되고 있다.

이 순간, 현실의 어려움을 자기 연마와 자기 수련의 기회로 삼았던 옛 분들의 이야기가 떠오른다. 가사 문학의 대가로 알려진 송강 정철, 시조 문학의 대가라고 할 수 있는 고산 윤선도, 18세기 실학사상을 집대성한 다산 정약용 선생들도 긴 세월에 걸친 귀양살이가 없었다면 그러한 국문학사적 업적이 없었을 수도 있다.

17남매 중 15번째로 태어난 벤저민 프랭클린은 생활이 어려워 학교도 제대로 다니지 못했다. 아버지가 경영하는 양초와 비누 제조업을 돕다가 형이 경영하는 인쇄소 일을 도우면서 자랐으나 미국의 위대한 정치가, 외교관, 저술가, 신문사 경영자, 과학자가 되어 교육문화 활동, 자연과학 분야, 정치 · 외교적인 분야에서 뛰어난 활동을 하였다.

고난을 발전의 원동력으로 삼은 민족도 있다. 유대인은 지난 2천년 동안 세계에서 가장 가혹하고 굴욕적인 역사 속에서 고통과 학대를 받았다. 특히 히틀러 치하에서 600만 명이 굶주림과 고문과 독가스로 목숨을 잃었다. 그러나 오늘날 유대인은 인류의 엘리트가 되었다. 전 세계 인구의 0.2%밖에 안 되는 유대인이 역대 노벨상 수상자의 약 30%를 차지한다. 현재 미국의 인구수 약 2%가 유대인인데 미국 400대 재벌 중 23%가 유대인이라고 한다.

사람이 살다 보면 역경도 있고 실패도 있는 법이다. 그러나 「강연 100℃」에 나오는 연사들처럼 불굴의 의지로 꿈을 이루고 성취를 통해 삶의 즐거움을 얻은 이야기는 강한 용기와 힘을 불어넣어 준다. 아무리 넘어져도 오뚝이처럼 다시 일어나는 의지의 인물이 되고 싶다. 한탕주의가 아닌 진정한 인생 역전을 꿈꾸는 사람들을 부러워하며 박수를 보낸다.

(2013. 11. 24.)

나눔의 행복

눈이 오고 추위가 몰아닥치는 한 해의 끝 무렵에 섰다. 길거리로 나서니 '작은 기부 사랑의 시작'이라고 적힌 현수막이 나붙었다. 작은 먹거리를 들고 고향 마을 경로당을 방문했다. 노인 어른들께서 반갑게 맞아주시고 점심까지 대접해주셨다. 온몸을 따뜻하게 적시는 행복감과 포근함에 젖어 돌아왔다. 함께 돌보고 나누는 그분들의 모습을 통하여 행복한 공존을 엿볼 수 있었다.

슬픔을 나누면 반이 되고, 기쁨은 나누면 배가 되는 이상한 공식이 나눔의 법칙이다. 사람은 혼자 살 수 있는 존재가 아니다. 함께 행복해질 때 나의 행복도 꽃핀다. 그러므로 나눔의 법칙은 더불어 사는 공동체에서 개인의 행복지수를 높여준다고 볼 수 있다.

즐거워하는 자들과 함께 즐거워하고 우는 자들과 함께 울라(롬 12:15)는 말도 같은 이치다. 그러나 아이로니컬하게 모순되지만 살다 보면 남의 불행을 엿보며 위안을 얻고, 행복을 보고 비교하면서 불행해지는 심사가 생길 수도 있다. 그래서 프랑스 작가 파스칼 브뤼크네르 같은 이가 냉소적으로 "남의 불행을 애통해하는 것보다 남의 행복을 함께 즐기는 것이 더 고결하다."라고 말했는지 모른다.

국경을 초월하고 끈끈한 정을 나누는 나눔 방송이 있다. 나눔 한류를 선도하며 2010년 첫발을 내디딘 KBS 1TV의 주말프로그램 「희망로드 대장정」이다. 지난 주말 방송에서는 배우 김현주가 '아프리카의 죽은 심장'이라고 불리는 차드를 향한 기적의 발걸음을 시작하였다. 2012년 유엔인구기금(UNFPA) 보고서에 의하면 하루 1달러 미만으로 살아가는 인구만 약 69%, 5세 미만 영아 사망률 1위의 저주받은 땅이라고 한다. 우리 돈 3만 원이면 그곳 아이가 한 달 동안 배불리 먹고 생명을 구할 수 있다고 한다. 방송을 보고 있자니 내내 가슴이 아릿아릿 저렸다.

지구촌 이웃 나라에 도움의 손길을 주고 위로와 격려를 보낼 때가 바로 지금이다. 필리핀이 지난달 12일 국가재난사태를 선포했다. 초대형 태풍 하이옌이 휩쓸고 지나간 필리핀의 크고 작은 섬들은 그야말로 참혹함 그 자체라고 한다. 태풍이 필리핀 중부지역을 지나간 이후 도시의 95%가량이 파괴된 것으로 전해진다. 사망 및 실종자는 1만 2,000여 명으로 추산되며 실종자 2,000여 명 가운데 한국인도 10명이 포함된 것으로 알려졌다. 사망자가 속출하면서 구조작업도 쉽지 않은 상황이다. 지속적인 관심과 정성을 모아 위로를 아끼지 말아야 할 것이다. 어서 빨리 복구가 되고 정상화되었으면 좋겠다.

삶의 기본으로 비움, 채움, 나눔이란 말이 있다. 경험에 의하면 이 중에서 가장 어려운 것은 바로 나눔이었다. 가끔 머리로는 나누며 살아야겠는 생각을 했지만, 가슴으로 결심에 이르기가 쉽지 않았다. 나눠야겠다는 마음이 뜨거워졌어도 바로 실천으로 옮겨지지 않았다. 알고 실천하지 못하고 있는 것이 한둘이 아니다.

지난 한 해를 돌이켜 보니 이웃의 신세를 지고 살았던 일들이 많이 생각난다. 나눔의 실천을 대수롭지 않게 여겼다. 그러나 외롭고 춥고 배고픈 사람들에게 나눔을 실천하는 사람들의 사례를 접할 때마다 염치없지만 마음만은 덩달아 흐뭇해짐을 금할 수 없었다.

나눔의 실천은 여러 가지가 있다. 물질이 아닐지라도 따뜻함이 넘치는 위로와 격려의 말로 사랑의 마음을 나눠 줄 수 있다. 남다른 재능이나 솜씨를 기부하는 방법도 있다. 계속 퍼내어도 솟아나는 샘물처럼 베풀고 나누어도 풍성해지는 게 우리의 삶이 아닐까 생각한다. 주는 것이 받는 것보다 복이 있다는 말이 생각난다. 작은 나눔이라도 시작해보아야겠다.

(2013. 12. 2.)

꼭 만나야 할 소중한 사람, 나

내장산 금선계곡을 걸었다. 옷을 벗어 버린 나무들이 홀가분해 보였다. 스쳐 지나는 바람에 기분이 상쾌하였다. 골 따라 끄트머리에 이르니 그윽하고 신비한 기운이 감돌았다. 자연의 모든 존재가 신비하고 경이롭게 다가왔다. 문득 나와 삼라만상은 하나로 연결되어 있다는 느낌이 왔다. 잠깐 마음을 가다듬고 생각의 끈을 붙들었다. '나는 생각한다. 고로 나는 존재한다.'는 데카르트의 명제가 떠올랐다. 생각하고 있는 내 자체가 신비였고 작은 우주였다.

잠시 신비로운 우주를 생각하다 보니 며칠 전 경청했던 이석영 교수의 '빅뱅 우주론 강의'가 머리에 떠올랐다. 은하와 블랙홀 연구의 세계적 권위자인 그의 이론에 의하면 이 모든 것이 빅뱅(대폭발)의 산물이다. 우리는 광대한 우주 137억 년의 과정에서 태어난 무수한 생명체 가운데에서 최고의 걸작이다. 우리는 우주의 정영精英을 받은 존재이다. 우주의 스타는 바로 우리다. 우주의 존재 이유가 우리의 존재 이유이다.

1,000억 개의 은하 중 하나인 우리 은하, 우리 은하에 있는 1,000억 개 가운데 한 별인 태양, 태양의 주위를 도는 행성의 하나인 지구, 이 속에서 사는 66억 명의 하나인 나의 존재가 얼마나 특별한 존재인

가? 그야말로 무량대수無量大數 분의 1 같은 존재이다.

어찌 생각하면 수억의 생식 세포精子들과 경쟁하여 태어난 나의 존재 자체가 기적이다.

지난 금요일 SBS CNBC에서 정용석 경희대 교수는 과학자 입장에서 '나는 이미 기적이다.'라는 주제로 강의하면서 생명을 지닌 인간이 되는 것은 기적이라고 하였다. 무질서에서 질서를 만들어 주는 힘이 바로 생명력인데, 원자와 원자가 만나서 물질이 되고, 물질과 물질이 시간이 지나면서 결합하고 질서를 가지게 되면서 단세포 생물, 나아가 인간이 되는데 이것이 바로 기적이라고 한다. 한 인간의 세포는 약 60조 개이며 DNA 길이를 모두 더하면 태양계의 지름과 비슷하다고 한다.

이처럼 우리는 불가사의한 기적의 존재다. 내 처지에서 보면, 광활한 우주에서 유일한 존재로서 나의 생명은 천하와도 바꿀 수 없다. 그 무엇으로도 대신할 수 없는 내 존재이다. 나는 오로지 나 한 사람밖에 없다. 나와 똑같은 사람은 이 세상에 다시는 태어나지 않는다. 전무후무 유일무이한 존재이다. 새삼 나의 존재가 경이롭게 느껴진다.

존재의 존귀함을 생각하다 보니 "천상천하에 오직 나 홀로 존귀하다."고 한 부처의 선언이 생각난다. 미혹과 고통에서 헤어나지 못하는 중생들을 위해 헌신적으로 살아온 그 삶의 내용이 독보적임을 의미하는 면도 있지만, 우리 각 사람도 그 무엇과도 바꿀 수 없고 비교할 수 없는, 하나밖에 없는 무한함과 완전함이 온전하게 갖추어져 있는 존재라고 볼 수 있겠다.

한편으로 생각해보면 자연의 일원으로 내가 존재한다. 해, 흙, 물,

바람, 산소 등에 의지하여 내가 존재한다. 그 어디에도 나 또는 나의 것이라고 주장할 수 있는 본래의 내 것은 없다. 본디부터 분리되고 독립된 것은 존재하지 않는다. 이런 뜻으로 보면 나의 존재는 원래 무無이니, 나는 곧 '무아'인 셈이다.

그러므로 우리는 세상을 떠날 때 가져갈 게 없다. 우리나라 재벌의 일인자였던 모某 회장도 나이 들어 세상 떠나기 얼마 전 틈을 내 익혀오던 붓글씨로 겸허謙虛를 쓰고 공수래공수거空手來空手去를 써서 세상에 남겨놓고 떠났다.

사람은 이름을 남기고 가는 법이다. 후세 사람들이 계속 잊지 않는 명예로운 이름도 많다. 살아 사랑을 많이 베풀어 향기로운 이름은 남겨야겠다. 점점 나이가 많아지는 자신을 바라보면서 '그러므로 우리가 낙심하지 아니하노니 우리의 겉 사람은 낡아지나 우리의 속사람은 날로 새로워지도다.(고후 4:16)'라는 성경 말씀이 너무나 좋고 귀하여 마음속 깊이 되새겨본다.

(2013. 12. 8.)

돈으로 살 수 없는 것들

컴퓨터가 있으니 살기 편한 세상이다. 웹서핑(Web Surfing)하다 보니 세상에서 중요한 3가지 '금'이 있다고 한다. 돈을 상징하는 '황금'과 음식을 상징하는 '소금' 그리고 시간을 상징하는 '지금'이다. 어느 남편이 이 말을 듣고선 너무 의미 있다고 생각해서 부인에게 문자로 물어보았다. '여보, 세상을 살아가는 데 꼭 중요한 3가지 금이 있는데 뭐라고 생각하나?' 잠시 후 부인에게 답장 문자가 왔다. '현금, 지금, 입금.' 이 문자를 보고 남편이 입을 쩍 벌리며 다시 문자를 보냈다. '방금, 쬐금, 입금.'

나에게도 3가지 중 하나만 선택하라고 하면 주저 없이 '황금'이라고 할 것이다. 돈만 있으면 '소금'도 살 수 있고 '지금'의 시간도 얻을 수 있을 것 같기 때문이다.

그래서 그런지 "돈만 있으면 못할 일도 없고 안 될 일도 없다."는 말이 생긴 것 같다. 속담에도 '돈만 있으면 개도 멍첨지, 돈만 있으면 귀신도 부릴 수 있다.'는 말이 있다. 그렇다. 돈처럼 범사에 쓰이는 것도 드물다. 돈만 있으면 집, 차, 옷도 살 수 있고 얼마든지 예뻐질 수 있다. 돈의 힘과 필요성을 아무리 강조해도 지나치지 않다.

셰익스피어는 그의 비극 〈아덴스의 타이몬〉에서 "황금? 값나가고 번쩍번쩍 빛나는 주홍색의 황금, 아니 신들이여! 내가 절실히 소원해 마지않는 것도 무리가 아니지. 이놈이 이 정도만 있으면 검은 것도 흰 것으로, 추한 것도 아름다운 것으로, 사사스러운 것도 바른 것으로, 늙은이도 젊은이로, 비겁한 자도 용감한 것으로, 창녀도 여왕으로 바꾸어 놓을 수 있단 말이야." 말하고 있다.

한편 생각해보면 인격은 돈으로 높아지지 않는다. 인간의 명예나 존엄성 같은 것은 결코 돈으로 살 수 없는 것들이다. 돈의 가치는 모으는 데 있지 않고 어떻게 사용하느냐에 달린 것 같다. 돈으로 일의 능률은 높일 수 있으나 신뢰는 살 수 없다. 특히 주고받는 정, 은혜, 사랑의 가치는 돈으로 헤아릴 수 없다.

돈으로 살 수 없는 것들이 많다. 네덜란드에서 유래된 속담들이 있다. 돈으로 집은 살 수 있어도 가정은 살 수 없다. 돈으로 시계는 살 수 있어도 시간은 살 수 없다. 돈으로 책은 살 수 있어도 지혜와 지식은 살 수 없다. 돈으로 의사는 살 수 있어도 건강은 살 수 없다. 돈으로 침대를 살 수 있어도 잠은 살 수 없다. 돈으로 직위는 살 수 있어도 존경은 살 수 없다. 돈으로 피는 살 수 있어도 생명은 살 수 없다. 돈으로 관계는 살 수 있어도, 사랑은 살 수 없다. 뭐니 뭐니 해도 머니(money)가 최고라고 여기는 사람들이 되새겨 볼 만한 격언이라고 할 수 있겠다.

울리기도 하고 웃기기도 하는 돈, 죽이기도 살리기도 하는 돈, 돈에 대한 우리 속담을 떠올려 보며 현실을 생각해본다. 돈이 사람을 만든다. 돈은 힘이다. 돈 앞에는 법도 없다. 돈이 효자다. 돈이 양반이다. 돈이 원수다. 가난과 사랑과 재채기는 감출 수 없다. 가난하면 친구도 도망간다. 가난한 놈은 일가도 성도 없다. 돈을 준다면 산 호랑이 눈썹도 빼 온다.

'2013 코리안 웰스 리포트'에 의하면 10억 이상의 금융자산을 가진 사람들이 15만 명 정도라고 한다. 이제 100억쯤 모아야 새로운 기준의 부자가 되는 성싶다. 그러나 100억이 곧 행복을 의미하지는 않는다. 연예인 '션'은 전 세계 800명의 아이를 후원하고 있기에 아직도 집이 없다고 한다. 얼마나 소유했느냐보다는 얼마나 나누어 주고 함께하는가가 행복의 척도라는 교훈을 주고 있다. 돈을 벌듯 지혜와 명철도 열심히 구하고 찾는 사람들이 많아졌으면 좋겠다.

(2013. 12. 14.)

인생에 시기와 기회가 있다

밤새 내린 눈으로 세상이 하얀 이불을 뒤집어쓰고 있다. 볕이 제법 따스해지자 찬 기운이 숨어들 곳을 찾느라 바쁘다. 달력을 보니 12월의 후반을 달리고 있다. 해마다 이 무렵이 되면 늘 아쉬움이 가득하다. 무얼 위해 달려왔던 걸까. "우물쭈물하다가 내 이럴 줄 알았다."는 영국의 극작가 버나드 쇼의 유명한 경구가 떠오른다. 이 세상의 모든 일에는 적당한 때와 기한이 있음을 새삼 깨우쳐 준다.

그 무엇이든지 때가 있고 영원하지 않으며 다 변한다. 어제는 모임에서 좌장으로 모시고 있는 한 분이 갑자기 돌아가셨다는 소식을 듣고 깜짝 놀랐다. 일이 그렇게 되는 원인은 시기(time)와 기회(chance)가 모든 사람에게 임하기 때문이겠지만 갑자기 인생은 헛되다는 생각이 들었다. 솔로몬의 전도서 한 구절이 떠올랐다. 분명히 사람은 자기의 시기도 알지 못하나니 물고기들이 재난의 그물에 걸리고 새들이 올무에 걸림 같이 인생들도 재앙의 날이 그들에게 홀연히 임하면 거기에 걸리느니라.(전 9:12)

전도서가 노벨문학상을 받은 미국 소설가 어니스트 헤밍웨이의 작품에 끼친 영향은 많다고 한다. 그의 초기 단편들을 보면 인간 욕망의 무상함이 전체 흐름을 장악하고 있다. 전도서의 처음 부분도 "헛되고 헛되며 헛되고 헛되니 모든 것이 헛되도다."고 시작되고 있다. 인간의 지혜를 구하는 것이 헛되고, 먹고 마시고 할 짓 못 할 짓 다 하여 즐겨 봐도 헛되고, 지혜와 돈이 있어도 모두 헛되다는 것과 인간의 모든 노력이 헛되고, 높은 지위가 헛되다는 것이다.

한편 생각해보면 용기 있게 살고 영원한 명성을 남기고 죽는 것은 아주 멋진 일이다. 하지만 이 역시 한순간만 나의 것이다. 인생은 불확실성, 숙명의 변화, 불평등, 정의의 파괴 등으로 가득 찬 것처럼 보인다. 아무튼지 오리무중처럼 갈피를 잡을 수 없고 혼란스러운 삶의 문제가 허다하다. 이 땅의 모든 목표와 야망은 그것 자체를 목적으로 삼으면 불만과 좌절감에 빠질 뿐이다.

우리 인간의 본능은 자력으로 성공했다고 자랑하는 경향이 있다. 그러나 자기의 노력으로 반드시 소기의 목적을 달성하는 것이 아니다. 비록 목적을 이루기 위하여 거기 필요한 조건을 갖췄다 할지라도 혼자 힘으로만 성공을 가져올 수 없다. 임하는 시기와 기회가 우리 인생과 행복을 좌우한다.

속담에 "미련은 먼저 나고 슬기는 나중 난다."는 말이 있다. 일을 그르쳐 놓은 뒤에야 이랬더라면, 저랬더라면 하고 궁리함을 비유적으로 이르는 말이다. 그때 참았더라면, 그때 잘했더라면, 그때 알았더라면, 그때 조심했더라면…….

'늦었다고 생각할 때가 가장 빠른 때'이다. 나중 된 자로서 먼저 되고 먼저 된 자로서 나중 되는 자도 있는 법이다. 강철 의지 앞에서는 높은 산도 몸을 낮춘다고 한다. 죽은 고래는 물살에 떠밀려 내려가지만 산 피라미는 아무리 작아도 물살을 거슬러 올라갈 수 있다. 꿈과 열정만 간직한다면 도전 거리를 얼마든지 찾을 수 있다. 늦었다고 생각하는 때가 바로 기회일 수도 있는 점을 간과해서는 안 될 것이다.

한 해의 끝자락에서 뒤를 돌아본다. 기회를 다시 잡고 싶은 마음과 잡지 못할 수도 있다는 두려움에 휩싸여 갈팡질팡할 때가 많이 있었다. 도전해보지 못해 본 일들이 미련으로 남아 있다. 지금은 한 해를 잘 마무리하며 새해를 준비해야 할 때이다. 새해에는 망설임을 멀리하고 도전 거리를 찾아서 모험해 보고 싶다. 새로운 각오로 결의를 다짐해 본다.

(2013. 12. 22.)

제5부

동행이 있어 더 행복해지는 인생길

이제 산책은 삶 일부가 되어가고 있다. 새해 둘째 날, 삼십 년 전부터 다정히 지내는 K 형과 함께 여느 때처럼 바람 쐬러 길을 나섰다. 내 인생길에 K 형은 힘들 때 서로 기댈 수 있고, 어려울 때 힘이 되어줄 수 있는 친구 같은 의형이다. 평소에는 같이 정읍 천변 마실길로 다녔지만, 정초를 맞이하여 모처럼 내 고향 뒷산 칠보산으로 발걸음을 재촉하였다. 정읍시 북면에 있는 칠보산은 내게는 꿈에도 가끔 보이는 엄마 품 같은 산이다. 골짜기마다 조상들의 전설을 간직하고 있다. 사방으로 뻗어 내린 크고 작은 산줄기 때문에 높지는 않으나 여러 갈래의 골이 깊어 자칫 길을 잃기 쉽다. 그래서 그런지 예부터 피난 골로 알려졌다. 산등성이와 골짜기는 칠보임학七寶林壑이라 하여 수려할 뿐만 아니라 깊어서 동학혁명 때는 농민군들이, 임진왜란 때는 주민들이 피난했던 곳이다.

마을 어귀에 이르렀다. 어릴 적 동네 형들을 졸래졸래 따라다니며 사방조림용으로 심었던 미루나무 · 아까시나무들이 울창하게 숲을 이루었다. 저만치 하얀 분칠로 단장하고 있는 미루나무 숲 한가운데 고사한 큰 소나무 한 그루가 껍질을 벗어 던진 채 알몸으로 떨고 있었다. 보기에 딱하여 달려가 차라리 밑동을 베어 편히 쉬게 뉘어주고 싶은 충동이 끓어올랐다. 외래종 활엽수들이 판치고 있는 야산이 어디 이곳뿐이겠는가? 해방 후 갑자기 밀어닥친 외래문화 홍수로 이름다운 전래 고유 정서가 쫓겨나고 있는 우리 현실은 어떠한가?

싸드락싸드락 넉넉하게 걷는 산길의 여유로움으로 칠보산 어귀에 이르니 동네 야산과 달리 오륙십 년 전에는 팔뚝만 해 보였던 소나무들이 이제는 제법 아름드리가 되어 소리 없이 반겨주고 있었다. 숲길 따라 쉬엄쉬엄 더 올라가 보니 모양이나 굵기나 키가 제각기 다른 소나무들이 서로 어깨를 비비면서 숲을 이루고 정답게 살고 있었다. 우리네 옛 삶의 모습이었다. 마음이 엄마 품속에 안기듯 포근해졌다.

이런 연유로 정초를 맞이하여 정겨운 고향 뒷산 융단 같은 소나무 숲길로 K 형과 동행했다. 인생길에 동행하는 이웃이 있다는 것은, 참으로 행복한 일이다. 힘들 때 서로 기댈 수 있고, 어려울 때 힘이 되어 줄 수 있는 K형은 내게는 친형 같다. 그러나 겨울의 매콤 쌉쌀한 날씨 같을 때도 있다. 간혹 하찮은 일로 어린애같이 잘 다툰다. 오고 가는 언성이 높아지고 다시는 만나지 않을 듯 토라질 때도 있다. 하지만 언제 그랬냐 듯이 시치미 떼고 다시 만나 찰떡처럼 지내고 있다.

도란도란 이야기꽃을 피우며 며칠 전 내려 쌓인 눈길 따라 조심조심 올라가니 우리 뒤로 뽀드득뽀드득 눈 밟히는 소리가 따라온다. 참으로 오랜만에 들어 보는 발걸음 소리다. 잊고 지내다가 우연히 기억 속으로 찾아온 추억 같은 반가움이다. 낭만적 생각이 번쩍 스친다. K 형더러 하얀 양탄자 같은 눈 위로 큰 대大 자로 누워보라고 하였다. 요런조런 자세를 바꿔가며 스마트 폰 카메라로 여러 장을 찍었다. 깔깔대며 웃었다.

한참을 지나서 해가 기울자 어디선가 봄날이 아닌데도 장끼 우는 소리가 난다. 멀리 뒤에서 꿩꿩 장 서방이 잘 가라고 전송하는 소리인 것 같다. 서둘러 숲길을 빠져나와 집으로 돌아왔다. 동행이 있어 행복해진 하루였다.

추운 겨울이 지나면 생명을 잉태케 하는 따뜻한 봄이 찾아온다. 힘겨운 오르막길을 지나면 가뿐한 내리막길이 나오는 법이다. 생生 자가 말해 주듯 소(牛)가 외나무다리(一)를 건너듯 힘들다 하여 포기해서는 안 된다. 오르막 인생길이 힘겨울 때는 동행하는 이웃을 만들어 서로 끌어주고 밀며 행복한 인생길을 걷자. 그리고 내리막길을 걸어갈 때는 조금 뒤에 나타날 오르막길을 예상하고 맞이하는 게 지혜인 성싶다.

(2014. 1. 3.)

찾아오지 않는 자식보다 개가 낫다

한 후배의 장모님 초상 소식을 듣고 지난 일요일 오후 요양병원 장례식장으로 문상을 갔다. 조문객들과 이야기를 나누던 중 옆에서 한 사람이 끼어들었다. 그는 이 병원에 입원한 할머니 한 분을 알고 있는데 그 할머니는 자식이 돈만 내주고 석 달에 한 번 정도 만나러 온다고 했다. 그 말에 대뜸,

"여러분은 그런 자식이 잘못인가요? 아니면 할머니가 잘못인가요?"

물음을 던져 보았다. 좌중의 많은 사람이 자식의 불효를 지적하였고 일부는 요즘 세태에 그 정도 만해도 효도하는 편이라고 자식을 두둔하였다. 여러 말끝에 나는 그런 자식으로 키운 할머니 탓이 크다고 했다.

의아스러운 표정을 짓는 그들에게 교육은 학교에서 이루어지는 학습에만 국한된 것이 아닌데도 그 할머니는 자식을 기를 때 밥상머리 교육 같은 비공식적 상호작용의 과정을 소홀히 했기 때문이라고 지적하였다. 요즈음 "공부 · 공부, 학원 · 학원, 대학 · 대학" 하면서 오로지 좋은 학교에 보내기 위하여 학력에만 치중하고, 조상 전래의 효孝를 중시하는 인성교육을 소홀히 한 탓이 크다고 설명했다.

찾아오지 않는 자식보다 개가 낫다는 이야기가 있다. 지난 《좋은 생각》 12월 호에 어느 할머니가 떠돌이 개 3마리를 키우는데, 자식들보다 이 녀석들 때문에 심심하지도 외롭지도 않다는 내용이 있었다. 그 할머니의 자식 한 녀석은 미국에 가서 소식이 없고, 다른 녀석은 돈 번다고 집을 나가서 아직 감감무소식인데, 그렇게 오지 않는 자식들을 기다리다 지쳐서 길에서 하나둘 주어 기른 강아지가 세 마리라는 것이다.

자식들에게 소외당하여 외로움이란 생채기를 안고 사는 우리네 할아버지 할머니들이 어디 한둘이겠는가? 자식보다 개가 좋다는 사람들이 많아질까 염려될 뿐이다.

요즈음 70대를 청노인靑老人이라고 부른다고 한다. 청년 같은 노인이라는 의미다. 얼마 전 70대 선배를 만나 근황을 물었더니 정읍노인회에 들어가 외로움과 심심함을 달래며 지낸다고 하셨다. 그런데 뜬금없이 노인정에 나가 어울리기 어려운 세상이 되었다고 하소연하셨다. 노인정에 갔더니 나이 든 동네 형들이 심부름을 시켜 가기 싫다는 것이었다. 제일 막내라고 청소를 시키거나 술, 담배, 라면을 사오라는 심부름 때문에 귀찮아 못 나가겠다는 것이었다.

노후 대책 없이 오래 살까 봐 걱정되는 세상이다. 지난달 26일 목요일 KBS 1TV 「아침마당」 이야기가 생각난다. 이날 특강에 의하면, 어느 요양병원에 93세의 뇌졸중 할머니가 입원했는데 병구완하는 70세의 딸이 죽을 떠먹이면서 "죽어, 죽어, 제발 죽어."라고 말하며 눈물을 흘리더란다. 그 이유를 알아본즉 자기 위로 75세, 73세 두 언니가 있으나 모두 몸이 편찮아서 막내인 자기가 엄마의 병시중을 하고 있는데 엄마를 집으로 모시고 싶어도 자신도 자식들의 눈치를 보고 사는 처지라는 것이다. 그나마 병원비 분담 문제로 언니들과 다투어 서로 등을 돌리게 되었고 치료비는 댈 길이 없어 그렇게 엄마더러 어서 죽으라고 푸념했다는 것이다.

남의 이야기가 아니었다. 자식들에게 의지하며 살던 시대는 지났다. 의학이 발전하여 수명이 늘어나는 세상에 살고 있지만, 노인 문제는 갈수록 심각해지고 있다. 우리의 미래상이 어떻게 될지 걱정이다. 할머니 할아버지를 비롯하여 가족이 둘러앉아 오순도순 이야기꽃을 피우며 식사를 하는 모습은 상상만 해도 행복이란 바로 이런 게 아닐까 하는 생각이 든다.

(2014. 1. 9.)

오랜 발 친구, 낙하산 양말

며칠 전 양말 상자를 정리하다가 보니 40년 가까이 된 양말 몇 켤레가 눈에 띄었다. 사실 그렇게 오래된 것이 있을 줄 몰랐다. 그중에서 한 양말을 꺼내 들었다. 닳고 닳아 낡아진 양말이다. 오랫동안 내 발의 친구가 되었던 양말이다.

잠시 눈을 감고 아련한 추억 속으로 빠져들었다. 노란 양말 한 켤레가 다정한 미소를 지으며 다가왔다. 고등학교 시절 이후 내내 내 발의 넉넉한 친구가 되어 주었던 낙하산 양말이다. 이 양말과 관련된 옛일을 더듬어 보았다. 시간은 과거 속으로 달려갔다.

형편이 어려워 정읍 외삼촌 댁에서 가정교사를 하며 고등학교에 다녔다. 1학년 겨울방학을 맞이하여 시골 고향 집으로 왔으나 내 방을 동생들이 차지하고 있었다. 할 수 없이 내버려 둔 사랑채 방을 치우고 침실로 쓰던 때였다. 어느 날 경상도 보따리 양말장수 부부가 해가 기울고 어둑어둑해질 무렵 우리 집으로 찾아왔다.

보따리를 지고 이 동네 저 동네 양말을 팔러 다니다가 마침내 산골 끝 우리 마을에 온 자초지종을 이야기했다. 날은 어두워지고 하룻밤 묵을 집을 구하러 다녔으나 집집마다 거절당하고 우리 집에 이르게 되었다는 딱한 사정이었다. 상황을 알아차린 나는 선선히 쓰던

방을 빌려주었다.

뜨뜻한 하룻밤을 보낸 부부는 이튿날 방값을 주려고 했으나 조건 없이 베푼 친절이었으므로 한사코 거절했다. 그러나 억지로 두툼한 낙하산 양말 한 켤레를 주었다. 작은 은혜일망정 기어코 감사 표시를 하는 나그네 양말 장수 부부의 호의를 받아들이고 말았다.

변변한 양말이 없던 차에 그 뒤 그 양말은 내 애용품이 되었다. 고등학교, 대학교를 졸업하고 교사로 근무하다가 결혼해서까지 양말 대장 역할을 다했다. 그러던 1970년대 초 어느 겨울방학 때였다. 전주에 가서 작은 오토바이 한 대를 샀다. 반 시간 정도 타는 법을 배우고 나서 무모하게도 백여 리나 되는 고향 집까지 몰고 갔다.

다음 날 아침이었다. 정읍으로 먼저 출발한 어머니와 아내를 오토바이로 추월하여 굽은 길에서 급커브를 틀었다. 낮은 언덕 아래로 오토바이와 함께 곤두박질쳤다. 왼발의 두꺼운 방한화가 찢어졌다. 속에 신은 양말까지 갈라졌다. 천만 다행히도 발등이 거짓말처럼 무사했다. 지난날 경상도 나그네 부부를 하룻밤 재워 주고 얻은 낙하산 양말을 신은 덕택이었다.

이런 일이 있고서 아내는 양말이 찢겨 갈라졌으니 버리라고 했다. 그러나 귓등으로 흘려보내고 하얀 실로 꿰맨 뒤 양발상자에 소중히 보관했다. 몰래 사귀는 애인처럼 해마다 겨울이 되면 몇 번씩 꺼내 신어보는 낙하산 양말은 어느덧 40여 년이 넘도록 오랜 친구가 되었다.

하찮은 물질에 대한 나의 사랑일지라도 오래 묵은 장맛 같은 나의 양말 사랑은 앞으로도 계속될 것 같다. 강한 힘으로 내리누르는 몸무게를 감당하며, 발바닥으로 짓밟히는 수모를 감내하면서 모든 시련이 끝날 날을 기다리고 있는 게 바로 양말이다.

요즈음 우리나라 젊은이들은 일자리가 부족하다고 아우성치고 있다. 양말처럼 가장 낮은 자리에서 겸손한 자세로 힘들고 어렵고 더러운 일을 마다하지 않는다면 보람 있는 일자리를 얼마든지 찾을 수 있을 것이다. 아무리 쉽고 편하게 일하며 요행을 좋아하는 오늘의 세태일지라도 낮은 자리에서 제 맡은 일을 다 하며 양말처럼 사는 사람들이 우리 주변에는 많다. 겸손하게 궂을 일을 마다하지 않고 수고하는 그들의 모습은 우리의 위안이요 등불이다. 제자의 발을 씻어주며 섬기는 자의 본을 보여주신 예수의 거룩한 가르침을 눈을 감고 깊이 음미해 본다.

(2014. 1. 17.)

따뜻한 사랑이 담긴 손 보자기

둥근 호박은 둥글게 싸주고 네모난 책은 네모나게 싸주며, 큰 것은 커다랗게 작은 것은 작게 주어지는 대로 감싸주는 게 보자기다. 아버지는 나에게 세상의 그 어떤 보자기보다 제일 값진 보자기였다. 아기일 적의 나, 초등학생일 때의 나, 청소년 시절의 나를 감싸주셨던 아버지의 손바닥은 부드럽고 따뜻한 사랑의 보자기였다.

길쭉이 자란 머리카락을 미루다 오늘에야 이발소를 찾았다. 이곳에 올 때마다 떠오르는 추억의 보자기가 있다. 칠십 대를 달리는 할아버지 이발사의 손이 바로 그 보자기다. 수건을 두르고 그분에게 머리를 맡겼다. 귓바퀴와 목덜미를 깊이 덮은 머리칼을 싹둑싹둑 잘라내고 면도를 했다. 머리를 감아주시는 그분의 손바닥을 살며시 만져 보았다. 예전 우리 아버지의 손바닥처럼 야위고 투박스러웠다. 하지만 활짝 편 손바닥은 부드럽기 그지없는 보자기였다. 내 머리를 감겨주시는 그분의 손길에서 예전의 아버지 손길을 연상하였다.

세월이 흐를수록 시간을 거슬러 올라와 가슴 속에서 새록새록 떠오르는 추억이 있다. 어렸을 적 아버지의 손은 포근한 보자기였다. 그때 보았던 보자기는 지금의 이발사 할아버지보다 온기가 흘렀다. 서른 중반에 낳은 아들을 세상에 자랑하고 싶으셨는지 가끔 5일마다 열리는 정읍 장날이면 고사리 같은 내 손을 꼭 감싸 쥐고 데리고 다니셨다. 내 손보다 두세 배는 더 큰 손이 내 손을 쥐고 있으면 마음이 편안했다. 세상 어떤 보자기보다 안전하고 믿음직한 보자기였다.

초등학교 시절의 아버지 손은 정성을 다해 뒷바라지해준 고맙기 그지없는 사랑의 손 보자기였다. 10리가 넘는 학교까지 가려면 산굽이를 돌고 내를 건너 들판을 지나야 했다. 매년 여름이 되어 장마가 지면 물에 잠긴 징검다리를 네 개나 건너야 했다. 그때마다 아버지는 위험을 무릅쓰고 든든한 두 손으로 나를 업거나 보듬고 넘쳐흐르는 냇물을 무사히 건네주셨다.

그 뒤 세월 따라 내 나이도 많아지고 내 손 또한 주름이 늘고 있다. 과연 나는 아버지의 손 보자기처럼 내 손 보자기로 자식들의 손을 잡고 포근히 감싸고 어루만져 준 적 얼마나 있었는가?

지난 6일 MBN 〈황금알〉에서 문화평론가 김갑수 씨는 여성이 철드는 나이는 평균 32세, 남성은 43세라고 영국 어느 방송국의 설문조사를 인용하여 논리를 폈다. 40대였을 때 나는 아비로서 철이 덜 들었다. 어찌해야 할 바를 모르고, 자식들의 손길을 제대로 잡을 줄 몰랐다. 따뜻한 사랑의 손 보자기 존재를 깨닫지 못했을 뿐만 아니라 자식들을 뜨겁게 감싸 주지 못한 세월이었다.

자식들이 내 손길을 떠나 제각기 세상살이에 바빠서 자주 만날 형편이 된 지금에 이르러서야 뒤늦게 철이 든 것 같다. 그리운 사람의 얼굴, 목소리, 사랑, 아련한 추억을 모두 담아둘 수 있는 그런 마음의 보자기가 하나 있으면 좋겠다. 먼 훗날 냉가슴을 앓을 때 살며시 마음 주머니를 꺼내어 풀어보면 어떨까? 얼었던 마음이 봄눈 녹듯 스르르 녹아내릴 때, 그때는 말할 수 있으리라, 모두가 사랑이었노라고.

(2014. 1 .23.)

추억으로 다가오는 고향

매주 화요일이면 몸 살리기 운동에 참여해 건강을 다지고 있다. 오늘은 높은 곳에 올라 남편의 무사 귀환을 바라며 달이 높이 뜨도록 소망했던, 백제 여인이 걸었을 법한 정읍사 오솔길을 걸었다. 설이 눈앞에 다가오니 문득 고향 생각이 나서 같이 걷는 친구에게 말을 걸었다.

"자네는 이곳 정읍 시내에서 태어나 줄곧 살고 있는데 고향 하면 무슨 감회를 느끼는가?"

"오랫동안 타지를 떠돈 경험이 없어서인지 몰라도 별스러운 감회가 없네."

옆에서 듣고 있던 H 선배가 끼어들었다. 자기는 37년간 외교관생활을 하면서 주로 서울에서 살았다고 했다. 퇴직할 무렵 장관과 면담할 때 고향에 내려가 살겠다고 했더니

"지금 세상에서도 고향에 내려가 산다는 사람이 있구먼. 다른 동기들은 다 서울에서 계속 살겠다던데 자네는 참 유별나네 그려."

"예. 저는 중학교 시절 할아버지와 말년이 되면 고향에서 살겠다고 약속을 했습니다."

그 뒤 현직에서 물러났을 때 완강히 반대하는 집사람과 동생들을

겨우 설득하여 고향인 정읍으로 내려와 14년째 살고 있다고 했다. 지금은 가족이나 동생들 모두 자기의 결단을 이해하고 오히려 자부와 긍지를 느끼고 있다는 것이다.

몸 살리기 모임이 끝나고 집으로 돌아오면서 보니 길거리에 벌써 "고향 방문을 환영합니다."란 현수막이 나붙었다. 고향 생각을 부채질한다. 내친김에 간단한 먹거리를 자가용에 싣고 고향으로 달려갔다. 마을길로 접어들자 마음이 먼저 포근해지는 것을 느꼈다. 어린 시절의 추억이 떠올랐다.

동네 어귀에 이르자, 어릴 적 놀이터요 쉼터였던 둥구나무와 모정이 기다리고 있었다. 주차해놓고 잠깐 마루에 올라앉아 주위를 둘러보았다. 정겨운 명절이 코앞으로 다가오는 대낮인데도 인적이 없이 고요하다. 뭔가 쓸쓸하고 가슴 한구석이 텅 빈 듯 허전했다. 뜻밖에 가을을 타는 남자가 되었다. '외로움과 작별하는 가장 쉬운 방법'이라는 책이라도 있었으면 좋겠다.

공허감을 눌러 버리고 구불구불 돌담길을 지나 고향 집으로 들어섰다. 따뜻한 오후 햇살이 마치 부챗살처럼 마당에 펼쳐지고 있었다. 반겨주는 사람이 없는데도 포근했다. 엄마의 품 같은 따스함! 이것이 고향이 주는 '힘'인가 보다.

마루에 앉았다. 한참 동안 동심에 빠져 부모님의 사랑, 가난했지만 행복했던 어린 시절 추억을 더듬으며 감회에 젖었다. 저 따사로운 양지 마당에서 소꿉장난, 구슬치기, 자치기, 팽이치기 놀이를 하면서 놀았다. 그때는 엄동설한이 지금보다 심했다. 밤새 눈이 내리는 날이 많았다.

그런 날마다 아버지는 동이 트기 전에 싸리비를 들고 집 앞 골목으로 나가 혹시 자식들이 눈길에 미끄러질까봐 맨 먼저 눈부터 치우셨다. 아버지는 한겨울에도 양말과 장갑도 없이 사셨다.

건너편 사랑채가 눈에 들어왔다. 저 사랑채에서 오래 기거했던 경험이 있다. 따로 떨어진 방이라 사생활이 보장되었지만, 겨울엔 어떻게 외풍이 셌던지……. 창호지를 사서 도배를 했던 기억이 떠오른다.

부엌을 들여다보았다. 벽 시렁 위에 먼지를 둘러쓴 양은그릇 몇 개와 냄비 하나가 뒹굴고 있었다. 물 항아리는 건재했다. 수도시설이 없었던 그 시절, 어머니는 새벽에 일찍 일어나 물동이를 이고 도랑 건너 우물가로 가셨다. 시린 손으로 차가운 물을 퍼 올려 동이에 가득 채우시고 빙판길을 조심조심 내디디시면서 부엌의 물 항아리를 채우셨다.

우리 세대에게는 이렇게 고향과 고향 집이 있었다. 하지만 지금의 젊은 세대들에게 고향이라는 단어가 어떤 말로 다가올지 궁금하다. 잊혀가는 단어가 될까 염려된다. 나의 자식 세대는 고향 집이 존재하지 않는 것 같다. 지금 거주하는 곳은 항상 임시 거쳐 가는 곳으로 생각한다. 열심히 돈을 벌어서 더 좋은 곳으로 이사해야겠다고 계획을 세우기 마련이다. 고향을 그리워하고 고향이라는 이름을 들먹일 수 있는 마지막 세대가 지금의 내가 아닐까?

나이가 들어가면서 고향 생각 빈도가 높아졌다. 아직도 고향이란 끈을 놓지 못하는 내게는 시골의 부모님 터전이 더없이 정겹고 소중하다. 지금 사는 집이 훨씬 살기 좋고 문화시설이 갖춰진 좋은 집이지만, 누추한 시골집에 더 애착이 간다. 오늘따라 「고향초」란 노래를 듣고 싶다. 고향 집과 돌아가신 부모님이 애틋하게 그리워진다.

(2014. 1. 30.)

놀랍고 끈질긴 생명의 힘

삶은 놀라움이고 신비다. 세상을 유심히 들여다보면 생명의 신비를 만날 수 있다. 험난한 환경 속에서도 포기하지 않고 살아가는 끈질긴 생명의 신비를 만날 때마다 그저 놀라울 따름이다.

지난달 셋째 주 목요일, 정읍시 문화유적답사모임에 처음으로 참가하여 고창군 일원을 답사했다. 먼저 답성놀이가 전래하여 오는 고창읍성에 도착하여 군 공보실 직원의 안내로 동헌, 객사, 내아 등을 둘러보았다. 숲길을 내려오던 중 수령 육백여 년으로 추정되는 소나무 한 그루를 만났다. 소나무는 살아서 천 년, 죽어서도 천 년이라더니 장중하게 버티고 서있는 위용을 보고 일행 모두 감탄사를 쏟아냈다. 비, 바람, 눈, 서리를 맞으며 오랜 인고의 세월을 견뎌 온 생명의 끈질김을 엿볼 수 있었다.

이어서 어느 곳에서도 볼 수 없는 수백 년 된 아기단풍들이 즐비한 문수사 숲을 탐방하였다. 길가의 한 단풍나무는 속이 텅 비고 껍질 부분만 남았는데도 새로운 가지를 만들어 자라고 있었다. 비어도 가득하고 가득하여도 텅 빈 듯 희한했다. 마지막 생명의 의지를 불태우는 듯했다. 생명의 내부에서 분출되는 힘에 의지하여 끝까지 새로운 자기를 형성하고자 애쓰는 모습이 경이로웠다.

놀라움은 끝나지 않았다. 점심을 마친 후 무장읍성을 찾아갔다. 이 성은 조선 태종 17년(1417) 축조했는데, 1894년 일어났던 동학농민혁명 때 처음 봉기했던 역사의 현장이기도 하다. 옛 모양대로 복원공사를 하느라 객사 옆 땅을 파 연못을 조성했는데 기이하게도 누가 심지도 않았는데 연꽃 씨가 발아했다는 해설사의 말에 귀가 쫑긋해졌다.

방사성 탄소 측정법으로 알아본 결과 400여 년 전의 연꽃 씨라는 것이 밝혀졌는데 이는 매우 드문 사례라고 했다. 오랜 세월 땅속에 묻힌 체 생명력을 유지하면서 상식을 벗어나는 시간여행을 했다는 사실이 믿기지 않았다. 자연의 생명력이란 인간에 비교할 바가 아닌 것 같았다.

고창읍 석정리에서도 생명의 신비를 만날 수 있었다. 게르마늄 온천에서 목욕한 후 바람을 쐬다가 우연히 보호수로 지정받은 은행나무를 발견했다. 둘레가 4m이고 400년이 넘은 거대한 은행나무였다. 스마트 폰으로 사진을 찍었다. 은행나무 밑동 가지 틈에서 빨간 열매를 주렁주렁 매달고 있는 떨기나무가 눈에 띄었다. 도저히 살 수 없는 조건이었다. 어느 모로 보아도 얹혀살 수 없는 조악한 환경임에도 불구하고 악착같이 뿌리를 내리는 생명력을 보고 감동하지 않을 수 없었다. 그 더부살이 떨기나무의 생명의 끈질김은 도대체 어떤 것일까. 그리고 나의 인생을 다시 한 번 더 생각해 보았다.

내 삶은 어떠했는가? 조금만 지쳐도 포기하고 망각하고 도전해 보지 않으며 양지 양토壤土만 찾고 찾아 헤매며 살아오지 않았는가? 용기를 가지고 도전해 보지 않았던 지난 세월이 부끄러웠다.

우리의 위대한 생명력은 무한한 잠재능력 속에 있다. 이 능력은 나름대로 갖추고 있어 기계처럼 평준화할 수는 없다. 비전(vision)을 갖게 하는 근원이 여기에 있다. 우리는 발전의 연속 선상에 있는 존재다. 자기 한계를 규정하지 않는 한 발전의 여지는 있는 법이다.

선수의 실력이 잠재능력만큼 잘 성장해주어, 대활약을 펼치면 잠재성이 폭발했다는 의미로, '포텐이 터졌다'고 한다. 놀랍고 끈질긴 여러 생명을 자연에서 만나보고 힘을 얻었다. 나의 '포텐'이 터질 날은 언제일까.

(2014. 2 .16.)

버리지 못하는 것들

"아버지, 새 신발 좀 사서 신으세요." 낡은 랜드로바 구두를 신고 다니는 걸 본 큰딸이 상품권을 주며 한 말이다. 그러나 아직 새 신발을 살 생각이 없다. 제구실을 다 했으니 퇴역시킬 만하지만, 그동안 친숙해진 정을 버릴 수가 없었다. 아직 예비역으로 대기하고 있는 해진 운동화, 등산화, 구두들이 수두룩하다.

내게는 버리지 못하고 차곡차곡 모아두는 묘한 버릇이 있다. 올챙이배 같은 지갑엔 세월 지난 영수증, 명함, 카드로 늘 불룩하다. 방에는 온갖 잡동사니들이 널브러져 있다. 잘 치울 줄을 모른다. 책상도 잡다한 물건들로 가득하다. 보고 있노라면 정신이 산란하다. 어쩌다 한 번씩 치우지만, 금방 난잡해지고 만다. 서랍을 열어 보면 오래된 필기도구, 메모지, 열쇠, 영수증, 노끈, 편지, 사진, 봉투, 휴지 나부랭이 등 그동안 버리지 못한 온갖 잡동사니들로 가득하다.

한편 생각해보면 구닥다리를 모아 놓고 산다고 부자가 되는 것은 아니다. 정신적으로 여유로워지는 것도 아니다. 깔끔함은 버리는 데서 오는데, 넘쳐나는 잡동사니와 함께 지내는 나를 보면 더러 한심하다는 생각이 들 때가 있다. 그래서 그런지 아내는 '새것이 좋다.'는 주장을 굽히지 않는다. 집안 곳곳이 버려야 할 것들로 가득 차서 가슴이 답답하다고 하소연한다. 거치적거리는 수집물들이 발길에 차일 때마다 제발 버릴 것은 버리고 깔끔하게 살자고 호소한다. 그러나 나는 "미안하다. 하지만 이건 나의 작은 박물관이다. 허름한 상자 속에서 할아버지의 유고집을 찾은 적도 있다. 하찮게 보일지 몰라도 내겐 의미 깊은 것들이고, 소중한 물건들이다."고 말하며 이해를 구한다.

옛 물건들이 어느 순간 그리워질 때가 있다. 갑자기 어릴 적 사용했던 물건들이 생각난다. 군용 천막으로 만들어진 책가방이 추억의 1호 보물이다. 장롱을 열어 보니 중학교 시절 들고 다녔던 헌 책가방 속에 일기와 학습장이 보관되어 있었다. 다른 가방을 열어 보니 고등학교, 대학 시절의 사진, 일기, 편지 뭉치들이 가득 들어 있다. 뒤적뒤적 살펴보니 당시의 꿈 많았던 청소년 시절이 파노라마처럼 펼쳐진다. 옛 물건들은 현재의 나와 과거의 나를 연결해주는 징검다리다. 적어도 내겐 모두 뜻깊고 소중한 기념물이요 삶의 자취라고 아니 할 수 없다.

그런데 어느 날 나의 못 버리는 버릇도 좌절을 맛보아야 했다. 1980년대 어느 해에 게릴라식 폭우로 저수지가 무너져 살림집에 물이 드는 바람에 책이 많이 젖어 버렸다. 한 권씩 걸레로 닦아서 책장에 꽂기를 몇 날을 했지만 결국은 어쩔 수 없이 절반 이상을 버려야 했다. 이사를 할 때마다 버려진 살림살이도 많았다. 후닥닥후닥닥 막바지 짐 싸기에 이르면 번거로움이 변수가 되어 가구와 집기들이 이삿짐에 포함되기도 하고 버려지기도 했다. 몇 차례 이사하면서 묵은 세간들을 몇 트럭이나 버렸다. 이처럼 어느 것을 소유하거나 버리는 행위는 삶의 과정에서 스쳐 가는 한 찰나에 지나지 않는다. 지금 어떤 것을 가지고 있는 듯이 보여도, 사실상 영원히 가질 수 있는 것이 아니다.

그동안 나는 물건을 잘 버리지 못하는 버릇에 물들어 지내 왔다. 한 번 관계를 맺으면 미련을 못 버리는 성미 탓이다. 아무래도 버려야 할 것과 버리지 말아야 할 것을 걸러내는 거름망을 만들어야 할 시점에 이른 것 같다. 땡전 한 푼도 가져갈 수 없는 인생 아닌가? 버릴수록 더 많이 가질 수 있음이 버림의 묘미인 성싶다. 하지만 물질에 대한 지나친 애착은 버릴지언정 꿈에 대한 열정, 선한 의지, 균형 잡힌 가치관은 절대 버리지 말아야겠다고 다짐해본다.

(2014. 2. 22.)

속 깊은 자식 사랑

지난주 화요일 S 선배로부터 점심을 같이하자는 연락을 받고 영문도 모른 채 약속한 음식점으로 갔다. 처음 보는 사람들이 현관에서 반갑게 맞아주었다. 알고 보니 15년 전, 미국에 이민 갔던 S 선배의 아들과 며느리, 예쁜 두 손녀였다. 애초 아들은 성대한 팔순 잔치를 하려고 했지만 초청받은 사람들이 부담감을 느낄 것 같아 가볍게 점심 한 끼를 대접하자는 데 의견을 모으고 가까운 친지들만 초대했다는 것이다.

50여 명의 손님이 한참 음식을 맛있게 먹고 있는데 정작 주인공인 팔순의 S 선배는 밥상 구경만 하고 있었다. 어찌하여 같이 먹지 않느냐고 물으니 먹는 것만 봐도 배가 부르다며 흐뭇한 표정을 지었다. 사랑하는 사람들이 맛있게 먹는 걸 지켜보면 그렇게 기분이 좋아지는지 예전엔 미처 몰랐다. 수저를 내려놓고 물끄러미 바라보고 있자니 S 선배의 얼굴에 어머니의 모습이 겹쳐져 떠올랐다.

수맥처럼 자식들을 향하여 흐르는 어머니의 사랑은 오랜 인류 역사를 이어 온 생명의 물줄기다. 가족끼리 흐르는 사랑의 물줄기는 끊을 수 없는 인륜이요 천륜이다. 일주일 후 삼락회 사무실에서 S 선배를 다시 만났다. 이틀 전 아들과 며느리, 손녀들은 모두 미국으로 돌아갔다고 하시기에 허전하지 않았냐고 물어보았다. 떠난 이튿날 아침에는 갑자기 주위가 텅 빈 것 같고 손녀들이 눈에 밟혀 한동안 마음의 갈피를 잡을 수 없었다고 한다. 그러나 한참 생각하다가 이내 "그립지만 외롭지는 않다. 외로우면 바보지."라고 말을 바꾸셨다. 의아스러운 표정으로 연유를 물어보니 아들이 미국에 도착한 지 이틀 만에 네 번이나 전화가 왔다고 한다. 언제나 변함없이 일주일이면 네댓 번씩 안부 전화를 걸어오니 바로 옆에 사는 것처럼 든든하단다. '통화료도 만만치 않을 텐데 설마 그렇게 많이?' 의아스러운 표정을 지으니 금방 눈치를 채고 사실이라고 정색을 한다. 그러잖아도 국제 전화라서 요금이 많이 나올까 봐 전화 좀 작작하라고 권고할 때마다

"엄마 목소리 들을 수 있어 얼마나 감사하고 행복한 일인지 몰라요. 전화 좀 하기로 무슨 대수겠어요? 별거 아니니 염려하지 마세요."

끝내 받아들이지 않고 때로는 한밤중에 시간 가는 줄 모르고 웃고 떠들다 옆에서 단잠 자는 의자매가 깜짝깜짝 놀라 일어나기 일쑤였다고 한다. 참으로 유별난 모자지정母子之情이다.

S 선배의 아들 자랑은 멈추지 않았다. 미국에서 3년간 같이 지낼 적에는 아들이 매일 지극 정성으로 온몸 안마를 해주었다고 한다. 저녁을 먹고 쉬다가 침실로 들어가기 전에 반드시 엄마 방에 들러 하루 일을 고하고 손으로 몸을 두드리거나 주물러 피로를 풀어주었다는 것이다.

지구의 반대쪽에서 홀로 떨어져 살고 있으면서도 항상 사랑의 끈으로 연결된 S 선배가 존경스럽다. 그동안 아들네 뒷바라지를 하면서 집도 줄이고, 차도 사지 않고, 체면도 버렸다고 한다. 가벼운 배낭여행처럼 홀가분하게 살아가는 S 선배의 모습을 보고 채움보다는

비움이 삶의 질을 결정한다는 가르침을 배웠다. 한 엄마의 자부심 만끽을 엿보았다.

함께 살아가는 세상에서 가족과 더불어 자신을 잘 조율해가는 여자, 어떤 상황에서도 그 속에 숨겨진 긍정적인 측면을 찾아 자기 것으로 삼을 줄 아는 여자, 그리고 볼 때마다 밝고 명랑해서 좋은 에너지를 전달하며 주위 사람들의 기분까지 좋아지게 하는 여자가 바로 S 선배다. S 선배는 보기만 해도 즐겁고 행복하다.

(2014. 2. 22.)

발밑에서 만난 봄

봄이 시동을 거는 3월이다. 허울만 남은 겨울의 추위가 엊그제를 고비로 슬며시 꼬리를 감추는 듯했다. 화요일 오전 몸살리기운동 회원들과 같이 모처럼 정읍 천변 산책길을 걸었다. 마주치는 사람들이 풍기는 분위기가 달라졌다. 봄을 쳐다보며 오가는 사람들이 부쩍 늘었고, 발걸음도 한층 가벼워졌다. 길섶 벚나무 가장귀마다 꽃망울이 제법 도드라져 보였다. 길가의 시냇물은 소풍 나온 아이들처럼 쉴 새 없이 지절대며 흐르고 있었다.

두렁길로 올라서니 어느새 땅속을 헤치고 올라온 쑥, 냉이, 돌나물이 봄소식을 전할 채비를 서두르고 있었다. 내 마음에도 이미 봄이 와 있었다. 두리번거리다가 발밑을 바라보니 새파란 풀이 돋아나고 있지 않은가. 겨우내 차디찬 땅에서 잘도 이겨낸 이름 모를 풀이 가장 먼저 봄을 알리는 전령사였다.

그러나 미리부터 와 있는 봄은 뜻밖에도 따로 있었다. 풀이나 나무를 찾기에 앞서 몇 걸음 먼저 땅을 찾아왔다. 그것은 돋아나는 새싹처럼 풋풋하지도 않았다. 꽃처럼 화려하지도 않고, 색깔도 향기도 없었다. 좀처럼 거들떠보지 않았던 그것은, 바로 발밑의 땅이었다.

발밑에서 느껴지는 생기 있는 촉감에 그곳을 유심히 들여다보았다.

흙은 마치 깨어있는 듯했으며, 그 모습이 며칠 전의 그것과는 완연히 달랐다. 푸석거리거나 질척거림도 없이 생명력조차 느껴졌다. 겨우내 숨을 죽이고 있던 땅이 거대한 호흡을 시작한 듯 보였다. 땅은 이제 비축한 힘으로 풀을 돋게 하고, 꽃과 잎을 피게 할 것이다. 마치 어머니처럼…….

잘 들여다보면 어차피 봄의 전령들은 일사불란하지는 않았다. 먼저 오는 것도 있고 느지막하게 나타나는 것도 있다. 마치 유치원 아이들의 달음질처럼 출발도 진행도 들쭉날쭉했다. 길가에는 해마다 5월이 오면 노란 꽃물결을 이룰 금계국이 봄의 출발선을 벗어나 파릇파릇 움을 틔우고 있었다. 길옆 논을 보니 독새풀이 동장군을 이기고 독야청청 의지를 다지고 있었다. 여기저기 밭을 들여다보니 봄나물의 선두 주자 쑥, 냉이, 돌나물이 한몫 끼워 달라고 땅속을 헤치고 나와 소리치고 있었다. 부지런한 아낙의 손에 이끌려 밥상 위에 오를 준비한 지 꽤 오래되었으리라.

산책길을 걷다가 보도블록이 촘촘하게 깔린 쉼터로 내려갔다. 바닥을 자세히 살펴보니 깔린 보도블록 틈바구니에서 무수한 풀씨가 싹을 틔우며 치열한 자리다툼을 하고 있었다. 예전엔 알지 못했던 풀들의 생존경쟁을 볼 수 있었다.

태어나고 자라고 이루고 갈무리하여 돌아가는 인간의 삶 같이 풀 한 포기에도 같은 사이클이 돌아감을 알게 되었다. 모든 생명은 태어나는 시기와 조건을 골라잡을 수 없다. 어느 때 어느 환경에서 태어날 것인가를 선택할 수 없는 건 모든 동식물이 마찬가지다. 이것은 숙명이다.

다시 길을 걸으며 발밑을 유심히 살펴보다가 온통 길을 차지하고 청보랏빛 환호를 하는 봄까치꽃들을 만났다. 언뜻 보면 눈에 띄지 않을 정도로 작고 앙증맞은 꽃이지만 이들 역시 이른 봄의 선두 주자로서 전혀 손색이 없다. 긴 겨울의 시련을 견뎌낸 녀석들의 강인한 생명력은 갈채를 받아 마땅했다.

아직 무채색인 이른 봄, 나는 산책길 아주 가까운 발밑에서 봄을 만났다. 봄의 신호는 먼 곳도 높은 곳도 아닌, 가장 가깝고 낮은 땅으로부터 먼저 오고 있었다. 여기저기 땅속에서 새 생명들이 부지런히 올라오고 있었다. 이제 곧 사람들은 땅을 밀고 나오는 새싹을 보고, 피어나는 꽃을 보고, 날아다니는 벌나비를 보며 봄을 만끽할 것이다. 정녕 봄은 왔다. 바로 우리네 발밑가까이 있음을 보았다. 그래서 행복도 가까이에서 찾으라고 했던가?

(2014. 3. 6.)

믿고 의지하는 삶의 끈

혼자 살기에 편해진 요즈음, 결혼은 필수가 아닌 선택이라는 인식이 빠르게 번지고 있다. 동시에 이혼율이 높아지고 그만큼 재혼 가정이 늘고 있다. 이러한 세태 변화는 고스란히 드라마거리가 된다. 며칠 전부터 아내와 함께 KBS-1TV 저녁 일일드라마 「사랑은 노래를 타고」를 시청하였다.

"그래, 나 두 번 이혼했어! 근데 이혼한 게 무슨 죄야?"

두 번의 결혼 실패 이후 찾아온 새로운 사랑에 가슴 설레는 철없는 이혼녀 '공정자'에게 어느 날 한 남자가 다가왔다.

"내 이상형의 여자는 없어. 근데 난 혼자 살아도 충분해."

국어 선생님이요 공정자의 아들 성훈의 담임선생님인 '구세준'이 바로 그 남자다. 둘은 만나자마자 곧 불같은 사랑에 빠져든다. 시간이 갈수록 서로에 대한 마음은 확실하지만, 현실적인 상황들 때문에 가슴 아파한다. 드라마를 보다가 심사가 뒤틀렸는지 아내가 찜부럭한 얼굴로 불만을 쏟아냈다.

"두 번이나 이혼한 주제에 감히 아들의 담임인 총각 선생님을 마음에 품다니, 과연 가당키나 한가? 그리고 남자들은 왜 그런 얼토당토않은 사랑에 빠지는지 모르겠네."

"눈치코치도 없는 게 사랑이야. 그럴 수도 있지 왜 그래?"

말대꾸하며 아내를 살피다가 흠칫 놀랐다. 분노로 일그러진 눈과 마주친 것이다.

"당신도 주책바가지야. 줏대도 없는 주제에……."

뜻하지 않은 노여움의 화살이 내게로 날아왔다. 그동안 저질렀던 나의 잘못이 하나씩 도마에 올려졌다. 젊은 시절 친절한 술집 아가씨들을 가까이했던 일, 근거 없는 염문에 휘말렸던 일, 반 어머니회 학부형의 빚보증을 섰다가 왕창 뒤집어쓴 일 등…….

드라마는 드라마일 뿐인데 아내의 심중을 헤아리지 못하고 대답한 죗값치고는, 유난히 가혹한 아내의 공박에 변명할 말을 잊었다.

언젠가 모르는 여자가 며칠 동안 계속 우리 집으로 전화를 걸어 나를 찾았다. 아내가 받으면 아무 말 없이 끊기를 여러 번, 의혹은 자꾸 커졌다. 결국, 내가 전화를 받았다. 친구의 소개로 한 번 인사한 적이 있는 여인이었다. 해명했으나 아내는 의구심을 버리지 않았다. 그 여인과 약속된 장소로 나가려고 하니 아내도 따라나서다 말고

"그래 당신을 믿을게. 자기 신세 알아서 하겠지."

하고 이내 자세를 바꿨다. 처지를 바꾸어 생각해보면 쉽지 않은 일이었다. 그때 아내와 나 사이에 보이지 않는 믿음의 끈이 연결 지어져 있음을 느꼈다. 내면적이고 무의식적인 깊은 감정과 도저히 설명할 길 없는 한줄기 신뢰의 끈을 처음으로 깨달았다. 40여 년의 세월을 한결같은 신의로 고락을 같이해온 근본적 끈이 바로 믿음이었다.

우리는 삶 속에서 다양한 상황을 맞닥뜨리게 되고 그 속에서 심리는 복잡하게 작동한다. 지난 주말 문화답사모임에서 관광버스로 '가우도' 섬마을 탐방을 하고 왔다. 옆에 앉은 벗에게 우리의 목숨을 운

전기사에게 맡기고 가는 것 같다고 했더니 가볍게 고개를 끄덕였다.

이처럼 경우에 따라선 목숨까지 남에게 의뢰하고 사는 것이 인생인지 모른다. 어찌되었든 사람은 서로 믿고 의지하며 살 수밖에 없는 존재인 성싶다. 잠깐 왔다 가는 삶이지만 영원한 세계를 소망하며 더불어 신뢰의 끈을 붙들고 함께 걷는 삶 그것이 바로 인생이 아닐까 생각해본다.

(2014. 3. 13.)

화롯가의 추억

아직 이른 봄이다. 연이틀 비가 내리더니 뒤뜰의 산수유가 일제히 노란 꽃망울을 터트리며 봄을 반기고 있으나 꽃샘추위는 품속으로 파고든다. 잇따른 바깥나들이를 하며 싸늘한 바람을 쐬다 보니 몸이 으슬으슬 춥다. "삼복더위에도 화롯불을 쬐다 말면 서운하다."는 속담처럼 한더위에도 화롯불을 떠나기 싫어하거늘, 오늘처럼 으스스 몸살감기 기운이 있는 날에는 따뜻한 온돌방의 화롯불이 그리워지기 마련이다. 겨울바람을 겪고도 봄바람 보고 춥다고 하는 것 같아 어이없는 웃음이 피식 새어 나왔다.

쿨룩쿨룩 기침이 계속 나와 밤새 잠을 설쳤다. 아무래도 몸살감기가 도진 것 같아 종합병원을 찾았다. 진료대기실이 유난히 포근하여 살펴보니 대형 온풍기가 가동되고 있었다. 그 앞에서 간호사 두 사람이 한담을 나누고 있었다. 문득 화롯불 같다는 생각이 들었다. 어릴 적 화롯불을 쬐던 아련한 추억이 되살아났다.

그 시절에는 어느 집에 가든지 화로 없는 집이 없었다. 또 화로에 얽힌 인정이 반드시 있게 마련이었다. 눈보라가 휘날리는 추운 겨울날, 나그네가 어느 외딴 오두막집 사립문을 밀치고 들어서면, 주인은 손님을 맞이하여 아랫목에 앉기를 권하는 것이 우리네 인정이었다.

불을 담아 다독거려 두었던 화롯불을 부삽으로 헤쳐 주면서 언 손을 쬐라고 권하면 이는 최상의 대접이었다.

이처럼 화로는 우리네 선조의 순박한 인정이 담겨 있으며, 가장 한국적인 지혜가 담긴 전통 생활 도구였다. 질화로도 좋고 쇠화로라도 좋았다. 어느 것이든 반지르르한 그 화로를 보면 아늑한 전통의 맛을 느낀다. 화롯불을 쬐며 할머니의 옛날얘기를 듣고, 화로에서 구운 군밤을 호호 불며 먹던 어린 시절의 추억을 가졌다면 그게 바로 정겨운 고향 맛이리라. 더구나 노변爐邊의 정담은 얼마나 구수하고 따사로웠던지…….

화로 주위에 둘러앉으면 자연스럽게 정담이 오갔다. 그 당시 나는 화롯가에서 들었던 『심청전』, 『춘향전』, 『콩쥐팥쥐전』, 『장화홍련전』 같은 옛이야기를 통하여 선과 악을 구분하는 법을 배울 수 있었다. 특히 어머니에게 들었던 여러 가지 소금장수 이야기는 50년이 지난 지금도 이따금 추억의 빛에 싸여 되살아날 때가 있다.

그뿐만 아니라 부지런했던 우리 어머니는 밤늦게까지 빨간 화롯불을 지피고 엽렵하게 인두로 동정 깃을 다리셨다. 인두가 너무 뜨겁지 않은가 코끝 가까이 대보며 느끼는 열의 감각이나 그 모습은 아무나 흉내 내지 못했다.

또한, 화롯불에 빙 둘러앉아 구워먹던 인절미나 찹쌀떡도 별미였다. 화로 속에서 이따금 군밤이 툭 나와 놀랍고 반가웠던 추억도 새롭다. 고구마를 화롯불에 구워 먹던 그 맛도 결코 잊을 수 없다. 눈이 온 세상을 하얗게 만들 때는 군고구마의 맛은 더 좋다. 환한 가로등 불빛 아래서 파는 군고구마 맛이나 멋과는 비교되지 않는다. 군고구마에 대한 추억은 지금도 나에겐 단연 첫손가락에 꼽히는 추억

거리다.

다가오는 겨울, 눈이라도 내릴 것 같은 밤이 오면 화롯불을 피워 놓고 술을 따끈히 데워 사랑하는 아내와 오붓이 한 잔 마셔야겠다. 화롯가의 그윽한 정조情調와 조용한 기분이며 눈이 내리는 밤에 다른 내방자가 없으라는 믿음이 서로의 마음을 가라앉게 할 것 같다.

화롯가의 이야기는 이웃을 더욱 정겹게 하지만 가족 관계를 원만하게 하는 역할도 했다. 더운 바람이 나오고 따뜻하게 해주는 요즘의 쾌적한 난방 기구에도 정이 담긴 따사로움이 곁들었으면 좋겠다. 그런 아쉬움은 지나친 욕심일까.

(2014. 3. 21.)

꽃을 보고 아름다운 인생을 생각하노라니

아파트 앞마당의 수선화가 샛노란 자태로 물감을 뿌려 놓은 듯 눈이 부시다. 일찌감치 봄을 맞은 산수유도 화사하게 웃고 있다. 모처럼 여행 가는 마음이 즐겁고 발걸음도 가벼워지는 것 같다. 지난 주말, 철 따라 여행을 즐기는 모임에 끼어 국내 최대 규모를 자랑하는 충남 아산시 '세계 꽃 식물원'을 찾았다.

입구에서부터 튤립의 꽃물결이 일렁이고 있었다. 도시 생활에 지친 영혼들이 황홀한 유혹에 빠져들 만해 보였다. 28,000㎡의 유리온실로 연중 20가지 테마정원과 3,000종의 식물을 감상할 수 있다고 한다.

먼저 꽃이 피는 정원에 들어서니 이국적인 꽃들이 향연을 벌이고 있었다. 흐드러진 꽃향기에 취해 걸음걸이가 느릿느릿해졌다. 공기정화 식물들이 가득한 에코정원을 지나 열대 우림이 우거진 지하정원에 들어서니 별유천지에 이른 듯했다. 이어서 이국적인 각종 선인장과 건조지대의 식물이 널려 있는 사막정원에 들어서니 계절의 감각이 무디어졌다. 홀딱 반한 채 화려한 꽃 터널을 지나 멋모르고 피톤치드의 향이 나는 미로정원에 들어갔다가 한참 길을 헤맸다. 계절별로 꾸며진 테마정원에서는 눈부신 꽃잎들의 날갯짓에 넋을 빼앗겨 일행을 놓칠 뻔했다. 허브 향이 그윽한 향기정원에서는 머리가 개운해졌다. 꽃들에 푹 빠져 있다가 밖으로 나왔다.

이곳 식물원에서는 꽃과 사람의 물결이 어우러져 모든 정경이 한 송이 꽃처럼 보였다. 문득 꽃과 인생이 닮았다는 생각이 떠올랐다. 모두 아름다운 점을 갖고 있다. 꽃에 향기가 있듯 사람에게는 향기로운 마음이 있다. 잘난 구석 없어도 가진 게 많진 않아도 아름다운 미소를 지으며 넉넉한 마음으로 서로에게 향기로운 인생의 꽃이 될 수 있다. 한 송이 한 송이 꽃이 모여 꽃밭을 이루듯, 한 사람 한 사람의 인생이 모여서 아름다운 사회를 이룬다.

그런데 쾌적한 환경에서 꽃 축제를 벌이고 있는 인공식물원의 이국적 모습과 달리 집으로 돌아오는 길 차창 밖으로 간혹 내다보이는 시골집의 노란 산수유 꽃이 더 정감이 가고 포근해 보이는 것은 웬 일일까?

여행을 다녀온 이틀 뒤 아내와 시골 고향 집에 갔다. 앞동산을 보니 이제 막 피어나고 있는 연분홍 진달래가 반가웠다. 개나리꽃도 봄 동산을 노랗게 수놓고 있었다. 울 안팎에서 피어나기 시작한 매화 향기는 따사로운 햇살과 버무려져 향긋했다. 목련화의 하얀 꽃봉오리가 내일모레면 터질 것 같다. 골목길 담장 밑에는 풀꽃들이 기지개를 켜며 홍겨운 재롱을 펼치고 있다. 남몰래 태어나 묵묵히 세월에 묻히는 소박한 꽃들을 보니 며칠 전 '세계 꽃 식물원'으로 봄나들이를 갔을 때보다 더 애착이 갔다.

산과 들에 그냥 피는 꽃은 화려한 온실의 꽃과 다르다. 크고 작은 상처를 안고 피고, 비바람과 태풍, 찌는 무더위와 모진 추위를 인내하며 병해충을 이기고 피어난다. 사람도 마찬가지다. 냉엄한 현실을 살다 보면 크고 작은 상처를 입기 마련이다. 오래 참고 끝까지 견디는 인내심을 통하여 삶의 꽃을 피운다. 슬픔과 기쁨이 섞여 인생의 꽃이 피어난다. 그래서 꽃보다는 아름다운 것이 사람이라 하지 않던가?

한편 생각해보면 사람이 아무리 아름다운 옷을 만들어도 꽃의 아름다움에는 미치지 못한다. 성서의 '백합화를 생각하여 보라. 실도 만들지 않고 짜지도 아니하느니라. 그러나 내가 너희에게 말하노니 솔로몬의 모든 영광으로도 입은 것이 이 꽃 하나만큼 훌륭하지 못하였느니라.'라는 말을 연상해본다. 솔로몬처럼 영화로운 인생을 사는 것도 좋겠지만, 한 송이 백합화처럼 순결한 인생을 살고 싶은 마음이 더 생기는 날이다.

(2014. 3. 27.)

제6부

용서로 얻는 마음의 평화

다정한 친구와 봄기운이 가득 휘감고 도는 내장산 산책로를 걷다가 우연히 한 글귀를 만났다.

"나를 욕했다. 나를 때렸다. 나를 이겼다. 내 것을 훔쳤다. 이러한 생각을 품은 이에겐 원한이 가라앉지 않으리라."

담아 둘만한 법구경이었다. 이 말은 인생을 매 순간 어떠한 마음의 자세로 살아야 할 것인가 성찰해볼 수 있는 실마리로 삼을 만했다.

살다 보니 어떤 사람이 제일 밉더냐고 친구에게 물었다. 뱀의 혀끝처럼 간교하게 이간질 잘하는 사람이 미워도 징그럽게 밉더라고 대답했다. 그 말끝에 나는 오기를 잘 부리는 사람이 밉게 보이더라고 말했다. 이야기는 자연스럽게 미운 사람 용서하는 말거리로 번졌다.

친구는 성자聖者가 아닌 이상 남을 용서하고 사랑하는 일이 얼마나 힘들고 어려운 일인지 모른다고 고백하면서 하찮은 일에 불끈하는 못된 성질로 말미암아 다투는 일이 많았던 과거를 털어놓았다. 내 과거를 들춰 보아도 급한 성격 때문에 실수로 다른 사람에게 피해를 주는 경우가 빈번했다. 그럴 때마다 대개 나는 용서를 빌었고 용서를 받고 싶어 했다. 그럼에도 불구하고 내게는 용서받지 못한 허물이 꽤 있는 것 같다.

얼마 전, 20여 년 넘게 우의를 다져왔던 지인과 만났을 때의 일이다. 반갑게 이야기보따리를 풀고 있는데 뜻밖에 18년 전 허물을 꺼내며 원망했다. 저지른 잘못은 그 어떤 이유로도 변명할 수 없다고 생각하고 다시 한번 사과했다. 하지만 까마득하게 잊었던 일로 원망을 듣고 보니 뒤통수를 맞는 기분이 들었다. 그동안 쌓았던 다정함이 와르르 무너지는 걸 막을 수 없었다.

용서는 감정의 문제인 것 같다. 내 잘못을 알면서도 사죄하지 못한 데는 감정 대립이 가장 컸다. 화와 분노, 아픔을 경험하고 상처를 입고 나면 불끈불끈 올라오는 감정들을 내려놓기가 쉽지 않았다. 이제는 정리하고 화해하고 용서하자고 다짐할지라도 감정은 손바닥 뒤집듯 쉽게 바뀌는 것은 아니다.

링컨 대통령은 자신만의 방법으로 분노와 증오를 극복했다고 한다. 자기의 명령에 불복종하는 장관들 때문에 좌절과 분노를 느끼면 그 사람들 앞으로 온갖 욕설과 비난을 퍼붓는 편지를 쓰곤 했다. 그리고는 편지를 부치기 직전에 갈기갈기 찢어 쓰레기통에 버림으로써 자신을 괴롭히는 부정적인 감정을 털어 냈다고 한다.

돌이켜보면 나의 경우 대개 시간의 흐름에 따라 가슴 속에 맺혔던 응어리가 풀어졌다. 마음속에 남아 있는 앙금도 풀렸다. 하지만 세월에 의지하기엔 너무 깊은 상처도 있다. 이런 상태에서는 상처를 준 그 사람을 위한 용서라면 어려울지도 모른다. 하지만 나 자신을 위한 용서로 인해 마음의 평화를 찾아갈 수 있다면 용서는 현명한 선택이 될 수 있을 것 같다.

남을 미워하면 할수록 스트레스가 쌓이고 오래가면 심장병, 위궤양, 고혈압, 불면증, 신경증, 우울증 등의 심리적 증상이 나타난다고 한다. 어쨌든 미워하는 마음이 계속 올라오면 결국 지치는 것은 본인이다. 그러므로 사람을 미워하는 괴로움에서 벗어나려면 억지라도 용서해야 한다. 용서하지 않는 핑계가 무엇이든지 그저 자신만 아플 뿐이다. 이것이 곧 상심이다.

아무래도 용서란 평생 실천해야 할 화두話頭인 성싶다. "우리가 우리에게 죄 지은 자를 사하여 준 것 같이 우리 죄를 사하여 주시옵고……."라는 기도가 떠오른다. 빚진 자를 탕감하여 주고 진 빚도 탕감을 받듯, 용서하고 용서받으며 살아가야겠다.

(2014. 4. 3.)

장독대에서 만난 어머니의 마음

연둣빛 햇빛이 찬란한 4월, 어머니의 마음이 가득 담겨있는 고향집을 찾아가 보았다. 뒤꼍으로 가니 소담스러운 장독대에는 크고 작은 단지들이 옹기종기 모여 있었다. 마치 아기 단지와 엄마 단지들이 올망졸망 모여앉아 가족회의를 하는 듯 보였다. 지난날 어머니는 아마 날마다 이 장독에 들락거리며 간장, 된장, 고추장을 비롯하여 젓갈, 장아찌에 이르기까지 옮겨다 우리 가족의 입맛을 돋우는 반찬을 장만하셨으리라.

장독에는 간장만 들어있지 않았다. 늘 어머니가 있었고 맛이 있었다. 특히 장맛은 햇볕과 눈비, 이슬과 바람을 잘 다스려야 살아났다. 메주가 둥둥 떠 있는 간장독. 메주 주위에 약간의 빨간 고추와 숯을 띄우는 건 잡균을 제거하려는 목적이었다. 그리고 간장, 고추장, 된장에 가끔 햇볕을 쪼여야 곰팡이가 피지 않고, 구더기도 생기지 않는다고 했다. 칠팔월 뙤약볕이 뜨면 어머니는 장독들의 뚜껑을 열어 종일 햇볕에 달구다가 갑자기 빗방울이 후드득 떨어지면 깜짝 놀라 장독대로 뛰어가셨다. 빗물이 들어가면 장맛이 변하니까.

아름다운 추억은 세월을 거슬러 찾아온다. 장독대는 놀이터였다. 장독대 귀퉁이에서 소꿉놀이하던 어릴 적 기억도 있고, 장독대 위에 사뿐히 내려앉은 잠자리를 잠자리채로 후다닥 덮치다가 뚜껑을 깨야단을 맞은 적도 있었다. 어릴 적 친구들과 장독대 사이로 숨바꼭질을 했던 추억도 아련하다.

"꼭꼭 숨어라. 머리카락 보일라, 꼭꼭 숨어라. 옷자락이 보일라, 장독 뒤에 숨어라."

감쪽같이 숨으려 했으나 장독 뒤에서도 잘도 들켰던 그 시절이 그립다. 누이들 손톱에 봉숭아 꽃잎 물을 들여 주는 장소도 장독대였다. 또한, 붉은 봉숭아 꽃잎은 손톱을 예쁘게 물들이는 맨 처음 매니큐어 구실뿐만 아니라 뱀의 근접 및 못된 잡귀나 병을 막아주는 주술적 의미를 담고 있다.

장독대 이야기를 하면서 김칫독을 빼놓을 수 없다. 독은 흙의 정기가 담겨 있는 자연 친화적 옹기이다. 농경사회의 정착과 더불어 우리 민족은 땅 기운을 받은 옹기를 애용해왔다. 과학적으로도 검증되었듯이 우리의 옹기는 숨을 쉰다. 이런 좋은 옹기에서 익어간 장이나 김치가 잘 익어 제맛을 낸다. 해마다 우리 집에서는 초겨울이 다가오면, 봄부터 피어난 일년생 꽃들이 다 시들면 어머니는 그것을 걷어치웠고, 아버지는 직접 삽을 들고 땅을 파 독을 묻었다. 그리고 담근 무김치, 배추김치, 물김치, 동치미를 그곳에 갈무리해두고 겨우내 꺼내먹었다.

그 시절 우리네 음식 맛을 내는 데는 장독대의 단지가 중요한 역할을 차지하였다. 특히 간장, 된장, 고추장은 그 집안의 음식 맛과 직결되었다. 요즘엔 너도나도 간장 된장 고추장을 사 먹게 되었고, 온실 재배 기술과 냉장고가 일상화되어 사시사철 싱싱한 채소류를 맛볼 수 있게 되었다. 하지만 나의 입맛 경험에 의하면 김치만큼은 김칫독에 보관해야 해가 지나도 깊은 맛을 내는 것 같다.

우리 어머니들의 손 솜씨의 근본이 되어 주었던 포근하고 정겨웠던 장독대도 양옥과 아파트라는 주거 문화에 밀려 추억의 뒤안길로 사라져 버렸다. 더욱이 급속히 진행된 산업화로 인해 이사를 자주 하게 됨에 따라 덩치 큰 독들이 짐이 되고 옹기들은 천덕꾸러기가 되어 버렸다. 아파트에 살다 보니 베란다가 장독대 역할을 하다가 이제는 김치냉장고가 장독대를 대신하게 되었고, 된장도 냉장고에 넣고 먹게 되었다. 우리의 먹거리를 좌우하는 것이 된장과 간장인데 그것들을 제대로 만들어 먹을 수 없어 아쉽다. 사라져가는 우리의 맛과 멋, 그리고 장독대에 깃들었던 어머니의 마음과 정情도 함께 사라진 것만 같아 안타깝다.

(2014. 4. 12.)

공허감이 느껴질 때

살다 보면 공허함이 느껴질 때가 있다. 문득 괴테의 소설 한 대목이 떠오른다. '아아, 이 공허! 내 가슴 속에서 뼈저리게 느끼는 이 무서운 공허! 한 번만, 단 한 번만이라도 그녀를 내 품에 꼭 껴안을 수 있다면 이 끔찍한 공허는 완전히 메워질 수 있을 텐데…….'

그러나 한때 들끓는 열정도 세월이 지나면 식고 희미해지는 것 같다. 사랑도 우정도 우주를 포함한 이 세계의 모든 것들도 환경과 상황에 따라 결국 변하거나 사라지게 된다. 나이가 들어가니 열정이 식고 또 다른 의미의 공허가 찾아오는 것 같다.

얼마 전, 일주일 동안에 세 번이나 문상을 간 적이 있었다. 뜻밖의 사고로 두 분이 돌아가시고 노환으로 한 분이 별세하셨기 때문이다. 특히 가까이 만났던 사람이 갑작스럽게 유명幽明을 달리하니 인생의 허무감에 가슴이 저렸다. 슬픔에 잠겨 있는 상주들이 안타까웠다. 사람이 죽으면 이 지상의 그림자에 불과한 육신의 구속에서 벗어나게 된다는 말이 있지만, 너무나 덧없는 인생이라는 생각과 함께 못내 마음이 무거웠다.

어떤 때는 하루하루 반복적인 일상 속의 내가 기계처럼 느껴지면서 인생의 회의감으로 방황할 때도 있다. 지난달 일이다. 감기에 걸려 외출을 삼가고 온종일 방안에만 있으려니 무료하기 짝이 없었다. 만사가 귀찮아졌다. 무엇을 해도 기쁘지도 않고, 채우려고 해도 채워지지 않았다. 하루하루가 힘겹고 지겨웠다. 누워 잠을 청해 봐도 공허한 생각만 오락가락했다. 망상만 하며 틀에 박혀 지내다 보니 허전한 기분에 휩싸였던 셈이다.

가끔 '나의 정체성'을 확인하고 싶어질 때 빼곡히 계획표가 적혀있는 달력을 보는 습관이 있다. 적혀 있는 일정이 어제의 나와 오늘의 나를 나누고 있다. 바쁘게 달려야 했던 날과 한가로운 날들이 일정표를 보면 확연히 분간된다. 가끔 공란 상태가 편할 때가 있다. 하지만 무엇을 해야 한다는 것으로 공란을 채우기 위해 오늘을 떠올려 보지만, 떠올려지는 오늘은 나를 향해 뒤돌아보며 공허한 표정을 하고 있을 따름이다. 오늘의 나는 왜 그렇게 공허한가.

젊었을 적에는 직장 일에 매여 바쁘게 살다 보니 허무함을 느낄 틈이 없었다. 나이가 많아지면서 공허감도 비례하는 것 같다. 잔잔한 바다 가운데에 홀로 서 있는 섬 같은 쓸쓸함이 점점 심해지는 것 같다. 주위를 살펴보니 정년퇴직 후 삶의 공허감에 빠져 무기력해 보이는 사람들이 가끔 눈에 띄었다.

히말라야 8,000m 이상 봉우리 16좌 등정에 성공한 엄홍길도 '정상에 서면 기쁨은 잠깐이고 이내 허탈감에 빠진다고 한다. 더 오를 곳이 없다면 이제 나는 어디로 가야 할까? 마치 더 살아 있을 이유가 사라져 버린 느낌이었다.'고 했다.

이처럼 수없이 노력 끝에 목표에 도달하였을 때 성취감과 동시에 허탈감에 빠진다고 한다. 또한, 이와 반대로 수없는 밤샘으로 회사에 충성했지만 더는 승진할 수 없다고 느꼈을 때, 또는 갑자기 한가

한 부서로 발령을 받거나 자신의 업무와 무관한 계열 회사로 발령받았을 때, 자신이 물러나야 할 때라고 생각될 때 공허감을 느낀다고 한다.

일상의 공허함! 하루하루가 참 빠르게 느껴진다. 삶의 후반기에 도달하였는데도 공허감은 채워지지 않고 있다. 세월이 갈수록 몸은 늙어가고 초라하게 변하고 있음을 본능에 따라 감지하고 있다. 새로운 목표를 부여하거나 공허함을 채울 새로운 취미 활동 등을 찾아보라고 나 자신에게 권고해야겠다. 크고 거창한 것이 아니라도 작고 소소한 것에부터 하나씩 실천해 나가다 보면 새로운 꿈과 활력을 찾을 수 있지 않을까?

(2014. 4. 18.)

사랑하는 사람들을 떠나보내며

16일 오전 '세월호'의 침몰이 가져온 대참사로 온 나라가 초상집이다. 모두가 비통하고 허망함을 느꼈다. 먹먹한 가슴으로 텔레비전 화면을 쳐다보았다. 수많은 생명을 삼킨 채 가라앉은 거대한 선체를 눈앞에 두고 우왕좌왕하는 상황을 보니 초조하고 답답하고 화가 났다. 돌아오지 않는 자녀를 기다리는 어머니의 절규는 보는 이의 가슴도 미어지게 했다.

어떤 위로의 말을 해야 할까. 무슨 말로 그 시간 아이들이 겪었을 두려움과 절망을, 가족들의 애타는 슬픔과 그리움을 담는단 말인가. 누가 그들의 죽음을 그들 자신의 죄요 나와 관계없는 일이라고 할 수 있겠는가.

이 시간 사랑하는 사람들의 죽음을 어떻게 받아들여야 할지 곰곰 생각해 본다. 불의의 사고는 누구나 당할 수 있는 일이다. 우리에게 '세월호' 같은 사고가 또다시 일어나지 않으리라는 보장은 없다. 누구나 한 번은 사랑하는 사람과 이별한다. 이는 모든 사람의 숙명이다. 특히 사랑하는 가족을 잃은 슬픔을 당하게 되면 그 비통함을 이루 말로 다 할 수 없다.

오늘따라 돌아가신 부모님과 먼저 떠난 혈육지친들이 새삼 그리워지고 눈물이 난다. 특히 뜻밖의 사고를 당하여 돌아가신 어머님을 생각하면 애통함이 사무친다. 어이없는 교통사고를 당하여 돌아가셨을 때 '이 무슨 날벼락이냐?' 믿기지 않았고 하늘이 무너지는 듯하였다. 왜 내게 이런 일이 생긴 것일까? 화가 나며, 어머님의 죽음 앞에 할 수 있는 일이 아무것도 없었다는 무력감과 죄책감으로 한없이 자책하며 지내던 날이 있었다. 시간이 지나가면서 그리움은 커지고 슬픔은 엷어졌지만 어쩌다가 꿈에 만나 뵐 때는 죄송하고 안타까운 마음이 든다. 생전에 정성을 다해 모시지 못한 후회가 지금도 나의 가슴을 치고 있다.

이 세상에서 슬픔과 고통을 당하지 않는 사람은 한 사람도 없다. 누구나 갖가지 크고 작은 아픔을 겪게 마련이다. 만나고, 알게 되고, 사랑하고, 헤어져 버리는 것에도 슬픔과 고통이 따르는 법이다. 더욱이 사랑하는 사람을 잃은 삶은 이전의 삶과 같을 수 없다. 장자莊子에 의하면 슬픔이란 자기부정自己否定에서 온다고 한다. 변증법적 발전의 논리에 따르면 사물이나 정신은 자기모순을 내포하고 있으므로 먼저 자기를 부정하고 상대적 대립 자체를 부정해 한층 높은 종합 통일로 나아가야 한다. 아무튼지 힘들어도 계속 자기부정을 통해서 슬픔을 극복해야 하고, 사랑하는 사람이 없이 살아가는 실마리를 찾아야 한다.

살다 보면 별별 슬픈 일이 다 생긴다. 화禍 중에 가장 큰 화는 슬픔인 것 같다. 영원한 이별의 슬픔을 개인 스스로 치유하기에는 너무나 버거운 일이다. 버거운 일이라고 그대로 놓아두면 몸과 마음이 상한다. 이 때문에 생긴 고통은 반드시 치유하고 극복해야 한다.

슬픔의 유일한 치료법은 무슨 일을 열심히 하는 것이라는 말이 있지만 내가 겪은 바로는 상심하고 있을 때 가족들의 따뜻한 위로가 큰 도움이 되었다. 이해해주는 친구에게 털어놓고 이야기함으로써 슬픔을 누그러뜨린 적도 있었다. 비슷한 경험을 했던 이웃이나 돌아가신 분을 아끼고 사랑했던 친지들의 위로와 도움이 슬픔을 극복하는 힘이 될 때가 많았다.

모든 슬픔을 당하고 있는 사람들에 대하여 신(God)의 위로가 함께하기를 기도한다. '세월호' 참사를 겪은 유가족들도 하루속히 슬픔을 딛고 한 걸음 나아갈 수 있기를 간절히 기원한다. 다음 세상에 대해 이러쿵저러쿵 변증하고 싶지는 않다. 떠나보낸 사랑하는 모든 사람이 이 세상에서 나그네일망정 본향으로 돌아가 영생 복락을 누리기를 바란다. 할 수만 있다면 사랑하는 이웃의 슬픔의 눈물을 모두 씻어주고 싶다.

(2014. 4. 23.)

좀 거리를 두고 싶은 세 친구들

연두, 초록이 곱게 번지는 오월 첫 단추를 끼는 날 아침, 내가 향한 곳은 정읍사 공원 약수터였다. 거기서 우연히 노 선배 한 분을 만났다. 내일모레 팔십이라 하는데 연세보다 정정했다. 어쩌면 그렇게 나이 먹는 줄도 모르고 그렇게 건강하시냐고 했더니 그렇지도 않단다. 불편한 데가 많고 그래서 운동 삼아 약수터도 오는 거라며 세월이 참으로 빠르게 흘러갔다고 했다. 정년으로 퇴임한 지가 엊그제 같은데 어느새 20년 가까운 세월이 가버렸단다. 그러면서 뜬금없이, 시간 도둑이 있는 것 같다고 했다. 당신의 시간을 훔쳐가는 것들이 있다는 것이었다. 그러면서 주머니에서 뭘 꺼내었는데 화면이 큰 최신 스마트폰이었다.

자식들이 선물이라며 바꿔주고 사용법을 가르쳐 준 바람에 그걸 들여다보며 틈틈이 정보를 찾아보거나 수시로 채팅하며 잠시도 떼어놓을 수 없다는 것이다. 그리고 노인복지관에서 컴퓨터의 기본을 배운 뒤부터 늦게 배운 도둑이 날 새는 줄 모르듯 컴퓨터와 씨름하는 시간도 많아졌고 텔레비전 시청 시간도 만만치 않은 일상이 되어버렸단다. 휴대전화, 컴퓨터, 텔레비전 같은 대중 매체들을 친구처럼 가까이하다 보니 불필요한 것들에게 관심을 기울이게 되었고 사는 일이 산만하고 너저분해졌다는 푸념이었다. 요즘엔 책 읽는 시간이나 친구들 만나는 시간까지도 줄어들어 버렸단다. 그러면서 내가 이럴 정도니 요즘 젊은이들은 오죽하겠느냐는 것이다.

젊은이들뿐만 아니다. 최근 스마트폰 사용 인구가 많아지면서 스마트미디어는 우리 생활에서 떼어낼 수 없게 되었다. 지하철이나 버스 등 대중교통수단을 이용하면 많은 사람이 스마트기기를 들여다보고 있는 모습을 관찰하는 것도 이제 흔한 일이 되어버렸다. 휴대 전화 없이는 불안해 견디지 못하는 세태가 되었다.

하긴 내 경우를 돌이켜보아도 하루 중 컴퓨터나 스마트폰, 그리고 텔레비전 시청으로 보내는 시간이 약수터에서 만난 선배보다 훨씬 웃돌았다. 설마 이 정도까지, 싶을 만큼 밤낮 할 것 없이 깨어 있는 동안은 거의 이 셋 중 하나에 붙들려 있다 해도 과언이 아닐 정도이다.

나는 간혹 아이디어가 쉽게 떠오르지 않을 때는 인터넷에 접속하는 습관이 있다. 검색창에 키워드를 입력하고 관련 사이트를 훑어보는데 평소 관심 있었던 다른 정보가 눈에 들어오는 경우도 있다. 그러면 얼른 클릭해서 그 기사를 먼저 읽는다. 이런 과정을 몇 번 반복하며 웹서핑을 하다가 그만 하루가 다 지나가기 일쑤이다.

항상 이런 식이다. 나날이 되풀이되는 일상이다. 어떤 때는 이런 나 자신한테 화가 날 때가 있다. 그럴 적마다 곰곰이 '지금 이렇게 사는 것이 잘 살아가고 있는 것인가?' 자문해 보기 한두 번이 아니다.

마침 오늘은 근로자의 날이라 나도 덩달아 쉬고 싶어졌다. 하고 싶은 인터넷 접속과 텔레비전 시청을 제쳐 놓고 밖으로 나와 뒷동산을 올라갔다. 쉬엄쉬엄 산마루에 올라 마음을 가라앉히고 고요히 생각에 잠기니 한결 홀가분해지고 잠시나마 어떤 구속에서 벗어난 느낌이 들었다. 문득 일주일에 단 하루만이라도 디지털 휴무일 두면 어떨까 하는 생각이 떠올랐다.

집으로 돌아오면서 결심했다. 시간 관리에 효율성을 높여줄 새로운 친구들을 만들어 보기로. 곰곰이 생각 끝에 책, 수필, 일기라는 새로운 세 친구를 가까이하여 읽고 쓰는 시간을 더 늘려 보기로 했다. 나의 결심이 작심삼일作心三日로 끝나지 않을지는 두고 볼 일이다.

(2014. 5. 3.)

금선계곡에 서린 조상의 얼

세월호 침몰로 수많은 생명, 청춘의 꽃을 잃은 유족들의 처절한 가슴앓이는 오늘도 변함이 없는데 어느새 싱그러운 5월 둘째 주가 지나가고 있다. 창밖을 보니 뜰에 하얀 쌀밥 같은 이팝나무 꽃이 흐드러지게 피고 있다. 앞동산에는 우거진 초목들이 온통 연두, 초록, 진초록 물감을 풀어놓고 새색시처럼 곱게 단장하기에 바쁘다. 군데군데 아까시 꽃의 하얀 미소가 물살처럼 번지고 있다. 과일인 양 꽃잎 따먹던 어린 시절의 추억이 그리움으로 다가온다.

꽃과 신록, 눈부신 햇살이 어우러진 산을 한참 보고 있노라니 나들이하고 싶어 몸이 근질근질했다. 경치가 뛰어나고 '용굴'이라는 의미 깊은 사적지도 있는 내장산 금선계곡으로 방향을 잡고 같이 가고 싶은 친구에게 전화했으나 아무런 답신이 없어 혼자 떠났다.

달려가는 차창 밖으로 보이는 가로수들의 연녹색 잎사귀들 위로 눈부시게 부서지는 햇살이 설렘을 부추겼다. 매표소를 거쳐서 한 마장이 채 안 되는 우거진 단풍나무 터널을 지나 주차장에 다다랐다. 그늘에 차를 세워 놓고 일주문을 넘어 몇 걸음 걸어가니 어귀부터 108번뇌를 상징하는 단풍나무들이 길옆으로 늘어서 있고 그늘진 나무 사이로 상쾌한 산바람이 불어왔다. 흥에 겨워 콧노래를 불렀더니 온갖 시름이 다 풀리는 듯했다. 깨달음과 번뇌가 둘이 아니었다. 가벼워진 마음으로 한참 걸어가니 운치 있는 터널이 끝나고 반야교가 맞아주었다. 왼편으로 돌아 금선 계곡 쪽으로 발길을 옮겼다.

어귀의 돌 징검다리를 건너자 산비둘기 한 쌍이 길가에서 먹이 찾기에 팔려 내 발걸음도 듣지 못하고 있는 듯했다. 길옆 숲 속에서 들려오는 꾀꼬리, 딱따구리, 이름 모를 새들의 소리가 절의 목탁 소리와 묘하게 어우러지고 있었다. 마치 슈만의 봄의 교향악을 감상하는 것 같은 감흥을 일으켜 주었다.

반 시간 정도 평탄한 흙길과 울퉁불퉁한 돌길을 걸으며 두 개의 돌 징검다리와 예닐곱 개의 나무다리를 건너다보니 신선삼거리로 올라가는 갈림길이 나왔다. 여기서부터 용굴, 신선문, 금선폭포로 가는 구간은 길이 없어지고 낙석 주의 팻말이 위험을 경고하고 있었다. 그러나 조선의 역사를 지켰던 사적지 용굴을 꼭 보고 싶어 모험을 감행하였다. 조심조심 길을 찾아 조금 올라가니 어느새 용이 하늘로 올라갔다는 전설을 지닌 용굴 아래에 다다르게 되었다. 금선계곡의 비경에 취하고 굽이굽이를 몸소 겪어본 사람들이라면 이 전설에 고개가 저절로 끄덕여지리라.

철제 사다리로 된 100여 계단을 힘들게 올라가야 이윽고 용굴에 다다를 수 있었다. 임진왜란 난리 속에서 『조선왕조실록』이 살아남은 것은 이 용굴 덕이었다. 그렇게 넓고 깊은 굴은 아니었지만, 세계적으로 가치를 인정받아 유네스코 세계기록유산으로 등록된 조선왕조실록을 피난시킨 유서 깊은 사적지라는 생각을 하니 저절로 엄숙해지는 기분이 들었다. 전란이라는 매우 급한 상황에서 수십 마리의 말과 인원이 동원되어 무려 8백여 권의 서책을 험난하고 높은 이곳 용굴까지 운반하였던 그분들의 마음가짐은 어떤 것이었을지 감히 짐작하기 어려웠다. 특히 개인 재산을 털어 『조선왕조실록』을 지키는 데 온 힘을 기울인 안의, 손홍록 두 분의 충정과 노고에 새삼 고개가 숙어질 따름이었다.

눈 아래 금선계곡의 아름다운 비경에 잠시 넋을 잃고 말았다. 혼자 보기 아까운 비경 중의 비경이다. 낙석 주의라는 팻말만 세워놓고 통제만 할 것이 아니라 하루속히 길을 닦고 빼어난 경치와 함께 의미 깊은 용굴 유적을 잘 관리하고 보살피면 좋겠다. 우리 조상들의 숭고한 얼을 가슴에 품고 길을 내려왔다.

(2014. 5. 11.)

아까시꽃 숲길을 거닐며

아침 일찍부터 뒷산 숲에서 청아한 꾀꼬리의 울음소리가 들려온다. 창밖을 내다보니 뒷동산에 하얀 꽃구름이 일고 있다. 아까시가 활짝 핀 뒷산 산책로를 천천히 걸어 올라갔다. 온통 하얀 튀밥을 뿌려 놓은 듯 눈과 코를 황홀하게 했다. 희다 못해 윤기 나는 우윳빛 꽃송이들이 블라우스에 비친 여인의 속살처럼 눈길을 잡아당겼다. 가까이 다가가니 진하고 달콤한 향기가 솔솔 콧속 깊이 파고들었다. 방금 머리 감고 나왔을 때 샴푸의 향긋한 잔향이 물씬 묻어나는 그런 느낌이었다.

흐드러지게 핀 꽃송이를 코에 대면서 잠시 지나간 시간의 기억 속으로 되돌아갔다. 꽃을 따서 쪽쪽 빨아 먹던 시절이 생각이 났다. 한 움큼 훑어서 입에 넣고 오물거리며 예전에 느꼈던 맛을 음미해 보았다. 달착지근한 맛과 입안을 감도는 향기로움은 여전했다.

시골에서 자랐던 나의 어릴 적 주전부리는 주로 산과 들에 있는 것들이었다. 이른 봄 땅이 녹자마자 가장 먼저 칡뿌리, 억새 뿌리를 캐 먹고, 소나무껍질, 삘기, 찔레나무의 새순이나, 노란 골담초, 보라색 꿀풀의 단물을 빠는 것으로 입을 달랬다. 아까시꽃은 진한 향기보다 그 달보드레한 맛이 어린 시절의 작은 맛거리였다.

아까시꽃 향기에 취하다 보니 유년 시절의 추억이 되살아났다. 그 당시 해마다 이맘때쯤이면 나는 친구들과 하굣길에서 아까시꽃을 따 먹으러 야산을 누비고 다녔다. 꽃이 지고 나면 이파리들이 우리들의 장난감이 되었다. 먼저 잎의 수가 같도록 맞춘 뒤 가위바위보를 해서 먼저 다 떼어내면 친구들에게 꿀밤을 먹일 수 있었다. 그러다가 간혹 꿀밤 먹이기 장난이 정해진 도를 넘으면 끝끝내 싸움으로 번졌던 기억도 새롭다. 그리고 잎을 다 떼어낸 줄기는 누나의 단발머리를 감는 고무줄처럼 이용되어 파마 효과를 내어 주기도 했다.

별로 놀잇거리가 없던 그 당시 우리는 아까시 그늘에 앉아 아까시 잎을 따서 고누두기를 하였다. 그 시절 농촌에서 자란 사람은 누구나 토끼를 한두 마리 먹여 보았을 테지만 토끼가 제일 좋아하는 것이 아까시 나뭇잎이기 때문에 방과 후에는 아까시 잎을 따는 것이 일과 중의 하나였다.

산책을 마치고 집에 돌아와 손자에게 아까시꽃 먹었던 이야기를 하며 따온 꽃 하나를 입에 넣어 주자 맛없다는 표정을 짓는다. 아마 단과자로 입맛이 변해서 자연 그대로의 맛을 잘 느끼지 못하는 것일 거다. 아내에게도 건넸더니 고개를 젓는다. 이런 꽃을 먹어본 적이 없다는 거다. 다시 권하니 못 이기는 체하고 먹어보더니 은근살짝 향기로운 단맛이 난다고 한다. 성장 과정이 비슷한 내 나이 또래는 느끼는 맛이 엇비슷하리라.

맛보기를 권하다 말고 순백의 아까시꽃을 보고 있노라니 혹시 꽃말이 '순수한 사랑'이 아닐까 하는 생각이 들었다. 자료를 찾아보니 우정, 우애, 친교, 숨겨진 사랑, 희귀한 연애라고 한다. 생각했던 것과 좀 비슷하여 웃음이 나왔다. 그런데 이처럼 좋은 꽃말과는 달리

한때 아까시는 산을 망치는 나무, 산에 밭을 일구면 밭 안까지 뿌리를 내려 농작물의 거름을 빼앗아 먹는 나무, 조상의 산소까지 파고들어 오는 나쁜 나무라는 인식들이 있었다. 그러나 양봉하는 사람들에게는 아까시야말로 둘도 없이 소중한 밀원식물蜜源植物이다. 또한, 벌거숭이산에 속성수인 아까시나무를 심어 화목으로 긴요하게 사용하였다. 꽃은 술, 차, 튀김, 효소로 이용된다. 이런 아까시를 누가 폄하할 수 있으랴.

아까시는 이제 잠재의식 저편에 추억 속의 꽃으로 피어 있을 것 같다. 오늘따라 아까시 추억은 새록새록 떠오르는데 곧 지고 말 거라는 생각을 하니 마음이 시려 온다. 아쉬움이 없도록 지금 피어 있는 아까시를 오래도록 나의 눈에 담아 두어야겠다.

(2014. 5. 17.)

오솔길 따라 숲 속 걷기

눈에 보이는 대로 귀에 들리는 대로 마음에 설레는 날이 있다. 나직한 뒷동산을 보니 예쁜 초록빛 그늘에 숨은 하얀 꽃들이 눈부시다. 뻐꾸기 소리가 대낮의 공기를 타고 출렁인다. 유월이 눈앞으로 다가오고 있다. 들뜬 마음으로 몸이 근질거린다. 방안에만 있을 수 없어 무작정 길을 나섰다.

발길 닿는 대로 한가하게 거닐다 보니 송산동 앞 둑길에 이르렀다. 오가는 사람들의 얼굴도 꽃처럼 화사하다. 노란 금계국이 한창 피어나고 있었다. 금가루를 뿌려 놓은 듯 눈이 부셨다. 바람에 출렁이는 샛노란 꽃물결을 보고 있으니 아늑하고 평온한 느낌이 밀려오고 발길이 저절로 가벼워졌다.

한참 걷다가 잠시 눈을 들어 연두 초록이 번지는 맞은편 산을 보고 있노라니 문득 숲 속이 궁금해진다. 나를 향해 손짓하는 것 같다. 산오솔길에서 누군가가 나를 기다릴 것만 같은 환상이 떠오른다. 백제시대 한 여인의 아름다운 사랑 이야기를 담은 정읍사 오솔길로 걸음을 옮겼다.

천년고개에서 급경사로 시작되는 길을 올라가 호젓한 산길로 접어들었다. 길 주위의 나무들이 묵묵히 맞아주었다. 어디서 와서 어디로 가는지 모르는 바람들이 뺨을 스치며 지나갔다. 펼쳐지는 풍경들이 툭툭 나의 감성을 건드렸다. 속도 위주의 팍팍한 삶에 대한 반작용일까? 오솔길이라는 단어 자체에서 풍기는 자유로움, 평온함, 서정성을 만끽할 수 있었다.

마주 보며 속삭이던 지난날의 얼굴들이 꽃잎처럼 펼쳐져 갔다. "생각난다. 그 오솔길/ 그대가 만들어준 꽃반지 끼고/ 다정히 손잡고 거닐던 오솔길이/ 이제는 가버린 아름다운 추억……" 유행가 가사가 꼭 어울린다. 자연스러운 선이 살아 있는 좁은 길을 따라 간간이 꽃냄새가 풍겨오고, 뻐꾸기, 두견새 소리가 돋아나고 있었다.

쉬엄쉬엄 걸어가면서 지나온 삶을 돌이켜 보았다. 짧지 않은 세월을 살아왔건만 아직도 내 속엔 고뇌하는 소리가 아우성을 친다. 하릴없이 살아온 것만 같고 부질없이 흘러온 것만 같다. 순간 새 한 마리가 '꾸꾸' 울음소리 하나를 떨군다. 사방이 조용해진다. 이런 날엔 홀로 조용히 음악을 들으며 명상에 잠기고 싶다.

굽이굽이 우거진 소나무와 잡목이 조화를 이루고 있는 녹색 길 따라 여유롭고 홀가분한 마음으로 걸었다. 간간이 놓여 있는 통나무 의자에 앉아 솔바람을 쐬거나 주변 경관이 한눈에 들어오는 전망대가 있어 상쾌한 기분이 가슴을 채웠다. 솔잎이 떨어져 있어 푹신푹신하고 부드러워 걷기 좋은 길도 많았다.

그러나 마냥 좋은 길만은 아니었다. 여러 번 오르막길과 내리막길을 걸어야 했다. 가면 갈수록 마치 기복이 심한 인생길 같았다. 불현듯 이 세상 모든 사람은 사는 동안 끊임없이 길을 걸어가는 나그네라는 생각이 뇌리를 스치고 갔다.

오늘 길을 나설 때 처음부터 어떤 특정한 의미를 부여하지 않았지만, 오솔길을 거닐다 보니 숭고한 자연의 속삭임에 푹 빠져들게 되었다. 흙길에 닿는 발의 감촉만이 아닌 계절의 색, 새소리와 바람 소리, 얼굴을 스치고 지나가는 미풍, 그리고 온몸으로 느낄 수 있는 주위의 푸근함에 생동하는 기쁨을 느꼈다. 그러므로 걷는 것은 삶의 진정한 즐거움이자 행복이요 자신의 길을 되찾는 일이 아닐까? 생각해보았다. 어슬렁거리기 좋은 이 계절이 다 가기 전, 사랑하는 사람과 함께 소중한 추억을 나눌 수 있는 오솔길을 한 번쯤 거닐어 보길 권하고 싶다.

(2014. 5. 25.)

어부바 사랑 포대기

가정이란 말만 들어도 왠지 따뜻하고 포근함이 느껴지는 5월이 이제 막바지에 이르러 6월에 배턴을 건네주려고 한다. 문득 어릴 적부터 나를 무척 아끼고 사랑해 주셨던 누님 생각이 나서 전화로 문안드렸다. 이런저런 안부를 주고받던 중 내 아기 시절이 이야기가 나왔다.

걸음마를 뗄 때부터 서너 살 될 때까지 누님들이 나를 업어 키우셨다고 귀띔해 주셨다. 어머니는 농사일해야 했기 때문에 집에 남아 있는 누님들이 나를 업어 키울 수밖에 없었단다. 어린 내가 배고파 칭얼댈 때는 포대기로 업고 들녘에서 일하는 엄마를 찾아가 젖을 먹였다는 이야기도 들려주셨다.

귀가 솔깃해지면서 해 질 녘이면 포대기로 동생을 업고 동구 밖에서 들일 나간 어머니를 기다리는 누나의 모습이 떠올랐다. 그 시절 우리 누나들은 동생을 업고도 별의별 놀이를 다 했었다. 어린 동생을 업은 누나가 고무줄놀이에 끼어들어 깡충깡충 뛸 때마다 끄떡거리는 동생의 머리도 볼만했다. 그러다가 허리의 띠가 느슨히 풀어져 헐렁헐렁해지면 동생의 몸이 내려오고 두 발이 땅에 닿을 듯 말 듯 했다. 또 앉아서 '공기놀이'에 정신이 팔렸다 하면 등에 업힌 동생은 숫제 아랑곳없었다. 등허리가 뜨뜻미지근해지면서 척척해져도 그런가 보다, 아기가 앙앙 울어대도 듣는 둥 마는 둥 하면서 공기놀이에 정신을 팔았다.

그러나 이러한 포대기 돌보기는 어느새 사라진 것 같다. "어부바! 어부바!" 하는 소리를 듣기 어렵게 되었다. 외출할 때 포대기를 두른 젊은 엄마는 특히 찾아보기 어렵다. 요즘 들어서 패션을 중요시하는 젊은 엄마들 사이에서는 포대기보다 아기 띠나 유모차를 선호하는 추세다. 포대기를 몸에 두르면 옷맵시가 떨어진다거나 포대기라는 전통적인 방식이 불편하고 촌스럽다는 인식 때문인 듯하다.

하지만 우리나라 포대기가 애착육아愛着育兒의 도구로 다시 주목을 받게 되면서 미국 · 영국 · 프랑스 한복판에서 오히려 포대기를 두른 엄마들을 찾아보기가 쉬울 정도로 포대기(Podaegi)가 널리 퍼지고 있다고.

문화 인류학자 재러드 다이아몬드는 저서 『어제까지의 세계』에서 전통 사회에서는 아기를 어깨 위에 얹거나 아기 띠 같은 도구로 아기를 똑바로 세우고 정면을 바라보게 하는 식으로 업기 때문에 돌봄이가 걸을 때도 신체 접촉을 계속하고, 돌봄이와 똑같은 시야를 공유하며, 똑바른 자세로 옮겨지기 때문에 신경 운동계의 발달이 빠르다고 주장했다.

사실 포대기는 아기와 엄마에게 지속적인 신체 접촉 외에도 많은 것을 공유하게 해준다. 엄마들은 아기를 업고 집안일을 하고, 산책도 하고, 다른 사람과도 만난다. 아기는 엄마에게 업힌 채 모든 것을 함께 경험한다. 그리고 엄마는 아기에게 수시로 엄마가 무슨 일을 하는지 보여주고 설명해준다. 그 결과 아기는 자연스럽게 많은 것을 배우게 된다.

요즘 내가 만나 본 대부분 어머니는 안는 띠를 하고 있었다. 하지만 포대기를 사용함으로써 아이를 업는 것이 힘도 덜 들고 계단 등을 내려갈 때 위험하지도 않고, 집안일을 할 때도 좋다. 또, 포대기 육아로 자란 아이들은 관대하고 여유로운 성품과 도덕이나 선에 대한 신념, 다른 사람을 이해하고 받아들일 수 있는 관용과 이해, 어려움에 닥치더라도 극복해 낼 수 있는 의지와 낙천성을 가진 성인으로 성장할 수 있다고 한다.

이러한 효과를 널리 알려서 많은 어머니가 안는 띠보다는 포대기를 적극적으로 사용하면 좋겠다. 구식 포대기가 젊은 엄마들의 길거리 패션 소품으로 거듭나길 기대한다.

(2014. 5. 31.)

누군가 지켜보고 있거나 말거나

지난 주말 오후 시골 뽕밭에서 오디를 따다가 해가 진 뒤 우연히 서쪽 밤하늘을 바라보니 별 하나가 홀로 두드러지게 빛나고 있었다. 유난히 반짝이는 모습에 끌려 잠깐 보고 있노라니 문득 신독愼獨이란 말이 머리에 떠올랐다. 선선한 밤의 공기에 마음조차 맑아지는 느낌이었다. 신독은 중용에 나오는 말로, 홀로 있을 때에도 도리에 어그러짐이 없도록 몸가짐을 바로 하고 언행을 삼가는 것을 의미한다.

또 다시 신독이란 말이 새삼스럽게 떠오른 날이 있었다. 지난 6 · 4 지방선거일 오후였다. 아파트 뒤 주차장 단속 CCTV 밑에 고구마와 설탕이 담긴 상자를 잠깐 놓아두고 투표하러 간 틈에 누가 상자를 뒤지고 설탕만 몰래 들어 가 버렸다. 아끼는 작은 물건이나 소지품 하나를 잃어버리는 것도 마음이 언짢은데 아홉 봉지나 되는 설탕을 잃어버리니 마음이 편치 못했다. 잃어버린 동전을 찾듯 주변을 두루 찾아보았으나 오리무중이었다. 방송을 해보아도 소용없었다.

이튿날 아침 경비실의 CCTV를 판독해보니 드러났다. 외지에서 온 차량에 탄 사람이 상자를 열어 본 다음 5분여 동안 망설이다 가져가는 정황이 보였다. 차량 번호를 파출소에 알려주고 도움을 청했다. 결국, 경찰의 신속한 처리로 변상받을 수 있었지만 잠시나마 겪은 마음고생은 물건값에 비교할 바가 아니었다.

사실 남들이 지켜보지 않고, 남들이 들을 수 없는 곳에서 스스로 언행言行을 조심하기란 쉽지 않다. 실제로 누군가가 지켜보는 것과 그렇지 않은 경우는 행동이 다르다는 것을 증명한 실험이 있다. 뉴캐슬대학 교수 라운지에서 교수들을 대상으로 우유를 손수 갖다 먹도록 하고 돈도 자발적으로 상자에 넣도록 했다. 대신 돈 상자 옆 잘 보이는 곳에 꽃 이미지와 쳐다보는 눈동자 이미지를 매주 번갈아 붙여 놓았다.

실험 끝에 상자에 담긴 돈을 우유 소비량 1ℓ 당으로 환산해 본 결과 '눈동자 이미지'였을 때가 '꽃 이미지'였을 때보다 3배 정도 더 많았다. '눈동자 이미지는 누군가가 자신을 쳐다보고 있다는 것을 자동으로 무의식적으로 느끼게 한다는 것이다. 이 실험의 결론은 누군가가 자신을 쳐다보고 있을 때 더 협력적이며, 이는 좋은 평판을 원하기 때문이라고 한다.

이유야 어떻든 간에 윤리적 당위성으로 보면 바람직하지 못한 결과이다. 그러기에 홀로 있을 때도 삼가서 도리에 어그러진 일을 하지 아니하는 신독이 어려운 것이리라.

지나간 나의 일을 들추어 보아도 알게 모르게 범한 잘못이 많이 있었음을 부인할 수 없다. 성인군자 아니고서는 남들이 지켜보지 않고, 들을 수 없는 곳에서 스스로 언행言行을 조심하기란 쉽지 않을 것이다. 조선 최고의 유학자 퇴계 이황과 율곡 이이도 신독을 강조했다고 한다. 이이는 '도에 들어서기 위한 가장 긴요한 수련이 신독'이라며 '홀로란 말은 왕래가 없는 고요한 장소만을 의미하는 것이 아니라 의지가 싹트는 자신의 마음속 자리를 가리킨다.'고 했다.

이로 보건대 신독은 엄격한 자기관리이며 수양 방법이다. 내가 나를 어떻게 여기느냐의 문제이며 자신의 착한 본성과 양심을 찾는 데서부터 출발하는 것 같다. 특히 홀로 있을 때, 마음이 풀어져서 부당한 욕구로 흐를 때, 그 욕구를 선으로 이끄는 것이 신독인 듯싶다.

시인 윤동주가 "죽는 날까지 하늘을 우러러 한 점 부끄럼이 없기를, 잎새에 이는 바람에도 나는 괴로워했다."라고 표현한 시詩 구절이 생각나는 날이다. 남의 눈을 의식해서가 아니라 홀로 있을 때 스스로 삼가는 사람이 주류를 이룰 때, 우리 사회는 더욱 밝아지고 성숙해지지 않을까 조용히 생각해본다.

(2014. 6. 7.)

바닥을 세게 칠수록 더 높이 올라간다

삶의 힘을 주는 이야기가 기다려지는 이때, 일요일 밤마다 KBS 1TV의 「강연 100℃」라는 강연 프로그램에 푹 빠져들고 있다. 보통 사람은 상상하기 힘든 역경을 딛고 일어나 불길같이 뜨겁게 살아온 사람들의 이야기를 듣고 있노라면 가슴이 찐한 삶의 감동으로 끓어오른다. 재작년 5월 첫선을 보인 뒤로 우리 주변에서 흔히 볼 수 있는, 다양한 직업에 종사하는 보통사람들이 나와 투박하지만 진솔한 강연으로 삶의 지혜와 비결을 전해주고 있다.

지난 15일 96회 방송에서는 절단 장애를 극복하고 송어 양식에 도전한 가장 윤경철 씨, 산골 생활과 식습관 개선으로 말기 위암을 이긴 주부 최인숙 씨, 2,300여 명의 영정 사진을 찍어준 경찰관 유길선 씨가 출연하여 공감을 불러일으켜 주었다.

젊은 시절, 전기 기술자로 일하던 윤경철 씨는 감전사고를 당해 두 팔과 한쪽 다리를 잃게 되었다. 한순간에 의수와 의족에 의지하는 장애인이 되어버린 그. '이런 모습으로 살 수 없다.'는 생각에 수차례 목숨을 끊으려고도 했지만, 그것마저 쉬운 일이 아니었다. 가까스로 마음을 다잡은 그에게 돌아온 것은 사람들의 차가운 시선뿐이었다. 매일 술에 절어 방황하던 그를 붙잡아준 사람은 바로 가족이었다. 아내와 갓 태어난 딸을 보며 가장의 책임감을 느꼈다는 그는 새로운 인생을 시작하기 위해 농촌으로 내려갔다. 그리고 더욱 당당하게 살기 위해 무엇이든 할 수 있다는 마음가짐을 가지고 열심히 일했다. 8년 동안 농사를 짓고 그 후 유통업에 종사하며 남들보다 두 배로 노력하며 살아온 윤경철 씨. 지금은 송어 양식에 도전하며 제2의 인생을 살고 있다.

말기 위암으로 3개월의 시한부 인생을 선고받았던 주부 최인숙 씨가 건강한 삶을 되찾게 된 이유는 무엇일까? 10여 년 넘게 식당을 운영하며 바쁘게 살았던 그녀. 자연스레 불규칙한 식습관에 길들었고 스트레스에 시달리며 하루하루를 보냈다. 그러던 2006년, 잦은 피로감 때문에 찾았던 병원에서 '위암 말기'라는 청천벽력 같은 진단을 받았다. 게다가 암은 췌장, 림프샘 등 주변 장기에도 전이 되어 수술도 불가능한 상태였다. 지푸라기라도 잡는 심정으로 항암치료를 받으며 살기 위해 노력했던 그녀. 그러다 우연히 주변 사람들의 이야기를 듣고, 산골 요양원을 찾아갔다. 그곳에서 규칙적인 생활을 하며 몸과 마음이 조금씩 나아졌고 그 후, 산골 생활을 결심한 그녀를 위해 남편은 도시 생활을 청산하고 연고가 없는 산골에 터를 잡았다. 그리고 채식 위주의 식이요법과 남편의 헌신적인 도움을 받아 마침내 암을 극복할 수 있었다.

5년째 어르신들의 영정 사진을 찍어주는 유길선 씨. 셔터 소리에 맞춰 미소를 짓는 노인들을 볼 때마다 마음이 따뜻해진다는 그의 직업은 사진사가 아닌 경찰관이다. 이른 나이에 경찰관이 되어 가정을 꾸린 그는 능력을 인정받으며 남부럽지 않은 삶을 살았다. 그러던 어느 날, 아내가 교통사고로 세상을 떠나는 아픔을 겪게 된 그. 이후

두 아이를 키우며 어머니와 살게 된 그는 장례식장을 다니며 제대로 된 영정사진이 없는 모습에 안타까움을 느꼈다. 그리고 좋은 일 한 번 해보라던 어머니의 제안으로 어르신들의 영정사진을 정성으로 찍기 시작했다는데, 2010년부터 찍기 시작한 사진은 어느덧 2,300장을 훌쩍 넘었다.

이처럼 삶의 열등의식과 고통을 극복하며 열심히 사는 사람들을 볼 때마다 가슴이 뜨거워지는 이유는 뭘까? 그들 모두 툽툽하지만, 진실하고 솔직하게 인생의 끓는점까지 치열하게 살기 때문이리라. 바닥을 세게 칠수록 더 높이 올라가는 것처럼 고난과 역경을 더 많이 겪고 이겨낸 사람일수록 더욱 큰 성취를 이룰 수 있음을 새삼스레 느낀 「강연 100℃」였다.

(2014. 6. 14.)

아아 어찌 잊으랴, 호국의 용사들을

이글거리는 초여름의 햇빛 아래 뜨락의 담벼락 앞에서 장미가 화려하게 미소를 짓고 있다. 가족의 고마움을 일깨워 준 '가정의 달' 5월이 어느새 저만치 지나가고 가족 사랑의 범위를 국가와 민족으로 넓게 생각하는 '호국보훈의 달'이 되었다. 해마다 반복하면서도 나는 그동안 한 번도 제대로 된 6월의 의미를 되새겨 보지 못해 본 것 같다.

이러다가 지난 14일 모某 문화답사 모임에 참가하여 육 · 해 · 공 3군 통합본부가 있는 계룡대와 국립대전현충원을 탐방했다. 먼저 찾아간 계룡대는 부대 용지가 매우 크고 아름다웠다. 대체로 웬만한 지방거점 국립대학교의 캠퍼스 정도 크기였고 부대 안의 모습이 보이지 않았다. 과연 조선 시대부터 천혜의 요충지로 불릴 만하였다.

안내 병사를 따라 강당으로 들어가 계룡대 소개와 안보교육을 받은 뒤 단체 사진을 찍고 육군 기록 전시관에 들러 육군의 태동부터 6 · 25전쟁, 베트남전 파병과 철수, 육군의 전력 강화 등 기록이 살아 숨 쉬고 있음을 보았다. 사진 전시관에서는 시대별 사진을 통해 육군의 역사를 살펴볼 수 있었다.

곧바로 영내 탐방을 한 다음 명예의 전당에 들어가 부대별 전시관, 오천 년 역사의 광장을 견학하였다. 특히 나의 관심을 끈 것은

165,000명의 6·25전쟁, 베트남전쟁, 대침투작전 등에서 목숨을 바치신 분들의 이름이 새겨져 있는 동판이었다. 그곳 전사자 명단에서 자기 부친 성함을 확인하는 한 일행의 모습이 애처로워 보였다.

이윽고 명예의 전당 밖으로 나와, 조선의 태조 이성계가 이곳 계룡산 일대로 도성 이전을 결정하고 공사에 사용하기 위해 다듬던 주춧돌 및 석재를 구경한 다음, 장병 표준 식단과 같은 점심을 먹었다. 옛날 내가 병영에서 훈련받으며 먹었던 식단보다 더 좋아졌다는 걸 알았다.

이어서 일제 침략과 6·25전쟁, 월남전 등에서 목숨을 바치신 애국지사와 순국선열, 호국 영령들이 모셔져 있는 국립대전현충원으로 갔다. 먼저 이분들의 충의忠義와 위훈偉勳을 영구히 추앙하고자 세운 현충탑이 있는 곳으로 갔다. 우리 일행은 탑 앞에서 옷깃을 여미고 경건한 마음으로 추념하고 공경의 뜻을 나타냈다. 탑 앞쪽에 새겨진 "여기는 민족의 얼이 서린 곳, 조국과 함께 영원히 가는 이들, 해와 달이 이 언덕을 보호하리라"는 글귀는 유달리 마음을 숙연하게 하였다.

묘역의 수많은 묘지에는 사랑하는 가족들의 애틋한 마음이 적힌 조화弔花 들이 놓여 있었다. 누군가의 아들이고 아버지이며 남편이었고 목숨을 나누는 전우였을 그분들을 생각하니 애석함으로 가슴이 먹먹하였다. 용감할 때 용감할 줄 알았던 그분들이 계셨기에 오늘의 자유와 평화가 있음을 알았다. 조국과 민족의 안녕을 위하여 희생하고 찰나의 생을 여기에 묻었지만, 넓은 나라의 번영을 위하여 억겁의 세월로 지켜 주소서 염원하면서 현충원을 뒤로하고 집으로 돌아왔다.

이날 나는 일명 옥타곤, 국토방위의 심장인 계룡대에서 수고를 다하고 있는 장병들의 모습에서 나라 지킴의 소중함을 느꼈고 국립묘지에 영광스럽게 안치된 애국지사와 순국선열, 호국 영령들을 추모하면서 나라 사랑의 의미를 깊이 되새겨 보았다.

세월이 흐르면서 호국보훈에 대한 인식이 다소 변했어도 6월 한 달만이라도 우리가 모두 나라를 위해 헌신하신 선열들의 큰 뜻을 되새기고 그 고귀한 희생을 기리며 이웃에 사는 국가유공자나 유가족에게 따뜻한 관심과 위로를 보내준다면 더 말할 나위가 없겠다.

(2014. 6. 22.)

삶에 영향을 끼치는 보이지 않는 끈

오랜만에 친구가 전화를 걸어왔다. 벌써 알고 지낸 지 40여 년 된 친구다. "잘 지내느냐?", "그저 그렇지. 뭐." 시작은 늘 그렇다. 자기 삶 챙기기도 바쁠 텐데, 그 틈 한쪽 내주어 안부를 물어봐 주는 옛 벗이 오늘따라 무척 고마웠다. 간단히 소식을 주고받고 건강히 잘 지내라는 말로 끝내려다 말고 왠지 모르게 이런저런 속마음을 늘어놓았다. 통화 내내 우리 사이에 강한 우정의 끈이 연결되어 있음을 가슴으로 느낄 수 있었다.

이처럼 우리 마음속에는 잘 보이지 않지만, 서로를 이어주는 끈이 있다. 위로하고 격려하고 감싸주는 일이 바로 서로를 이어주는 마음속의 끈이다. 마음속의 끈은 배려와 사랑으로 더 길어진다는 예화가 있다.

한 사람이 우물물을 길어 올렸다. 우물에 내린 두레박을 몇 번이나 끌어올려도 자꾸 빈 두레박만 올라왔다. 뭔가 이상하다고 생각한 그 사람은 두레박을 자세히 살펴보다 그 이유를 찾아냈다. 우물물이 있는 깊이까지 도달하기에는 두레박에 달린 끈이 짧아서 아무리 길어 올리려 해도 깊숙이 있는 우물물을 담아낼 도리가 없었던 것이다. 이 얘기를 미루어 보면 누군가의 마음에 잘 닿지 않아 고민이 될 때는 마음속의 두레박 끈을 조정해야 한다는 뜻이 담겨있음을 알 수 있다.

또 색다른 끈 얘기가 있다. 인생에 꼭 필요한 5가지 끈이 있다고 한다. 이른바 매끈, 발끈, 화끈, 질끈, 따끈이라고 한다. 까칠하지 않고 편안하게 해주는 매끈한 사람, 실패한 자리에서 발끈 일어서는 사람, 어차피 할 일이라면 화끈하게 하는 사람, 쓸데없이 비난하지 않고 질끈 눈을 감는 사람, 인간미가 느껴지는 따끈한 사람을 말한다. 아마 이런 끈들을 마음에 간직하면 인생의 전환점이 될 수 있다는 말일 게다.

한편 무엇보다 먼저 필요한 것은 과도한 욕심의 끈을 놓아버리는 일이 아닐까 생각한다. 팽팽한 삶의 긴장을 계속하면 질병이 생기게 된다고 한다. 김수현의 『내 몸이 원하는 최고의 밥상』이란 책에 의하면 수족냉증, 위장병, 자궁근종 등은 팽팽한 삶의 긴장을 의미한다. 팽팽한 마음의 끈을 놓아주지 않는 한 몸의 변화와 질병의 치료는 쉽지 않지만, 마음의 긴장을 풀고 자신의 생명력을 발견하고 믿고 키워낼 수만 있다면 자연스럽게 손발은 따뜻해지고 소화가 잘되며 단단히 뭉쳐 있던 근종도 눈처럼 녹아내릴 거라고 쓰여 있다.

그런데 대개 끈은 아무리 단단히 조여 매도 다시 느슨해지거나 다시 풀리기 마련이다. 마음의 끈도 마찬가지다. 마음의 끈이 풀릴 때마다 얼마나 끈기 있게 다시 조여 매야 한다. 마음의 끈이 풀린 상태로 달리면 넘어지기에 십상이고, 더 멀리, 더 힘차게 달릴 수 없다. 먼 길을 가기 위해 신발의 끈을 단단히 묶듯 먼 인생길을 가기 위해서는 마음의 끈을 단단히 묶어야 한다. 무슨 일이든 그 목적 한 바를 이루려면 적당한 때와 장소, 최상의 상태 등 외적인 조건도 중요하지만, 내적 마음의 준비가 우선이다. 흔들리는 바늘에는 실을 꿸 수 없듯 잡념과 의심으로 마음이 흔들리면 삶의 목표를 이룰 수 없다.

족쇄 같은 마음의 끈을 한 뼘쯤 느슨하게 풀고 나무와 바람과 바다에 몸을 맡기는 순간, 자연과의 유쾌한 교감으로 까칠했던 마음이 스르르 풀릴 것만 같다. 그동안 단단히 묶어놓았던 마음의 끈이 느슨해진 것이 없는지, 나를 사랑했던 소중한 마음을 몰라보고 마음의 끈을 놓아버린 이웃은 없는지 되돌아본다. 누군가 마음에 들어왔다가 떠나가는 상처를 다시 겪고 싶지 않다. 괴로운 일들이 삶의 행진을 가로막아도 마음속에 존재하는 행복을 향한 간절한 마음의 끈을 놓지 않는 것, 그것만 있으면 인생은 언제 시작해도 늦지 않으리라.

(2014. 6. 27.)

제7부

마음을 힘들게 하는 집착에서 벗어나기

어느 쪽이든 좋다

강 하나를 사이에 두고

얻는 것이 있으면 잃는 것도 있다

한 치 앞을 모르는 인생

참 스승은 부모다

그대 머무는 곳마다 주인이 되면

융통성 없음을 포용하는 사회가 되었으면

추석이 되면 생각나는 것들

인생은 너와 나의 만남이다

외롭지 않은 사람이 얼마나 있으랴

마음을 힘들게 하는 집착에서 벗어나기

며칠 전에 어떤 대수롭지 않은 물건을 찾느라고 종일 법석을 떨었으나 끝내 찾지 못하였다. 아쉬움과 미련을 못 버리고 이튿날에도 계속 찾는 일에 매달리니 괴로운 심정만 커질 뿐이었다. 어떤 일에 마음을 쏟아, 포기하지 못하는 것도 고통이라는 것을 새롭게 느낄 수 있었다. 또한, 고통을 받을지언정 집착을 버리지 못하는 심리가 내게 여전히 있다는 걸 새삼스레 인식하는 계기가 되었다.

모든 고통은 지나친 욕망에서 비롯된다. 욕망은 집착을 내고, 집착은 고통을 내고, 고통은 병에 이른다. 우리는 집착이야말로 행복을 찾아가는 길이라고 생각하기 쉽다. 하지만 이를 통해 행복을 찾아낸 사람은 아직 없으며, 그것은 괴로운 아집이지, 결코 행복은 아니다.

돈, 사랑, 건강 등은 다 삶을 윤택하게 만드는 요소이긴 하지만 그것에 집착하는 마음을 갖는 순간 우리는 헛된 생각에 빠지고 만다. 그 망상이 삶의 고통을 불러온다. 결국, 세상의 온갖 괴로움은 '집착'에서 비롯된다고 해도 과언이 아니다. 고집멸도苦集滅道라는 말이 있듯 불교에서는 해탈하려면 집착을 끊어야 한다고 알려준다.

멋진 교사이자 작가인 켄 케이즈 주니어(Ken Keyes, Jr.)는『의식상승의 길』이란 책에서 깨달음에 이르는 길에 관해 얘기했다. 의도意圖를 가져라. 하지만 기대를 하지 말고, 당연히 요구도 갖지 마라. 특정 결과에 집착하지 말고, 한쪽을 더 선호하지도 마라. 네 집착을 선호로 승화시키고, 네 선호를 받아들임으로 승화시켜라. 이것이 평화에 이르는 길이고, 이것이 깨달음에 이르는 길이라고 하였다.

『논어』 '자한' 편에 보면 공자는 4가지가 전혀 없었다. 4가지란 의意, 필必, 고固, 아我다. 여기서 '의'는 근거 없는 억측이요, '필'은 무리하게 관철하려는 자세요, '고'는 융통성 없는 완고함, '아'는 오직 나만이라는 집착으로 풀이된다. 이 4가지가 없어야 성인이라 하니, 범인으로서 이를 끊는 일이 또 얼마나 어려운지는 말할 것도 없다.

성경에 의하면 모든 것이 하나님의 것이다. 재물뿐 아니라 생명조차 내 것이 아니고 하나님의 주신 것이다. 그러므로 소유와 집착에서 벗어나는 길은 오직 진리를 알고 자유롭게 되는 길 외에는 없다.

재물이든, 명예든, 권력이든, 사회적 지위든 그것이 무엇이든지 간에 너무 집착하거나 욕심을 내어 모으거나, 가져보았자 다 일시적인 것이다. 우주 만물은 인과가 끊임없이 반복되고 한 모양으로 머물러 있지 않다. 그러므로 세상엔 고정된 모습이란 없다. 물도 고정된 모습을 집착하지 않는다. 여건에 따라 고체, 액체, 기체로 달라질 수 있다. 손자병법에서는 유연한 사고를 강조하면서 물을 닮으라고 말한다. 장군은 물처럼 자신의 모습을 자유자재로 바꿀 줄 알아야 마지막 승자가 될 수 있다고 한다. 주어진 상황에 따라 융통성 있게 대처하는 능력이 있어야 승리로 이끌 수 있다는 말이다.

누구나 문제는 다르지만 저마다의 집착에 빠져 괴로워하며 사는 것이 우리네 인생인 듯싶다. 어쩌면 우리는 온갖 왜곡된 생각으로 가득 찬 집착이라는 감옥 같은 마음에 갇혀 살고 있는지도 모른다. 세상사는 모두 다 마음먹기에 달렸다고는 하나 이제까지 살아온 내 인생을 돌이켜보면 아무리 집착해도 뜻대로 되지 않는 일이 많았다. 어떤 일에 대해 집착이 강해지면 강해질수록 자신을 구속하게 되어 스트레스를 받고 마음이 어두워지기에 십상이었다. 지금도 내 나름의 아집과 집착을 버리지 못하여 생겨난 미련, 초조, 불안, 분노, 질투, 후회 같은 온갖 부정적 감정에 빠질 때가 수두룩하다.

어쩌다 나는 이렇게 되었을까? 언제쯤이나 괴로운 집착에서 벗어나 생기 넘치는 자유로운 삶을 살 수 있을까? 우선 집착이란 고통을 극복하겠다는 의지부터 다져야겠다. 질병을 조기에 발견해서 쉽게 치료하듯 집착도 커지기 전에 떨쳐 버리는 게 최선의 해결책일 것 같다. 일기를 쓰듯 날마다 자기성찰을 하다 보면 집착으로 생긴 삶의 무게를 줄일 수 있으리라. 모든 집착에서 벗어나 참된 자유를 얻으려면 결국 깨달음의 경지에 이르는 수밖에 없지 않을까 생각해 본다.

(2014. 7. 6.)

어느 쪽이든 좋다

사람은 누구나 한번은 죽는다. 불청객처럼 찾아온다는 점에서 죽음은 공포로 느껴진다. 그 공포가 불사不死의 존재에 대한 호기심을 키우고, 나아가 종교에 열성스레 매달리게 하는 요인이 되었을지도 모른다. 한편 생각해보면 죽음을 받아들이는 태도는 크게 두 가지로 갈린다. 죽음을 긍정적으로 받아들이는 경우와 부정적으로 거부하는 경우가 있다. 이와 관련하여『좋은 생각』이란 책을 보니 흥미로운 일화가 있다.

비행기가 1만 미터 상공에서 고장을 일으켰다. 다급해진 승무원들은 승객에게 위급 상황을 알리고 재빨리 구호 장비를 착용하라고 당부했다. 기내는 순식간에 아수라장이 되었다. 승객들은 몹시 당황하며 무서워했다. 그런데 한 할머니만 큰 요동 없이 눈을 지그시 감고 있었다. 할머니 얼굴에서는 공포나 두려움을 느낄 수 없었다. 다행히 비행기는 안전하게 착륙했다. 식은땀을 닦던 한 승객이 할머니에게 다가가 물었다.

"위급한 상황에서 어쩜 그렇게 차분할 수 있었나요.?"

그러자 할머니가 대답했다.

"내겐 두 딸이 있어요. 큰딸은 몇 년 전 세상을 떠났고, 둘째 딸은 이곳 텍사스에 살지요. 저는 지금 둘째 딸을 만나러 온 거랍니다. 비행기가 고장 났다는 방송을 듣고 이렇게 생각했지요. 안전하게 도착한다면 예정대로 둘째 딸을 만나러 가고, 만약 큰 사고가 나면 하늘나라에 간 큰딸을 만나러 가는 거라고요. 그렇게 마음먹으니 무섭지도 두렵지도 않더군요. 어차피 어느 쪽이든 사랑하는 내 딸을 만나는 거니까요."

어쨌든 죽음만큼 두렵고 무서운 것은 없다. 가장 큰 공포이기도 하다. 그러나 내가 보기에 죽음의 두려움을 극복한 사람이 또 있다. 기독교 초기에 교리를 전파했던 사도 바울이 바로 그 사람이다. 그는 "내게 사는 것이 그리스도니 죽는 것도 유익함이라(빌 1:21)."라는 고백을 통하여 그리스도와 동행하는 자에게는 삶과 죽음이 모두 즐거운 것으로 똑같은 가치가 있다고 주장했다. 그러면서도 그는 "차라리 세상을 떠나서 그리스도와 함께 있는 것이 훨씬 더 좋은 일이라 그렇게 하고 싶으나 내가 육신으로 있는 것이 너희를 위하여 더 유익하리라(빌 1:23-24)."고 말하며 다른 사람을 위한 희생적인 삶을 더 긍정적인 것으로 평가하였고 그리스도인의 생애가 어떠해야 하는가를 일깨워 주었다.

나는 나이가 들면 들수록 자꾸 지나온 내 생애를 뒤돌아보게 된다. 어쩌다가 무한한 우주 공간의 침묵이 나를 두렵게 할 때는, 삶이란 무엇인가? 죽음이란 무엇인가? 스스로 물어보며 고민에 빠진 적이 더러 있었다. 그런데 『논어』 이인편里仁篇을 보면 이들 문제를 공자는 "아침에 도道를 들으면 저녁에 죽어도 좋다."는 한마디로 답했다. 즉 마땅한 지켜야 할 이치를 깨닫기만 한다면 바로 죽어도 좋다는 말이다. 나는 이 말을 진리를 깨달으면 언제 죽어도 한이 없다는 뜻으로 받아들였다.

물론 여기서 도란, 차가 다니는 길이나 기차가 다니는 철로와 같은 길이 아니라, 눈에는 보이지 않는 도덕적인 길이다. 따라서 그것은 사람답게 사는 의미를 깨닫게 되는 일이요, '나'라는 존재의 의미와 내가 살아야 할 삶의 이유를 발견하는 일이다. '아침에 도를 들으면 저녁에 죽어도 좋다.'는 말의 참다운 의미는 바로 그런 것이다.

아무튼, 죽음이라는 상황은 모든 생명 있는 존재들이 짊어져야 하는 불안이다. 우리에게 등을 돌린, 빛이 비치지 않는 우리의 생의 측면일지도 모른다. 하지만 삶과 죽음 모두 자연의 원리와 법칙이다. 어느 쪽이든 좋다는 믿음을 가져도 무방하지 않을까 생각해본다.

(2014. 7. 13.)

강 하나를 사이에 두고

시원한 소나기가 한바탕 쏟아진 지난 목요일, 민족의 한이 서린 곳, 애기봉 전망대에 올라가 북한 땅을 보았다. 반드시 되찾아 가슴으로 끌어안아야 할 우리의 산하가 극과 극을 대비한 사진처럼 눈앞에 펼쳐지고 있었다. 너무 사실적이어서 비현실적으로 보이는 것인가.

땅 가르기와 상관없이 강물은 서해로 유유히 흐르고 있었다. 바람 따라 흘러가는 조각구름에 애틋한 마음을 실어 보내 봤다. 강 하나를 사이에 두고 오가지 못하는 실향민들의 안타까움을 머릿속으로 그려 보니 지척이 천 리라는 말이 실감났다.

빤히 건너다보이는 북한의 선전용 위장 마을이 그럴싸하게 보였으나 정작 주민의 모습은 없고 고요만 감돌고 있었다. 북한군의 소대 규모 진지인 쌍마고지, 그리고 가로로 된 도고개를 볼 수 있었다. 도고개의 비탈면에는 교통호 및 참호가 보였다. 무장 군인들의 긴장과 황량한 산야의 적막한 평온이 함께 어우러지듯 묘한 분위기를 느끼게 했다.

남쪽과는 유달리 나무가 거의 보이지 않았다. 아련히 첩첩한 산 너머로 송악산도 보였다. 우리 일행을 반겨 당장 코앞으로 달려올 것만 같은데 동족상잔의 전쟁은 아직 끝나지 않았다.

전망대 관리소장의 말에 의하면 애기봉은 6 · 25전쟁 때에 수십 차례 맹렬한 전투가 벌어진 산봉우리이다. 항쟁에 관련된 애절한 이야기도 있다. 병자호란 때 평안감사가 가장 사랑하는 애첩 '애기'를 데리고 피난길에 올랐다. 그러나 감사는 바로 강 건너에서 청나라에 의해 북으로 끌려가게 되었고, 애기는 한강을 건너게 되었다. 때문에 애기는 매일 북녘 하늘을 바라보며 일편단심으로 감사가 돌아오기를 기다리다 결국 병들어 죽어 가면서, '임'이 잘 바라보이는 봉우리에 묻어 달라고 유언했다.

그 후 약 300년이 지난 1966년 10월 7일 박정희 대통령이 '애기' 사연을 듣고, "애기의 한恨은 강 하나를 사이에 두고 오가지 못하는 우리 일천만 이산가족의 한과 같다."고 하여 애기봉이라 이름 붙이고, 친필로 휘호를 써서 비석을 세웠다고 한다. 지금도 명절이면 실향민들이 많이 찾는다고 한다.

한편 관리소장은 북한의 인권은 무참히 짓밟히고 있다고 강조했다. 그는 얼마 전 탈북민 200여 명을 대상으로 안보 강연을 하다가 궁금하여 북한 주민들이 가장 두려워하는 것이 무엇이냐고 물어보았더니, 굶주림이나 가난보다는 총살, 공개 처형이라고 이구동성으로 대답하여 의아스러웠다고. 실제로 총으로 공개 처형하는 걸 본 적이 있느냐고 물었더니 다들 웃더란다. 뜻밖의 반응에 어리둥절해 있는데,

"뭘 그런 걸 다 물어보느냐? 북한 주민이라면 누구나 재판 없이 공개 처형하는 장면을 비일비재하게 볼 수 있다."

여러 사람의 말이 한결같았다는 것이다. 처형 장면을 보여주는 것은 '무조건 충성하지 않으면 이렇게 된다.'는 공포감을 불러일으키고 충격 효과를 주기 위한 것이리라 여겼다.

민족의 한이 서린 곳 애기봉에 다녀왔다. 저곳이 정말 분단된 우리 민족일까? 자꾸 드는 의구심과 강 하나를 사이에 두고 오가지 못하는 조국 분단의 현실이 실감 날 땐 비통하고 안타까움을 금치 못했다. 천만 이산가족의 가슴에 응어리진 슬픔이 내 가슴에도 뭉클 와 닿는 듯했다. 생사의 갈림길을 자유롭게 넘나드는 새들이 부러웠다. 공간적인 거리는 가까운데 양쪽 의식의 거리는 아직도 천리만리라는 걸 알았다.

분단의 아픔은 아직 아물지 않았다. 쌓이고 맺힌 60여 년의 한恨을 어서 빨리 풀어주어야겠다. 높다란 철책은 국경선이 아닌 휴전선이며 전쟁이 끝나는 날 흔적 없이 사라지리라. 전쟁이 종식되고 세계평화를 위해서 나아가야 할 때인 것 같다. 만감이 교차한 채 내려오는 귀향길 마음이 무거운 하루였다.

(2014. 7. 20.)

얻는 것이 있으면 잃는 것도 있다

티셔츠 하나만 입어도 될 정도로 여름의 한복판에 들어섰다. 그럭저럭 잘 지내다 어제는 평소에 먹지 않던 음식의 맛에 끌리어 과식하였다. 미각의 즐거움으로 얻은 대가는 혹독하였다. 밤새껏 배앓이를 심하게 했다. 얻는 것이 있으면 잃는 것도 있다는 걸 새롭게 느꼈다.

한때 나는 술을 좋아했다. 퇴근길에 직장 동료들과 어울린 술자리는 즐거웠다. 술잔과 술잔을 부딪치며 마시는 그 자리는 더 없이 정이 넘치고 흥겨운 자리였다. 마시지 않은 날이 거의 없이 한 20여 년을 보냈다. 난亂에 빠져 실수가 많아지고 얼굴에 기미가 끼기 시작했다. 술로 인해 인생의 빛과 어둠을 함께한 친구들도 적지 않게 눈에 띄었다. 사실 술 마시기에 따르는 쾌락은 다른 쾌락에 비해서 강렬하고 확실하며 신속하나 지속성은 매우 짧다는 걸 느꼈다. 그동안 음주로 말미암아 얻은 것보다 잃은 것이 더 많다는 걸 알게 된 후부터 술을 점점 멀리하기 시작했다.

어떤 분야에서든지 얻는 것이 있으면 잃어버리는 것도 있다. 노력한 것 이상으로 얻을 수도 있고 적게 얻을 수도 있다. 얻은 것만큼 잃어버린다면 그래도 덜 아쉽겠지만 훨씬 많이 잃어버린다면 문젯거리가 아닐 수 없다. 요즘 세상이 그런 것 같다.

먹거리 분야를 살펴보아도 심각한 문제가 있다. 화학비료와 화학 농약의 보급은 인류에 식량 해결이라는 큰 업적과 자연 파괴라는 양날을 남겼다. 더 많이 생산하고 더 많이 얻는 데에 성공하였지만 토양 오염과 하천, 해안의 환경 피해가 커지고 있다. 특히 농약은 식품에 직접 첨가되지는 않으나 식품에 잔류함으로써 우리의 건강에 영향을 주고 있다.

얻는 만큼 잃게 되는 이율배반적 현상은 우리 사회 곳곳에 도사리고 있다. 화석 연료 분야를 살펴봐도 득실得失 문제가 중대하다. 최근 들어 석유, 석탄, 천연가스 등의 화석 연료는 인류 생활에 없어서는 안 될 정도로 중요한 자원이다. 에너지 산업의 핵심이다. 각종 산업 현장과 배, 자동차. 비행기 등의 운송 수단 에너지로 사용되고 있다. 수많은 생활용품의 제조 원료로 이용되고 있다. 이처럼 일상생활에서 화학 연료로 얻는 혜택은 이루 말할 수 없이 많다. 그러나 잃는 것도 엄청나다. 화석 연료의 연소로 말미암아 이산화탄소가 발생하여 지구온난화를 일으키고 있다. 극지방의 빙하가 녹아 바닷물의 수면이 높아지고 기상 이변이 속출하게 된다. 연소 과정에서 생기는 질소화합물 및 황산화물은 공기 오염과 산성비 등 환경오염을 일으킨다.

지난 삶을 돌이켜보니 내게는 일을 진행할 때 손익損益을 미리 계산하지 못하고 덤벼든 경우가 많았다. 더 좋은 것을 갖기 위해서, 더 많이 갖고 싶어서, 앞만 보고 달린 것 같다. 이미 얻은 것이 있는 데도 더 얻고자 하고, 잃을 수도 있는 데도 헤아려보지 못한 적이 많았다. "당신이 얻는 모든 것에는 분명 잃는 것이 있다."라는 에머슨의 말이 생각난다. 일의 경중을 정확히 가늠하는 것은 물론이고 유익한 목표라 하더라도 때로는 소중한 것을 대가로 지불할 수 있음을 깊이 잘 생각해야겠다.

주식이 오를 때가 있으면 내릴 때가 있듯이 세상을 살다 보면 궂은 때가 지나면 좋은 때가 오는 법이다. 하나를 얻으면 하나를 잃는 일이 얼마든지 일어나기 마련이다. 한 가지 일에 집중하면 다른 일엔 소홀히 하기 십상이다. 때에 따라서는 잃을 수도 얻을 수도 있다는 것에 지혜를 모아야겠다. 등가교환等價交換의 법칙에 따라 정도正道로 살아가야만 승리할 수 있는 세상을 머릿속에 그려보았다. 얻은 것에 대한 자신감과 잃어버린 것에 대한 부끄러움 속에 빠져본 하루였다.

(2014. 7. 27.)

한 치 앞을 모르는 인생

며칠 전 일이다. 친구들과 모여 즐겁게 식사를 하고 귀가하는 길에서 뜻밖의 자동차 추돌 사고를 냈다. 불행 중 다행으로 물적 손해만 입었다. 생각해보면 자동차 운전 이십여 년 동안 위험천만한 순간이 한두 번이 아니었다. 모두 생각하지 않은 날, 전혀 예상치 못한 시각에 일어났다.

정말 알다가도 모를 게 세상살이다. 누구나 인생길 '앞날'에 어떤 일이 일어날지 알 수 없다. 내일까지 산다고 누가 보장을 할 수가 있는가?

"또 만나세."

하고 다정하게 악수를 하고 헤어진 사람이, 며칠 후 세상을 떠나, 영안실에서 유명幽冥을 달리하여 만나게 되는 일도 있었다. 기억을 더듬어 보면 생각하지도 못하고 알지도 못하는 순간에 일어나는 일은 부지기수였다.

또한, 그동안 가까이 지내온 사람들을 살펴보면 한 가지 이상의 걱정을 달고 사는 이가 많았다. 자기가 얼마나 오래 살 것인지에 대해 걱정하는 사람이나 병이 날까 봐 이 의사 저 의사를 찾아다니고 온천욕, 건강 센터, 영양제를 찾는 이웃을 많이 보았다. 심지어 사고가 생길까 봐 비행기를 타지 않으려 하는 사람도 있었다. 모두가 미래의 불확실성 때문에 염려를 벗어나지 못하는 것 같았다.

가끔 나도 미래를 생각해본다. '한 치 앞도 모르는 것이 인생'이란 말이 요즘 들어 새삼 마음에 와 닿고 있다. 참말로 뜻같이 되지 않는 게 인간사인 듯싶다. 아무리 돈 많고, 권력 있어도 지킬 수 없고, 막을 수 없는 것들이 많다. 한 치 앞도 모르고 살아가는 것이 우리네 인생이다. 아무리 정확한 정보를 가지고 예측을 한다고 해도 결국 예측은 예측일 뿐이다.

최근 나라 안팎에서도 예견치 못한 사건들이 잇달아 일어났다. 세월호 참사. 포천 빌라 고무통 변사 사건, 육군 28사단 의무대에서 후임병을 집단 폭행해 사망에 이르게 한 국내 사건은 예측하기 힘든 충격적인 사건들이었다. 나라 밖에서는 300여 명이 죽은 우크라이나 반군의 여객기격추사건, 사망자가 700명이 넘을 것으로 예상하는 중국 윈난성 지진, 이스라엘과 팔레스타인 사이의 전쟁, 세계보건기구(WHO)가 비상사태를 선포한 에볼라 바이러스의 위협은 모두 당하기 전에 미리 생각하지 못한 날, 알지 못하는 시각에 생겨났다.

앞일은 아무도 모른다. 신이 이 세상을 만들 때 정해놓은 절묘한 법칙 같다는 생각도 든다. 한편 생각해보면 내일이 다 정해져 있다면 삶이 얼마나 지루할까? 내일을 모르기 때문에 설레는 마음으로 각자의 꿈을 갖고 살아갈 수 있는 것 같다. 하루하루를 인생의 마지막 날처럼 살라는 말이 그래서 있는 성싶다. 누구를 만나더라도 마치 마지막 만남처럼 상대방에게 집중해서 최선을 다하고, 하고 싶은 일이 있다면 마치 인생의 마지막 날처럼 그 일을 시도해보라는 뜻일 것이다. 더욱이 중요한 것은 내가 여전히 살아있고, 내일도 축복 같은 하루를 가질 것이라는 사실이다.

구더기 무서워서 장 못 담그랴. 한 치 앞도 모르지만, 최선을 다해 오늘에 충실하며 살아가는 것 또한 우리네 인생이다. 긍정肯定과 낙천樂天으로 내일을 꿈꾸는 것이 낫지 않을까? 인생 여행의 끝이 언제가 될지는 모르겠지만, 매일매일 즐겁게 살고 싶다. 주어진 하루를 감사하게 생각하고, 사랑하는 사람과 행복하게 살고 싶다. 정말 후회 없이 살아야겠다는 생각이 불현듯 드는 오늘이다.

(2014. 8. 10.)

참 스승은 부모다

장마가 그치고 희뿌연 구름이 낀 며칠 전, 자주 다니던 산책길에서 비를 만나 흠뻑 젖었다. 어린 시절의 추억이 떠올랐다. 어느 여름날 소나기를 맞고 집으로 들어선 나를 보고 어머니가 “아이고 내 새끼 비 다 맞았네.” 하시며 치마 앞자락으로 머리를 닦아주시고 품에 안아주셨던 기억이 새로웠다.

아낌없이 내어주고 보듬어 주는 부모의 자식 사랑은 동서양을 막론하고 예나 지금이나 너 나 할 것 없이 지극하다. 그러나 자식을 사랑하는 방식은 제각각인가 보다. 최근 친지가 보내준 메일을 열어 보고 가장 부족한 자식을 잘 키우려 애를 쓴 어느 미국의 가족에 얽힌 흥미로운 이야기에 고개를 끄덕였다.

다섯 명의 자식을 둔 한 부모가 있었다. 그런데 하나가 유독 병약하고 총명하지도 못하여 형제들 속에서조차 주눅이 들어 있어 늘 가슴 아팠다. 어느 날, 아버지가 다섯 그루의 나무를 사 왔다. 그리고 자식들 모두에게 한 그루씩 나누어 주며 1년이라는 기한을 주었다. 그리고 가장 잘 키운 나무의 주인에게는 뭐든 원하는 대로 해 주겠다는 약속을 했다.

약속한 1년이 지났다. 자식들을 데리고 나무가 자라고 있는 숲으로 갔다. 놀랍게도 유별나게 한 그루 나무가 키도 크고 잎도 무성하게 잘 자라 있었다. 바로 아버지의 가슴을 가장 아프게 하였던 아들의 나무였다. 약속대로 원하는 것을 물었으나 그 아들은 딱히 무엇을 요구해야 할지조차 말하지 못했다. 하지만 아버지는 큰 소리로 칭찬하기를 이렇게 나무를 잘 키운 것을 보니 분명 훌륭한 식물학자가 될 것이며 그리될 수 있도록 온갖 지원을 아끼지 않겠다고 모두 앞에서 공표公表하였다.

아버지와 형제들로부터 명분 있는 지지와 성원을 한몸에 받은 그 아들은 성취감이 고조되고 식물학자가 되겠다는 꿈에 부풀어 그날 밤잠을 이루지 못하였다. 하얗게 밤을 지낸 새벽, 잘 자라준 나무가 고맙고 하도 신통하여 숲으로 갔다. 어스름한 안갯속에 움직이는 물체가 그의 나무 주변에서 느껴졌고 곧이어 물뿌리개를 들고 있는 아버지의 모습이 두 눈에 보였다. 그 후 그 아들은 비록 훌륭한 식물학자는 되지 못하였으나 미국 국민들의 가장 많은 지지와 신뢰를 받은 최초의 4선 대통령이 되었다. 바로 프랭클린 루스벨트 대통령이다.

시간과 공간을 초월해 항상 존재했던 것이 자녀에 대한 부모의 열정이다. 중국에는 맹자孟子의 어머니가, 그리고 한국에서는 한석봉韓石峯의 어머니가 훌륭한 어머니의 모범으로 지금까지 회자하고 있다. 자식 위해 아낌없이 내어주는 부모의 사랑은 옛날과 다를 바 없다. 철 따라 날씨가 반복되듯 부모의 자식 사랑도 세대를 두고 반복된다.

오늘날 우리나라 부모의 교육열은 세계에서 가장 뜨겁다 해도 과언이 아니다. 맹자와 한석봉의 어머니를 능가하면 능가했지 결코 뒤지지 않는다고 할 수 있다. 미국의 오바마 대통령도 한국의 교육열을 칭찬할 정도이다.

그러나 문제가 없는 것이 아니다. 사교육비가 가계소비지출에서 너무 비중이 높다. 자녀의 앞뒤를 깊이 헤아리지 못하는 무모한 관심도 지나치게 높다. 오죽했으면 한국인이 이민한 곳에 학원도 있고, 과외공부도 생겨났다는 말이 퍼졌을까.

따뜻하고 긍정적인 인성을 중요시 여기며 자식을 대하는 사람으로 유한양행의 창업주 유일한 박사가 있다. 그는 물고기 잡는 법을 알려주면 될 뿐이라며 잡는 것은 자기 스스로 해야 한다고 가르쳤고, 유언에서 전 재산을 사회에 환원하고 손녀 학비로 1만 달러만 남겨주었다. 이처럼 몸소 모범을 보여주는 부모가 참 스승이 아닐까 생각해본다.

(2014. 8. 16.)

그대 머무는 곳마다 주인이 되면

가끔 나는 번잡한 일상을 내려놓고 산을 찾아가 짧은 휴식을 취하곤 한다. 자주 가는 곳이 우리 집 뒷산이나 가까운 내장산이다. 어제는 모처럼 고향 뒷산 칠보산으로 발걸음을 옮겼다. 천천히 비탈진 숲길을 올라가니 골짜기를 흐르는 물소리가 아주 맑고 마음조차 시원해졌다. 이윽고 보림사가 다가왔다. 아담한 경내를 구경하고 편안한 마음으로 내려오는데 어귀 바위에 "그대 머무는 곳마다 주인 되시길"이라고 새겨진 글귀가 눈에 들어왔다. 마음에 와 닿았다. 참뜻을 곰곰이 생각하며 집으로 돌아왔다.

우선 의문부터 해결하려고 실마리가 될 만한 자료를 뒤져보았다. 중국 당나라 선승 임제의 "수처작주隨處作主 입처개진立處皆眞"이란 글이 눈에 띄었다. 그대가 머무는 곳마다 주인이 되면, 그곳이 진리의 세계가 된다는 의미였다. 인간의 주체성을 내세운다는 점에서 오늘날 실존철학자들이 주장하는 주체적인 삶과도 상통한다고 보았다. 주어진 삶을 어떤 마음으로 살아가야 하느냐 깨우쳐 주는 말이었다.

다시 '수처작주'라는 음미해본다. 분명 남의 일이지만, 자기 일 못지않게 주인이 보거나 말거나 알차게 일을 하는 사람이 있는가 하면, 주인이 없으면 일을 거의 하지 않거나 건성으로 일하는 사람들이 있다. 바로 좀 더 넓은 주인의식의 있고 없음의 차이다.

조만식 선생은 우리가 존경하는 독립운동가이다. 그는 어려서 가정형편이 너무 어려워 남의 집 머슴살이를 하였지만, 자신의 처지를 비관하거나 부끄러워하지 않고 당당하면서도 자긍심이 있었고 무엇보다 성심성의로 일했다고 한다.

한 예화가 생각난다. 어려서부터 이웃에 살며 형제처럼 가깝게 지낸 두 사람이 있었다. 세월이 흘러 한 사람은 가난한 목수가 되었고 다른 한 사람은 부자가 되었다. 어느 날 부자 친구가 찾아와 이렇게 말했다.

"자네의 훌륭한 솜씨로 집 한 채를 지어주게. 여기 설계도대로 가장 좋은 재료를 쓰고 거기에 따른 비용은 수시로 보내주겠네."

부탁을 받은 목수는 곧 일에 착수했다. 처음에는 양심적으로 일했으나 점차 더 많은 이익을 얻으려는 욕심에서 값싼 자재를 쓰고 노임이 싼 초보자 일꾼을 기용했다. 집이 완공되자 부자인 친구에게 집 열쇠와 고의로 부풀린 건축 계산서를 넘겨주었다. 부자 친구는 셈을 치르고 나서 열쇠를 도로 목수인 친구에게 넘겨주면서 말했다.

"이 열쇠는 자네한테 주겠네. 그리고 집 등기문서도 여기 있네. 이 집은 내가 자네에게 주는 선물이니 아무쪼록 이 집에서 여생을 행복하게 지내기를 바라네."

목수인 친구는 집을 튼튼히 짓지 않은 것이 무척 후회되었다. 이 얘기로 미루어 보면 주인의식은 외부에서 오는 것이 아니다. 자신의 의지에서부터 나오는 것이다.

생각건대, 주체적 인간으로 살면 무엇을 하든 그 하는 일과 그 있는 자리가 모두 진실한 삶이다. 주인의식은 오래전부터 모든 공동체에서 강조해온 가치이고 여전히 중요한 도덕적 가치로 삼고 있다. 며칠 전 어느 일간지를 보니 '사무원 모집 –주인의식이 있는 분'이란 광고가 있었다. 분명 머무는 곳마다 주인이 되는 사람은 주체적으로 생각하고 결정하며 어떤 일이든 최선을 다할 것이다.

삶을 돌아본다. 그동안 주로 생활의 염려에 얽매여 살아왔음을 절실하게 느끼고 있다. 진정한 삶의 주인으로서 살아가고 있는지에 대해서는 아직도 회의감이 도사리고 있다. 이제부터라도 온전한 내 일이 무엇이고 주인다운 나의 삶이 무엇인지 찾아야겠다.

(2014. 8. 23.)

융통성 없음을 포용하는 사회가 되었으면

생각이 복잡해져 가까운 친구와 드라이브를 나갔다. 전화가 걸려 왔으나 운전 중이라 받지 않았다. 여러 차례 전화벨이 울려도 나 몰라라 하니까 옆에서 지켜보던 친구는 혹시 긴급하고 중요한 일로 연락하는 건지 모르니 얼른 받으라고 채근했다. 운전 중 휴대전화 사용 금지 규정을 모르느냐고 오히려 반문하니 어이가 없다는 표정을 지으며 너무 융통성이 없다고 나무랐다. 생각하니 그동안 곧은 성질만 앞세우고 너무 꼬장꼬장 대했던 일들이 떠올랐다.

융통성 없다는 말이 뭔가? 흔히 꽉 막힌 사람보고 융통성 없다고 한다. 더 좋은 방법이 있는데 미련하도록 원리 원칙을 고수하거나 고지식할 때 흔히 듣는 말이다. 융통성 문제를 염두에 두다 보니 때마침 지지리도 변통성 없는 사람이 이 사회에서 살아가는 어려움을 풍자한 영화「바르게 살자」의 도입부가 떠오른다.

한적한 시골길. 지나가는 차는 한 대도 없고 인적조차 드문 곳인데도 어김없이 신호등은 바뀐다. 오랜만에 차가 한 대 지나가다 붉은 신호등이 켜지자 잠시 멈칫했다. 그러나 반대편에서 오는 차가 없어서 무시하고 좌회전을 했다. 이를 가만히 지켜보던 경찰은 차를 세우고 신호 위반을 지적하며 면허증을 내놓으라고 한다. 급히 가야 할

곳이 있어서 그랬다면서 한 번만 봐 달라고 사정하지만, 경찰은 면허증을 내놓으라고 재차 말한다. 그제야 운전자는 신분을 밝힌다.

"내가 이번에 새로 부임하는 서장인데……."

그런데도 교통경찰은 우렁차게 경례한 후 딱지를 뗀다. 서장에게 찍힌 교통경찰은 결국 인생이 꼬인다.

이 영화 주인공처럼 원칙만 너무 앞세우는 사람은 고지식하고 갑갑하게 보일 때가 많다. 의사소통하기 힘들고 눈치도 없다. 좋게 말하면 소신이 있고 명령에 따라 한 치의 오차도 없이 실행한다고 할 수도 있지만, 이런 사람과 함께 있으면 답답하고 분통이 터져서 견디기 힘들 때도 잦다.

한편 생각해보면 지나치게 융통성을 발휘하는 것도 문제가 많다. 만약의 경우 안전 수칙을 무시하여도 무사하게 넘어가는 일이 계속되면 은연중 규범의식이 흐려지고 안전 불감증에 걸릴 수 있다. 심지어 최악에는 범죄나 큰 사건 사고로 이어지기도 한다. 최근 나라 안에서 일어난 대형 사고들도 융통성 없이 곧이곧대로 안전 수칙을 준수했더라면 사전에 막을 수 있는 것들이 비일비재했다.

문득 융통성 없이 곧이곧대로 사는 사람을 응원하고 싶은 생각이 나는 건 웬일일까? 잘못을 저지른 대가를 치르기보다 '불가피한 상황'으로 합리화를 시도하는 사람에 미생지신尾生之信이란 얘기를 들려주고 싶다. 춘추시대 노나라에 미생尾生이라는 사람이 있었는데, 사랑하는 여자와 다리 아래에서 만나기로 약속하고 기다렸으나 여자가 오지 않자 소나기가 내려 물이 밀려와도 끝내 자리를 떠나지 않고 기다리다가 마침내 교각을 끌어안고 죽었다는 이야기이다.

물론 미생처럼 쓸데없는 명분에 빠져 소중한 목숨을 가벼이 여기는 사람은 진정한 삶의 길을 모르는 자이다. 답답해 보이지만 자신의 길을 묵묵히 가는 사람이 존경스러운 법이다. 주어진 규율 안에서는 나름대로 융통성을 발휘해서 상황에 맞춰 적절히 대응하는 삶을 살고 싶다. 융통성 없음을 포용하는 사회가 되면 더불어 살기 편하고 더 예측하기 쉬운 세상이 될 수 있지 않을까 하는 기대를 해본다.

(2014. 9. 1.)

추석이 되면 생각나는 것들

선선한 바람이 아침저녁으로 솔솔 불어온다. 가을과 한 발치 가까워진 느낌이 든다. 그럼에도 불구하고 한낮에는 여전히 덥다. 38년만에 찾아온 여름 추석이 코앞이다. 선물 꾸러미를 가득 들고, 발걸음을 재촉하는 사람들이 눈에 뜨이게 많아졌다.

해마다 이 무렵이 되면 벌초 먼저 하기 위해 고향 선산을 오른다. 우거진 잡목숲을 헤치고 열 기其가 넘는 조상님들의 묘소를 찾아갈 때마다 고생이 이만저만이 아니다. 그래도 찾아가 땀 흘리며 무덤의 잡풀을 베고 다듬고 나면 돌아가신 분 앞에 면목이 조금 서는 것 같다. 벌초를 마치고 옛날에 내가 살았던 고향 집을 찾아갔다.

과묵하시던 아버지도 따뜻한 어머니도 이제는 안 계시는 집이지만 햇살이 따사로이 비치는 뜰에 서서 실로 오랜만에 마음의 평화와 행복을 느꼈다. 그리고 잠시 그리운 옛 추억에 잠겨보았다. 추석 전날 밤에 마루에 앉아 온 식구가 모여 송편을 빚을 때 휘영청 달빛은 더 밝아오고 풀벌레의 합창 소리가 찌르르 가슴에 울리던 추억이 아련하다. 내 어릴 적에만 해도 이렇게 추석날이 다가오면 온 동네의 추석 분위기는 무르익어 갔고, 축제와 같은 이야기꽃이 한창 피어나곤 했다. 자식들 돌아와 자그마한 방에 모여 앉아 지난 이야기 도란도란 나누면 부모님의 흐뭇한 마음은 사랑으로 넘치기 마련이었다.

집안 한 어른의 얘기에 의하면 그분이 갓 시집왔을 때만 해도 추석이 되면 친정에 근친하러 간 적이 꽤 있었다고 하였다. 근친을 갈 수가 없는 경우에는 친정어머니와 중간 지점에서 만나 함께 회포를 풀고 음식을 나누어 먹으며 반나절을 보내는 중로상봉中路相逢, 즉 반보기를 한 적도 있다고 술회하셨다. 이러한 풍습이 지금까지 이어져 매년 추석이면 대부분 인구가 고향을 찾아 대이동을 하는 진풍경을 벌이고 있는 것으로 생각한다.

추석은 신라 시대의 가배嘉俳에서 유래되었다고 한다. 이는 고대 사회의 풍농제豊農祭에서 기원한 일종의 추수 감사절에 해당한다. 사실 우리 민족은 오랜 옛날 선사시대부터 제천의식이란 것이 행해지고 있었다. 부여의 영고, 동예의 무천, 고구려의 동맹, 마한의 시월제 따위가 그런 것들이다. 하늘을 숭배하고 제사 지내는 원시 종교 의식이었는데, 부족 전체가 한 광장에 모여, 노래하고 춤추고 술 마시며 즐겼다고 전해진다. 일종의 추수감사절인 셈이었다.

유래와 어원은 조금 다르지만, 서양에도 조상이나 그동안 신세를 졌던 분들에게 감사를 드리는 추석 같은 명절이 있다. 나라마다 조금씩 차이가 있지만, 캐나다는 10월 둘째 월요일, 미국은 11월 넷째 목요일에 추수감사절을 지낸다. 멀리 떨어져 있는 자녀들이 찾아와 온 가족이 한 집에 모여 여러 음식을 만들어 먹으면서 이야기를 나누고, 그동안의 안부를 묻는 것 역시 우리와 비슷하다.

어떤 이는 지금을 디지털 유목민시대遊牧民時代라고도 한다. 젊은이들이 일자리를 찾아 고향을 떠날 수밖에 없고, 한곳에 오래 살기보다는 유목민처럼 자주 이사를 하는 게 생활화되었다. 이런 흐름 따라 일어나고 있는 핵가족화 현상은 가족 형태의 근본적인 변화를 가져왔고 추석이 돌아와도 고향에 가지 못하거나 소외되고 외로운 이들도 많아졌다. 이들을 내 식구처럼 배려하여 따뜻한 추석을 함께 보낼 수 있도록 노력해야 하지 않을까 싶다.

아무튼, 추석은 풍요로움을 즐기고 나누며 감사하는 마음이 담겨있는 명절이다. 가난하고 어렵게 사는 사람과도 함께 음식을 나누어 먹으며 결실의 기쁨과 고마움을 표현하고 가진 것의 많고 적음을 떠나서 나누고 낮추는 마음, 그것이 바로 추석의 의미라고 본다.

(2014. 9. 8.)

인생은 너와 나의 만남이다

아침저녁으로 선선한 바람이 불어온다. 높고 파란 하늘이 성큼 다가온 가을을 느끼게 한다. 조롱조롱 가지에 매달려 빨개진 석류가 보석 같은 이를 금방 드러낼 것만 같다. 초가을 들어 나의 일상은 만남으로 바빠졌다. 지난주만 해도 여섯 차례의 크고 작은 모임에 참석하여 많은 사람과 만남의 기회를 가졌다. 옷깃을 스치고 지나는 만남까지 꼽는다면 헤아릴 수 없다. 한편 이렇게 많은 만남 중에서 과연 진정한 인격적 만남은 얼마나 가졌을까 자문해보니 대답하기가 망설여진다. 더욱이 평소 다른 사람들과의 만남이나 대화 속에서 마음의 문을 여는데 더딘 나로서는 참된 만남에 대하여 진지하게 되새겨보지 않을 수 없다.

인생은 만남의 존재임에도 불구하고 요즘 들어 나의 하루하루는 낮에는 그저 그런 일로 시간을 보내고 밤이 되면 텔레비전 프로그램에 빠져 가족과 진지한 만남과 소통을 외면할 때가 다반사다. 밖에 있는 사람과 만날 때도 마찬가지다. 물질 만능의 풍조에 물든 탓인지 내 마음도 각박해져서 인간성이 활짝 꽃필 수 있는 순수한 만남보다 이해 타산적인 만남이 더 많아졌음을 나 스스로 부인할 수 없다. 최근 정보화 시대의 도래로 텔레비전, 전화, 컴퓨터, 인공위성은 서로 연결, 조합되어 예전보다 많은 대상을 만나기 쉽고 편해졌지만, 오히려 인격적 만남의 기회가 줄어들고 있다. 이런 세태일수록 인간성의 회복을 위해 만남의 모범을 찾아 '나'와 '너'의 인격적 자아를 실현하는 본보기로 삼는다면 얼마나 좋을까 생각해본다.

사실 인류의 역사는 만남으로 이루어진다. 선인先人들을 살펴보면 평범한 사람이 자기 이외의 사람과 인격적 만남을 계기로 자신의 일생에 전환점을 마련한 다양한 사례가 있다. 고대 그리스의 철학자 플라톤은 비극 시인이 되고자 방황하다가 스승 소크라테스를 만남으로써 형이상학이란 철학을 수립하였는데, 그들의 만남은 철학적 인격적 만남이었다. 베드로는 평범한 어부로서 생업에 종사하다가 서력西曆의 기원이 된 예수 그리스도를 만나 기독교에서 추앙받는 사도使徒가 되었으며, 이들의 만남은 종교적이며 영적인 만남이라 할 수 있다. 단테는 구원의 여성인 베아트리체를 만남으로써 세계 문학사에 뛰어난 『신곡神曲』이란 불후의 명작을 남겼으며, 그들의 만남은 순수한 이성 간의 문학적 만남이었다.

"세 사람이 길을 가면 반드시 내 스승이 있게 마련이다."고 공자는 말했다. 고매한 인격을 갖춘 성인도 다른 사람들과의 만남이나 대화 속에서 자신을 수양했음을 간파할 수 있다. 그러므로 진정한 만남이란 위대한 사람을 만나야 하고 반드시 이루어지는 것이 아니다. 주위에서 옷깃을 스치고 지나는 평범한 남녀, 우연한 인연으로 부드럽게 대화를 나눌 수 있는 사이에서도 진정한 만남을 이룰 수 있다. 부모와 자식, 스승과 제자, 독서를 통한 저자와의 해후, 다정한 벗끼리 포근한 대화, 순수한 사랑과의 조우, 이 모두의 만남이 알게 모르게 자기 인격 형성에 많은 영향을 끼친다.

모든 만남에는 헤어짐이 정해진 이치이지만 아무튼 그동안 나의 삶은 무수한 만남의 연속이었음을 깨달을 수 있었다. 또한, 진실한 만남은 서로의 인생을 이어주는 고리였음을 알았다. 사람의 됨됨이도 인격과 인격의 만남으로써 만들어진다는 점을 알아차릴 수 있었다. 여하튼 인간은 만남의 존재이다. 산다는 것은 만난다는 것이다. 그러므로 인생에서 제일 중요한 것은 만남이다. 만남 속에서 모든 참다운 삶은 구현된다. 만남을 통해 씨줄 날줄 같은 관계가 형성되고 사랑과 신뢰도 싹트기 마련이다. 진정 소중한 만남으로 늘 기억될 수 있도록 지금의 만남을 소중하게 이어가야겠다.

(2014. 9 .22.)

외롭지 않은 사람이 얼마나 있으랴

오랜만에 바람을 쐬기 위해 야외로 나와 논두렁길을 걸었다. 따사로운 가을 햇살 아래로 벼가 누릇누릇 익어가고 있었다. 잠시 걸음을 멈추고 아무도 없는 둑 위에 가만히 앉아 쉬었다. 눈앞 들판에는 풍요의 기운이 넘쳐나는데 내 맘 한구석에는 어딘가 허전하고 비어있는 듯했다. 문득 '봄이 되면 여자는 생각이 많아지고 가을에는 선비의 마음이 슬퍼진다.'라는 옛말이 떠올랐다. 아마도 외로움을 타기 쉬운 계절 탓인가 보다, 마음속으로 그러거니 여겼다. 그러나 산책을 마치고 집으로 돌아와서도 허전했던 마음의 여운이 감돌았다.

한참 후 차분히 마음을 가라앉히고 외로움에 대해 곰곰이 생각해보았다. 지금은 외로움이 그다지 많지 않지만 젊었을 적에는 뜬금없이 찾아오는 까닭 모를 그리움과 외로움으로 가슴이 뭉클했던 적이 있었다. 외로움은 인간의 본질이요 본성이므로 정도의 차이는 있을지언정 누구에게나 외로움이 있을 것으로 생각한다.

사람은 본래 외로움을 가지고 태어나는 거 같다. 어차피 인생이란 혼자 왔다가 혼자 가는 것이 아닌가? 우리는 모두 외롭다. 지금 외롭지 않다고 해도 언젠가는 외로워진다. 결혼해서 배우자와 함께 산다고 해도 외로움에서 벗어날 수 있는 건 아니다. 쉽게 생각해보자.

남편이 직장 일을 마치고 집에 왔는데 외롭다고 하면 아내 입장에서도 그 감정에 영향을 받을 수밖에 없다. 같이 걱정하다 보면 기분도 우울해지고 부정적 정서들이 쌓이게 된다. 내가 이렇게도 신경을 써 주는데도 남편은 외롭다 하니, '그러면 나는 뭔가.'라는 생각이 들며 아내도 외롭다고 느낀다. 이처럼 누군가를 사랑하고, 자식을 낳고, 자신을 둘러싼 수많은 사람을 보면서도 외로움을 느끼는 것이 인간의 본성이다.

더욱이 생활문화가 외로움을 증가시키는 방향으로 변질하고 있다. 바로 얼마 전 이웃 아파트에서 쓸쓸히 인생을 마무리한 사람이 있었다. 아파트로 대표되는 우리나라의 주거문화가 이웃과의 소통을 단절시키고, 소외된 공간 속에서 외톨이를 양산하고 있는 것은 아닌가 싶다.

지난 5월 29일 KBS 파노라마 고독한 삶의 이야기가 방영되었다. 제작팀 조사결과에 의하면 2013년 한 해 고독사孤獨死하는 이들의 수는 1,717명. 여기에 고독사로 의심되는 추정치를 포함하면 그 수는 연간 11,002건으로 늘어난다. 이것은 우리 주위에서 5시간마다 1명꼴로 고독사가 발생한다는 말이다. 고독사는 수도권을 비롯한 대도시에서 집중적으로 발생했는데 놀라운 것은 50대에서 가장 많이 발생한다는 사실이었다. 최근에는 도시에 거주하는 젊은 층도 상당수 포함된다. 50대 이상이 59.8%로 압도적이긴 하나, 30대 이하도 8.5%, 40대는 17.0%를 차지했다.

홀몸노인 문제도 심각한 사회문제가 된 지 오래다. 통계청에 의하면 지난해 홀몸노인은 125만 명으로 2000년 54만 명에 비해 2.2배 증가했으며 2035년에는 현재 홀몸노인의 3배인 343만 명으로 늘어날 것으로 전망된다. 그러므로 끊임없이 상호 간에 관계를 맺고 서로 기대고 의지하며 살 수밖에 없다. 외롭기 때문이다.

외롭지 않은 사람이 얼마나 있으랴. 살다 보면 외로움이 깊어지는 시간이 있다. 이럴 때는 세상에 아무도 없는 듯한 고요함 속에 들어가 내면의 관조를 통해서 외로움의 본질을 밝히고 싶다. 세상에 혼자 남겨진 것 같은 외로움에 빠졌을 때, 손을 내밀어 붙잡아주고, 마음을 이해해주며, 품에 끌어안아 주는 사람이 단 한 명이라도 있다면 이미 튼튼한 삶의 동아줄을 잡고 있는 것이나 크게 다름없지 않을까.

(2014. 9. 29.)

제8부

더불어 행복해지는 세상을 꿈꾸어 본다

마마보이 부모에게 들려주고 싶은 이야기

'아내'라는 자리가 주는 무게

주홍빛에 물든 고향의 감나무

생각이 깊어지는 가을

가을과 겨울의 건널목에서

자신과 만나는 시간이 많아지기를 바라며

세월이 가서 아름다운 것들

행복한 사람들은 무엇이 다른가

누가 뭐라고 하든지 자신의 삶을 살기

아름다운 마무리

우린, 어떤 사랑을 하고 있는 걸까

한 해를 마무리하며

새해 소망 꼭 이뤄지길 바라며

더불어 행복해지는 세상을 꿈꾸어 본다

모처럼 시간을 내어 시골 고향 집에 들렀다. 빈집에는 한가한 햇살만이 비추고 있었다. 뜰 안 풍경을 둘러보다가 툇마루에 걸터앉아 물끄러미 앞동산을 바라보았다. 또래 친구들과 어울려 산과 들을 쏘다니며 노닐던 시절이 파노라마처럼 펼쳐졌다. 대자연을 벗으로 삼았던 어릴 적 버릇이 몸에 배어 그동안 내 생각과 삶에 적지 않은 영향을 끼치고 왔음을 새롭게 느꼈다.

지금은 내가 몸담고 사는 주변 환경이 도시여서 그런지 몰라도 바쁜 일이 없어도 늘 바쁘다. 마음도 바쁘고, 정신도 바쁘고, 몸도 덩달아서 바쁘다. 돈만 있으면 주변에 사람이 없고 외톨이라도 관계없이 살 수 있을 것 같다. 사람과 사람, 더 범위를 넓혀서 사람과 다른 생명의 공생관계, 대자연의 일원임을 잊고 사는 때가 많다.

요즈음 뉴스를 접하다 보면 일체의 관계를 끊고 사회 활동을 거부한 채 집안에만 틀어박혀 지내는 사람이 늘어나고 있다. 이른바 은둔형 외톨이는 특별한 사람들의 이야기가 아니다. 부모의 과잉보호나 무관심, 취업난, 왕따, 교내폭행, 그리고 인터넷 중독 등으로 마치 외톨박이처럼 혼자 지내는 사람들이 폭넓게 나타나고 있다. 문제는 이것이 현대 사회의 구성원 누구나가 겪을 수 있다는 데 있다. 내 아들,

딸, 형제자매들이 겪을 수 있는 이야기다.

집단에서 소외당한다는 것이 얼마나 무서운 공격성을 갖게 하는 일인지 외톨이 임팔라가 입증해준다. 아프리카의 임팔라(Impala)는 사슴처럼 귀엽게 생겼고 대개 집단으로 이동하며 생활하는데 그 생김새처럼 매우 온순한 동물이다. 그런데 어찌 된 연유에서인지 이 집단에서 소외당하여 외톨이가 된 임팔라는 날카로운 뿔을 들이대고 저돌적으로 공격하기 때문에 사자 호랑이 코끼리까지 슬슬 피해버린다고 한다.

우리가 늘 만나는 이웃 중에도 집단에서 이탈한 임팔라들이 더러 있다. 어디를 가나 홀로 있는 사람이 있다. 아무리 같은 뜻을 가지고 모인 공동체라도 소외당하는 사람이 있고 외로움을 느끼는 사람이 있다. 늘 그런 사람들은 한두 명의 소수다. 평소 순진하고 착해 보였던 사람이 사고를 쳤다면 그것은 십중팔구 소외된 임팔라였을 가능성이 크다. 소외감은 이렇게 인간성을 파괴하며 때로는 돌발적인 울분을 분출시키는 원인이 된다. 왕따 당하여 외톨이로 지내며 멍든 마음으로 울분과 공격성의 독버섯을 키우고 있는 그런 임팔라는 없는지 학교는 물론 가정, 지역사회 우리가 모두 관심을 가져야겠다.

최근 연이은 묻지마 범죄, 파렴치한 성범죄 등으로 국민의 걱정과 불안이 크다. 무직 상태이거나 일용노동 등 경제적으로 소외되거나 사회적으로 소외된 외톨이 남성들에게서 주로 발생하고 있다. 이런 범죄는 예측하기 어렵고 우리 일상에서 발생하고 있다는 점에서 걱정이 더욱 크다. 내 아이가 또래에서 소외당하고 있는 것은 아닌지, 우리 가족 중에 피해의식에 사로잡혀 있는 사람은 없는지, 우리 이웃에 외톨박이로 울분을 품고 살아가는 사람이 방치돼 있지 않은지 살펴보아야겠다.

물론 개인의 홀로 있는 삶이 중요하다. 제힘으로 제 앞가림은 해야 한다. 하지만 함께하는 삶이 또한 중요하다. 공동체 생활 가운데 함께함과 홀로 있음의 균형 있는 조화가 필요함은 말할 나위가 없다. '사람은 사회적 동물'이라는 말이 있듯이 제아무리 똑똑하고 힘센 사람이라도 혼자 살 수는 없다. 사람들은 서로 다른 사람의 보호처 안에서 산다. 도움을 주고받으며 사는 게 인생이다. 힘들고 어려운 일일수록 주변 사람의 도움이 필요하다. 서로 서로 베풀어 주는 가족 같은 관계로 더불어 사는 세상을 꿈꾸어 본다.

(2014. 10. 6.)

마마보이 부모에게 들려주고 싶은 이야기

가을로 깊어가는 지난 주말 아침, 문화답사를 하는 모임에 참가해 길을 떠났다. 차창 밖으로 보이는 들판은 완연히 익은 벼로 가득하였다. 대부분 일행은 그동안의 회포를 풀며 세상 돌아가는 소식 나누기에 바빠 보였다. 옆자리에서는 요즘 심심찮게 기사화되고 있는 사회지도층 인사들의 성추행 및 성희롱 사건이 도마 위에 올랐다. 의견이 분분한 가운데 나름대로 날카롭게 지적하거나 소신을 밝히는 사람도 있었다.

고위층이 범한 파렴치한 행위일수록 더 입방아에 오르기 마련이다. 특히 예로부터 민심을 모르고 권력을 함부로 쓴 사람은 '임강의 사슴'으로 손가락질을 받았다고 한다. 이런 사람들에게는 당나라 때 학자 유종원柳宗元의 동물 우화 한 토막을 들려주고 싶다.

사냥을 좋아하던 임강이라는 사람이 사냥을 갔다가 어린 사슴 한 마리를 잡아왔다. 어린 사슴을 마당에 놓아길렀는데 사냥 때 함께 다니던 사나운 사냥개들이 어린 사슴을 괴롭혔다. 그럴 때마다 어린 사슴은 웅얼거렸고 사냥개들은 주인한테 혼이 나곤 했다. 사냥개들은 주인이 사슴을 애지중지 아끼고 감싼다는 것을 눈치로 알아챘다.

그 뒤로 사냥개들은 더 사슴을 괴롭히지 않고 어린 사슴에게 굽실

거렸다. 그러자 어린 사슴은 제가 제일인 양 사냥개들을 얕잡아 봤다. 이렇게 집안에서 3년을 기른 사슴을 집 밖으로 나가게 했다. 어린 사슴은 집안에서 하듯이 개들을 깔보고 우쭐댔다. 동네 개들은 사슴을 보자 사납게 으르렁거리며 덤벼들어 물어댔다. 어린 사슴은 온몸이 피투성이가 되었고, 숨이 끊어질 때까지 무슨 이유로 동네 개들이 자기를 물었는지 알 수가 없었다.

모든 부귀영화 권세는 영원한 것이 없다. 결코, 무너질 것 같지 않은 것들이 하루아침에 허무하게 무너지는 것을 우리는 목격하게 된다. 권력자의 보호를 받고 교만 방자하게 오만을 떠는 사람은 언젠가는 필시 후환이 따르는 법이다. 오늘을 사는 우리 부모들은 지나치게 내 자식만 애지중지하다가 혹시라도 '임강의 사슴' 신세를 만들어 주지 않을까 하고 한 번쯤은 반성해 봄도 뜻이 있으리라 생각한다.

주의 깊게 살펴보면 부모 품에서 귀염둥이로만 자라서 버릇없고 나약하기 그지없는 어린이들이 뜻밖에 많다. 공공장소에서 소란 피우는 애를 혼냈더니 "왜 아이 기를 죽여요?"라는 말을 들었다면 느낌이 올 것이다. 뭘 하든 간에 혼나지 않고 버릇없이 굴며 자라는 어린이는 훗날 어른이 되고 고위층 인사가 되어도 자기만이 정의正義라고 생각하고 독선적으로 흐를 확률이 높아진다.

예나 지금이나 자식을 내버려두거나 팽개치고 학대하는 막장 부모가 일부 없는바 아니나 대체로 우리나라 부모들의 자식 사랑은 유별나다. 떠받드는 수준을 벗어나 모시고 섬기는 차원이다. 자식은 상전이요 부모는 노예나 진배없다. 요즘에는 헬리콥터 부모(Helicopter parent)라는 유행어까지 번지고 있다. 1991년 『뉴스위크』지의 네드 제먼이 처음 소개한 말이다. 헬리콥터처럼 자녀 주변을 맴돌며 사사건

건 간섭을 하는 극성부모를 이른다. 일일이 다 챙겨주며 오냐오냐 키우기 때문에 급기야 엄마 없이는 아무것도 못 하는 '마마보이'나 아빠만 졸졸 따르는 '파파걸'로 만들기도 한다.

이런 아이가 자라서 어른이 되면 '캥거루족'이 된다. 직장을 가질 나이가 됐어도 빈둥빈둥 놀거나, 독립해 살기보다는 부모에게 얹혀살며 응석을 부린다. 이렇듯 과잉보호하다가는 결국 자식을 망치고 만다. 옛말에도 있지 않은가. 미운 자식 떡 하나 더 주고, 귀한 자식 매 한 번 더 들라고.

(2014. 10. 13.)

'아내'라는 자리가 주는 무게

아침에 눈을 뜨니 옆자리가 휑했다. 늘 일찍 일어나 주방에서 딸그락거리는 아내가 안 보였다. 며칠 전 동해안 유람을 간 아내 생각이 그제야 떠올랐다. 멀리 떠난 것도 아니요, 며칠간 여행이 끝나면 집으로 돌아올 터인데 금세 아내의 빈자리가 느껴졌다.

아내는 늘 옆에 있는 사람이라 그 고마움을 모르고 지냈다. 시시때때 끼니마다 밥 챙겨 주지, 빨래며 여러 가지 뒷바라지해준 덕으로 편하게만 살아왔다. 어느 한쪽이 오랫동안 집을 비우고 여행을 한 적이 별로 없었기에 집사람이 없어서 외롭다거나 불편함을 모르고 살아왔었다.

항상 그림자처럼 같이 있던 아내가 자리를 비우니 의기소침에 빠질 것만 같다. 홀로 집을 지키면서 TV도 보고, 인터넷도 하고, 이것저것 다 해도 별 재미가 없다. 단지 하룻밤 잠을 설친 것뿐인데도 당장 아침밥을 찾아 먹기부터 불편을 느꼈다. 아내가 밑반찬 해놓고 갔지만 밥 한 끼 만들어 그럭저럭 해결하기도 귀찮았다. 설거지 그릇이 쌓여도 집안이 어질러져도 보고만 있을 수밖에 없다. 점점 꾀가 나서 밖에서 끼니를 사 먹고 있다. 아내의 빈자리를 이렇게 크게 느껴 본 적은 없었다.

시간이 지날수록 아내가 나를 지탱해 온 힘 중 하나였음을 절실히 깨달았다. 돌이켜보면 세상살이 적잖은 굴곡과 파란이 있었지만 그런 것들을 이겨 나가게 하는 힘을 아내로부터 얻었던 경우가 많았다. 아내는 언제나 나를 돕는 배필이었고 인생의 긴 흐름에서 등을 기댈 수 있는 언덕이었다. 삶이 힘들 때 서로를 일으켜 주고 에너지를 충전해 받는 곳이기도 했다. 아이들이 마음 놓고 뛰어놀다가 들어와 엄마 젖 한 모금 빨고 힘을 얻어 나가는 그런 원천이었다.

지금까지 나의 하고자 했던 일을 아내로 말미암아 못했던 일은 없는 것 같다. 평소 서로 의견 충돌이 된다거나 서로의 생각이 달라 커지는 것은 내 목소리일 때가 다반사였다. 무슨 일이든 내 주장대로 결정되는 편이었다. 아내의 양보가 없었더라면 아내도 나와 똑같이 주장을 굽히지 않았다면 우리 집도 상당히 시끄러운 집이 되었으리라. 늘 나의 뜻을 묵묵히 따라만 준 아내에게 항상 감사 하는 맘으로 살아야겠다.

밥을 잘 챙겨 먹는지 아내가 전화가 왔다. 집 걱정일랑 접어두고 여행이나 잘하고 오라고 대답했다. 한참 후 다시 걸려온 전화를 받아보니, 오랜만에 친구들과 수다 떨며 관광하는 재미가 기대보다 쏠쏠한 모양이다. 구경도 구경이지만 친구들과 오랜만에 한 자리에서 만났으니, 오죽 나눌 이야기가 많았을까. 차창 밖 풍경에 눈이 팔리면서도 입은 쉴 새 없이 갖은 수다를 피웠을 것이다. 모처럼 간 여행이니 맘껏 즐기고 건강히 돌아오라고 당부하였다.

젊었을 때는 웬만한 일들은 대수롭지 않게 넘어가고 지나가곤 했었는데 오늘따라 아내의 빈자리가 크게 느껴진다. 결혼 후 40여 년간 남편 뒷바라지며 자식들 챙기느라 고생으로 살아온 아내가 무척이

나 미안하고 고맙다. 며칠 후 환한 미소로 집에 들어올 아내의 모습을 그리며 오늘 못다 한 일들은 마무리지려 한다. 새삼 〈있을 때 잘해〉 노래가 생각난다.

(2014. 10. 19.)

주홍빛에 물든 고향의 감나무

주말이 되어 시골 고향 마을에 갔다. 집집이 돌담 위로 축축 늘어진 감나무 가지들이 주홍빛 감을 주렁주렁 매달고 있었다. 가을의 정취가 흠뻑 담긴 한 폭의 풍경화 같았다. 여기저기 떨어진 발그레한 홍시를 보는 것만으로도 마음이 풍요로워짐을 느꼈다.

어린 시절, 건넌방에서 공부하고 있을 때 어느 가을날이었던가? 어머니는 때때로 슬며시 내 방을 열고 아주 잘 익은 홍시를 내밀곤 했었다. 입안에서 사르르 녹아들어 가는 홍시의 맛, 그때의 그 맛을 잊을 수가 없다.

보릿고개 시절에는 새벽에 일어나 앞다퉈 감꽃을 주워 모은 적도 있었다. 주운 감꽃을 한 움큼씩 질근질근 씹어 먹으며 허기를 달래곤 했다. 남은 것은 감 꽃목걸이로 만들어 목에 걸고 다니며 빼먹기도 하고 늦잠 잔 동생에게 나누어주기도 했던 기억이 새롭다.

초복이 지나면 풋감을 물에 담가 떫은맛을 우려내고 먹거리로 삼았다. 태풍이 불거나 밤새 바람이 불어대던 날 아침에는, 큰 감나무 밑에 떨어진 감을 바가지에 주워 담아 옹기 단지에 넣은 뒤 물을 적당히 채우고는 뜨듯한 두엄더미 속에 넣어 두었다가 하루 이틀 지나면 떨떠름한 감이 잘 우러나서 먹을 수 있었다.

푸르뎅뎅했던 감이 어느덧 빨갛게 익어 제 빛깔을 드러내는 가을이 되면 아버지는 긴 대 나뭇가지에 망을 만들어 조심스럽게 감을 땄다. 들녘 가을걷이에 바쁘실 때는 감을 수확하는 일거리는 내 차지였다. 겁 없이 용케도 높은 감나무를 올라가 새끼줄을 연결한 망태기를 가지 중간에 매달아 놓고 가득 따 담아 내리곤 했었다. 수확한 감은 독 안에 저장하거나 온 가족이 둘러앉아 깎아 싸리나무 가지에 꿰어 엮어 처마 밑에 매달아 곶감을 만들었다. 특히 흰 눈이 펑펑 내리는 동지섣달 긴긴 밤에 간식으로 내다 먹는 홍시 맛은 천하일품이었다.

이렇듯 어릴 적 추억이 얽힌 감나무는 동양의 대표적인 과수다. 예부터 감나무를 오절五節 · 오상五常 · 오색五色의 영험한 나무로 여겼다. 아무튼, 탐스럽게 익어 주렁주렁 매달린 감은 절정을 맞은 가을의 넉넉함을 상징한다. 가을 정취를 만끽할 수 있는 풍경으로 빼놓을 수 없는 게 주홍빛 감이다. 가을 늦게 잎이 떨어지고 붉은 열매만 가득 달린 감나무를 보면 지극히 아름답다.

한편, 잎이 다 떨어진 가지에 빛이 바랜 채 한두 개 남은 까치밥은 새들을 위한 우리 조상들의 따뜻한 배려와 여유로움을 느낄 수 있는 흐뭇한 풍습이었다. 자연 친화적인 풍습이 아직도 전해 내려온다는 게 요즘 같은 세태에 비추어보면 참 다행스러운 일이라 하겠다.

또한, 감나무에 대한 애착이 남다른 나는 10여 년 전에 몇십 그루 사다 심었다. 잘 가꾸고 관리해주었더니 3년째부터 절기에 따라 어김없이 꽃이 피고 열매들이 열리기 시작했다. 사시사철 달라지는 모양을 보면서 자연의 법칙을 배웠다. 세상살이 아무리 어떻다 해도 순환의 법칙을 벗어나지 않는 자연의 이치를 알 수 있었다.

십 년을 위한 계획으로는 나무를 심는 것만 한 것이 없다더니 어느 틈에 벌써 자라서 해마다 수확의 즐거움을 주고 있다. 재작년부터는 손주들이 직접 와서 감을 따는 재미를 누리고 있다. 금방 딴 홍시를 손으로 움켜쥐고 먹는 모습을 보고 있노라면 흐뭇한 마음이 가슴에 차오르곤 했었다. 오늘도 쾌청한 햇살을 받으면서 익어가는 감들을 보면서 귀여운 손주들 얼굴 하나하나 그려 본다. 올해도 모두 다 불러 잘 익은 홍시를 마음껏 먹여주어야겠다.

(2014. 10. 26.)

생각이 깊어지는 가을

창밖을 보니 가을 색이 완연하고 구름 몇 점 없는 청명한 날씨다. 가을의 정취를 만끽하고 바람도 쐴 겸 겸사겸사해서 길을 나섰다. 옷깃을 스쳐 가는 서늘한 바람과 노랗게 물들어가고 있는 길가의 은행나무 잎에서 벌써 가을이 깊숙이 익어가고 있었다. 풍광을 바라만 보고 있어도 많은 감정이 솟구쳤다. 따사로우면서도 한편 허전한 정서가 마음에 감도는 날이다. 뜻하지 않게 시인이 되고 싶고 화가가 되고 싶어졌다.

그러나 아쉽게도 내겐 시 짓는 재주가 부족하니 마음뿐이다. 문득 구르몽의 시 〈낙엽〉이 떠올랐다. "시몬, 나무 잎새 져버린 숲으로 가자. 낙엽은 이끼와 돌과 오솔길을 덮고 있다. 시몬, 너는 좋으냐? 낙엽 밟는 소리가. 낙엽 빛깔은 정답고 모양은 쓸쓸하다. 낙엽은 버림받고 땅 위에 흩어져 있다……."

가을이 되면 나뭇잎들이 갖가지 색으로 자신을 불사른다. 의연하게 낙엽이 되어 자연으로 돌아간다. 이렇게 잎사귀들을 하나둘 비울 줄 아는 나뭇가지들은 미련 없이 열매들까지 떠나보낸다. 세상의 모든 것이 생겨나서 자라고 이루어지고 거두어지듯 원형이정元亨利貞 이치에 따라 끝없이 순환한다. 우리의 삶도 마찬가지이다.

가을은 열매를 맺는 계절이요, 조락凋落의 계절이라고 흔히 말한다. 그래서 그런지 몰라도 가을의 넉넉함 속에서도 왠지 모를 서글픔도 함께 느껴질 때가 있다. 높고 푸른 가을 하늘을 바라보아도 너무 맑아서 눈물이 돌고 그리움이 사무친다. 삶의 때와 얼룩이 더덕더덕 묻어 있는 나를 바라본다. 노년에 들어선 지금 마음을 얼마나 갈고 닦아야 청량한 가을 하늘처럼 될까?

가을은 인생을 돌아보게 한다. 우리에게 일깨워 주는 것이 많다. 결실의 뿌듯함을 가르쳐 주고 과욕을 버리고 본연으로 돌아가는 모습도 보여준다. 자신이 땀 흘려 이룬 성과를 이웃들을 위해 나눠 줄 수 있는 너그러움 또한 본으로 삼을 만한 소중한 가르침이다. 그래서 사람들은 고상하게 사색의 계절이니 풍요의 계절이니 하고 말하는 것 같다.

나의 인생은 지금 어느 지점에서 어떻게 익어가고 있을까? 뜬금없이 라이너 마리아 릴케의 시 「가을날」이 생각난다. 여기에 옮겨 본다.

> '주여, 때가 되었습니다. 여름은 참으로 위대했습니다. 해시계 위에 당신의 그림자를 드리우시고 들판 위엔 바람을 놓아 주십시오. 마지막 열매들이 영글도록 명하시어, 그들에게 이틀만 더 남국의 따뜻한 날을 베푸시고, 완성으로 이끄시어 무거운 포도송이에 마지막 단맛을 넣어 주십시오. 지금 집이 없는 사람은 더는 집을 짓지 않습니다. 지금 혼자인 사람은 오래도록 혼자로 남아 깨어나, 읽고, 긴 편지를 쓸 것입니다. 그러다가 나뭇잎 떨어져 뒹굴면 가로수 길을 이리저리 불안스레 방황할 것입니다.'

릴케의 시 「가을날」은 가을이 올 때마다 나를 스스로 심판하게 한다. 해시계 위에 신의 그림자가 드리우고 장엄한 '때'가 다가오면 정녕 나는 어떤 결실로 구분되고 어떤 심판을 받을까? 내놓을 만한 결실이 없는 나는 부끄러울 따름이다.

가을이 깊어가고 있다. 이름 모를 벌레들이 목 놓아 울고, 길가에 코스모스가 가을바람에 하늘거리며 활짝 웃는다. 황금 들녘 길을 걸으며 이 맑은 가을 하늘만 바라보는 것만으로도 행복하지 않은가? 마음을 비우고 좋은 가을만 생각하면서 조금이나마 가을을 닮아가야겠다.

(2014. 11 .2.)

가을과 겨울의 건널목에서

달력을 보니 벌써 11월도 중순으로 접어들고 있다. 나뭇가지에 달랑 붙어있는 나뭇잎처럼 달력에 섣달 한 장 달랑 남아있다. 시간이 왜 이리도 빠른 걸까? 올해도 얼마 남지 않았다고 생각하니 가슴 한 구석이 허전해진다. 이런저런 상념 때문에 잠 못 이루다 늦잠을 잤다. 일어나 창밖을 보니 뜰의 은행나무가 황금빛으로 물들어 찬란히 빛나고 있었다.

아침을 먹는 둥 마는 둥 하고 무작정 문밖을 나섰다. 늦가을 바람이 제법 쌀랑거렸다. 나들이객들의 옷차림이 두꺼워지고 있었다. 천변 우회도로를 걸으니 양옆으로 늘어선 벚나무들은 유난히도 가을을 타는지 어느덧 잎들을 떨어뜨리며 앙상해지고 있었다. 작은 바람에도 우수수 나뭇잎을 놓아버리는 모습이 눈물겨웠다. 늦가을 나무처럼 그렇게 내게도 놓아야 할 것들이 많음을 새삼스럽게 깨달았다.

가까운 둘레길로 발을 옮겼다. 무거운 짐이라도 벗어 던진 듯 홀가분한 차림의 나무들이 눈에 들어온다. 알몸을 보는 듯해 조금은 부끄럽다. 그러나 벌거벗은 나뭇가지마다 햇살이 눈부시게 감싸주고 있는 걸 보니 한편 마음이 포근해진다. 이렇게 11월이 가고 있었으나 아직은 환상적인 분위기였다. 겉치레를 벗어난 11월은 또 다른 출렁이는 '그리움'이 있었다.

내친김에 더 멀리 둘러보아야겠다고 맘먹었다. 집으로 돌아와 승용차를 몰고 교외로 나섰다. 어느 민둥산 옆 들길을 지나니 군데군데 억새의 물결이 넘실거리고 있었다. 은백색의 그윽한 빛깔을 바라보는 것만으로도 공해에 찌든 심신을 달래주기에 충분하였다. 조용히 하늘거리는 모습이 무상무념無想無念의 세계를 연상시켰다.

문득 갈대라는 뜻의 이름을 가진 시몬 베드로가 생각났다. 갈대와 같이 흔들릴 수밖에 없는 인생인데 어떻게 예수님의 수제자가 되었으며 교회의 반석이 되었는지 궁금했다. 상한 갈대를 꺾지 아니하며 꺼져가는 심지를 끄지 아니하는 조물주의 섭리를 상상해보았다.

지난날을 돌이켜보니 해마다 11월이 되면 외로움과 허무감이 가슴을 적신 적이 많았다. 내 영혼의 촉감이 더 예민해져서 허전함을 곱씹곤 하였다. 나만 가을을 타는 건 아닌 듯하다. 오랫동안 나름대로 베란다의 화분을 관리를 해보니 춘하추동 계절에 맞게 식물들도 변화한다는 사실을 알게 되었다. 물론 각각 종류나 습성에 따라 차이는 있지만, 사이클이 있어서 반복한다는 건 똑같았다. 지금 국화들이 의연한 자세로 계절을 붙잡고 있지만, 결국 시들고 마는 것. 모든 식물이 생장을 멈추고 운기조식하며 동면 속에 잠길 것이다.

이제 날이 추워지고 있다. 겨울을 맞으러 가는 건널목이다. 정말 머지않아 첫눈이 내릴 것이다. 아직은 내 시절이 제3의 인생기 초반이라고 생각하고 있지만, 늙은이 기운 좋은 것과 가을 날씨 좋은 것은 믿을 수 없듯 상황이 언제 변할지 모른다. 내게 주어진 인생의 계절을 맘껏 누리고 잘 마무리하여 아쉬움 없이 보내야겠다.

갑자기 풍요한 가을처럼 살다 가고 싶은 생각이 떠오른다. 입때껏

관계 맺은 사람들과 따사로운 햇살 같은 부드러운 미소를 나누며 단풍처럼 아름다운 모습으로 떠나는 일이 그렇고, 가을의 결실처럼 이웃에 베풀고 갈 일이 그렇다. 만남을 소중하게 여기고 인생살이 끝맺음을 잘하는 일이야말로 유종의 미를 거두는 최선이라고 생각한다.

지난 인생의 참모습을 되돌아본다. 그동안 나는 많은 실수를 범했다. 아마 시간을 다시 되돌린다 해도 완벽한 삶을 살 수 없을 것이다. 그러나 지난 실수는 성장할 수 있는 밑거름이 될 수 있기에 거울 삼아 더 착실히 살아갈 것을 다짐해본다. 뜬금없이 달리고 있는 11월을 못 가게 붙잡고 싶은 날이다.

(2014. 11. 10.)

자신과 만나는 시간이 많아지기를 바라며

햇귀가 짧아졌다. 가을이 저물어가는 모양이다. 나뭇가지에 붙어있는 나뭇잎처럼 달력에 섣달이 달랑 한 장 남아있다. 시간이 왜 이리도 빠른 걸까? 올해도 얼마 남지 않았다고 생각하니 가슴 한구석이 허전해진다. 이런저런 상념 때문에 잠을 설쳤다. 일어나 창밖을 보니 밤새 서리가 하얗게 내렸다. 겨울이 서둘러 다가온 듯싶다.

길거리로 나가보니 오가는 사람들의 옷차림이 두꺼워지고 마주치는 시선도 깊고 그윽해졌다. 유난히 가을을 먼저 타는 가로수길 벚나무들은 이파리들을 떨어뜨리며 앙상해지고 있었다. 작은 바람에도 우수수 나뭇잎을 놓아버리는 모습이 눈물겨웠다. 내게도 내려놓아야 할 것들이 많이 있을 거라는 생각이 문득 뇌리를 스치고 지나갔다.

올해 나는 홀가분한 삶을 별로 영위하지 못했던 것 같다. 글을 잘 쓰겠다는 욕심과 쓸데없는 공상이나 스트레스 같은 짐을 짊어지고 살아온 듯싶다. 내면의 자신과 만나 대화하는 고요한 시간이 부족했다. 여느 사람들처럼 먹고 마시고 잡담하고 친구들과 어울려 번잡하게 살아왔다. 이제는 고요한 자신과 만나는 시간이 소란스러운 곳에 처해 있는 시간보다 많아졌으면 좋겠다.

사실 요즘 주위의 상황을 살펴보면 넘치는 미디어와 정보, 잠시라도 떠나면 불안한 인터넷과 휴대폰 때문에 내면의 나를 만날 겨를이 없는 형편이다. 하지만 그럴수록 의식적으로 일정 시간을 정해 TV를 끄고 인터넷과 휴대폰도 멀리하면서 나 자신과 만나야겠다. 일시적으로는 견디기 어렵겠지만, 시간이 지나면 그런 고요에 익숙해질 수 있으리라.

지극히 고요한 가운데에 이르러 편벽되지 않는 마음을 순자荀子는 대청명大淸明이라고 주장하였다. 대청명은 맑은 거울과 고요한 물 같은 마음의 상태를 말한다. 고요히 일심전력으로 생각하면 정밀해진 빛이 내심에 가득 차서 대청명의 경지에 이를 뿐만 아니라 마음에 가려지는 것이 없는 사람이 될 수 있다는 의미이다.

내면의 자신과 만나 대화하는 고요한 시간이 우리의 중심을 잡아준다. 내면의 소리에 귀를 기울이고, 자신과 대화하는 사람은 길을 잃지 않는 법이다. 간디는 월요일을 침묵의 날로 정하고 다른 사람에게 말을 걸지도 않았고 문밖에서 아무리 급한 일로 야단을 치더라도 절대 말을 하지 않았다고 한다. 침묵과 명상을 통해 꿋꿋이 자신의 길을 걸어간 것이다.

한편 생각해보면 이 세상에서 가장 어려운 것 중 하나가 자신을 아는 것이라 할 수 있다. 과연 자기의 본래 모습은 무엇인가에 대해 자신 있게 답할 수 있는 사람이 얼마나 있으랴. 소크라테스의 명언 '너 자신을 알라.'는 스스로 무지를 깨달으라는 요구다. 이런 견지에서 보면 이 세상에서 가장 지혜롭고 현명한 사람은 자기가 자기 자신을 잘 모른다는 사실을 깨달은 사람이다. 가령 누가 나보고 너 자신을 아느냐 묻는다면 나 역시 나 자신을 모른다고 서슴없이 대답하리라.

결실과 영락零落의 11월은 인생을 돌아보게 한다. 우리에게 일깨워 주는 것이 많다. 결실의 뿌듯함을 가르쳐 주고 과욕을 버리고 본연의 마음으로 돌아가는 모습도 보여준다. 자신으로 돌아와 고요해지는 시간이 더 많아졌으면 좋겠다.

하루에 내면의 나 자신과 만나는 시간은 얼마나 될까? 평생을 같이 있으면서도 만나려고 하지 않는 나의 속사람 본디의 모습이 어떠할까 궁금해진다. 오늘처럼 어둠과 별들로 가득 찬 밤에는 조용히 마음을 가라앉히고 나 자신 속으로 깊이 잠수하여 본래의 나를 만나는 기회를 가져 보아야겠다.

(2014. 11. 17.)

세월이 가서 아름다운 것들

가을이 저물고 있다. 벌써 김장할 때가 되었나 보다. 혀끝에 감칠맛이 도는 막 버무린 김치가 뜬금없이 생각난다. 하지만 한때 주당酒黨이었던 나는 이맘때쯤이면 자글자글 끓고 있는 김치찌개, 그중에서도 푹 곰삭은 맛이 일품인 묵은 김치찌개를 더 좋아했다. 그러고 보니 나의 옛것에 대한 선호의 경향은 나이가 들수록 심해지는 모양이다. 어찌 보면 지나온 세월의 흔적이 묻어있는 모든 것들에 대한 애착심인지도 모른다.

장도 오래 묵은 것이 제맛을 내고 친구도 오랜 친구가 좋다. 더욱이 잊혀진 세월, 우연히 그립던 친구를 만났을 때 그 반가움이란 이루 말할 수 없다. 시간이 흘러도 변치 않고 늘 마음 편하게 하는 친구들, 그래서 오래된 친구들이 좋은가 보다. 과연 나는 오래된 친구들이 얼마나 될까 손꼽아보니 사귄 지 수십 년이 넘는 친구들도 꽤 있는 편이다. 서로의 버릇을 알고 눈만 마주쳐도 감정이 통하고 걸음걸이만 보아도 진심을 읽을 수 있는 친구들도 있다. 이런 친구들을 만날 때마다 세월의 힘을 느끼고 있다. 모두 둘도 없는 보배처럼 우정을 돈독히 나누어야겠다.

나는 오래된 것이 지닌 힘을 믿는다. 고목古木이 그렇고 옛집이 그렇다. 요즘 들어 자주 찾아가는 고향 마을 어귀에는 세월의 무게가 느껴지는 늙은 정자나무 한 그루가 당당한 모습으로 서 있다. 수백 수천 년에 걸쳐 마을을 지키며 모진 풍상을 꿋꿋이 견뎌온 모습을 보고 있노라면 왠지 모를 든든함과 오랜 역사성을 느낄 수 있다. 아무리 세상이 바뀌어도 전설과 신화를 지닌 시간의 관리자로서 구실을 다할 수 있을 것만 같다.

증조 혹은 고조할아버지 적부터 살아온 고향 집을 찾아가 볼 때도 마음이 편안하다. 벽마다 스며있는 선조들의 기침 소리, 서까래와 대들보에 묻어 있는 잊혀진 언어들의 흔적들이 가문의 훈장처럼 빛을 내고 있다. 오래된 항아리와 단지들이 죽 늘어서 있는 뒤란의 장독대를 바라보면 대대로 물려받은 살림살이의 내력이 드러나고 유서 깊은 음식 냄새가 배어 있다.

세월이 가서 아름다운 것들은 수없이 많다. 도자기나 그림 같은 예술품이나 모서리가 닳아 부드러워진 돌도 오래된 것이 좋다. 삶도 그렇고 물건도 그렇다. 오래 보고 느끼고 매만져 사람의 온기가 스민 세월의 맛이 있는 법이다. 나는 가끔 사진첩을 펼치고 추억의 사진들을 넘겨본다. 어린 시절 사진이 먼저 눈에 확 들어온다. 반가워 보고 또 보곤 하면서 회상에 잠긴다. 이처럼 사진도 오래될수록 정감이 아주 다르다. 아름다운 사랑의 추억이 담겨 있는 어린 시절 일기장을 볼 때도 마찬가지다.

불현듯 옛날을 회복하여 그 추억 속에서 쉬고 싶은 생각이 일어난다. 시간을 거슬러 어릴 때 소꿉놀이를 같이 하던 시절로 돌아가고 싶다. 지금도 생각하면 마음이 아련하다. 봉숭아꽃으로 손톱을 빨갛게 물들여 주던 누나가 오늘따라 보고 싶다. 봄이면 활짝 피어나는 앞동산의 벚꽃, 진달래, 개나리도 눈에 선하다. 어머니 품 같다. 그 시절의 삶이 새삼 그립다.

옛것이 어째서 오늘에 감동을 주는지 알 수 있다. 며칠 전에는 밤늦도록 책상 앞에 앉아 고전을 읽다가 지은이의 이야기에 감동한 일이 있었다. 마음에 쏙 드는 구절을 읽을 때마다, 인생의 쾌재를 외치지 않을 수 없었다. 세월의 흐름도 여기서는 거리낌이 없다. 시간과 공간을 초월하여 저자와 만나 이야기를 나눌 수 있다. 삶에 힘이 되는 옛 성현의 경서經書들을 읽을 때마다 오래된 것의 좋음을 인정하지 아니할 수 없다. 모두 세월이 가서 아름다운 것들이다.

(2014. 11. 23.)

행복한 사람들은 무엇이 다른가

올해가 한 달 남았다. 가지 말라고 붙잡고 싶은 세월의 수레바퀴는 아랑곳없이 잘도 굴러간다. 삶의 소소함을 음미하다가 문득, 과연 지금 나는 사랑을 받으며 행복하게 살고 있는지 자신에게 물어보았다. 선뜻 대답하지 못하였다. 나 자신 확실한 삶의 신념과 목적이 희미하기도 하려니와 행복했던 순간들보다 못내 아쉬웠던 일들이 늘 먼저 떠올랐기 때문이다.

사람들은 누구나 다 행복을 추구한다. 돈 벌고, 일하는 행위도 결국 모두 행복을 위해서다. 그러나 저마다 생각하는 행복의 모양새가 다르고 행복을 측정하는 가치를 다를 것이다. 어떤 사람들은 좋은 집에서 고급 차를 가지고, 매일 돈 걱정 없이 펑펑 쓸 수 있는 부자여야 행복하다고 느낄 것이고 어떤 사람들은 그냥 맘 편하게 가족들과 화목하게 살면 행복하다고 느낄 것이다.

곰곰이 생각해보면 행복은 상대성이고 철학적인 논리와 논의가 필요한 문제이다. '행복은 소유 나누기 욕망'이라는 말이 있다. 원하는 것을 소유하거나 욕망의 크기를 줄이면 행복으로 가는 길은 쉽다는 것일 거다. 내 경험에 의하면 가난하고 힘들게 살았던 지난 시절 탓인지 몰라도 돈이야말로 행복의 지름길이라는 생각을 버리지 못하고 있었다. 그런데 요즘 들어 김종완이 지은 『그럼에도 우리는 행복하다』는 책을 읽고 생각이 달라졌다. 환경과는 별개로 충분히 행복해질 수 있다는 걸 깨달았다. 여기에 일부 내용을 옮겨 본다.

만약 당신 앞에 쓰레기와 돈이 떨어져 있다면, 당신은 무엇을 주울 것인가? 아마 많은 사람이 돈을 선택할 것이다. 하지만 세계 3대 빈민 도시인 필리핀 톤도 아이들에게 같은 질문을 던지면, 모두 이렇게 대답한다. "쓰레기를 먼저 주워야죠!" 그리고 이렇게 말을 이어 나간다. "내가 돈을 가지면 나 혼자 행복하게 되지만, 쓰레기를 주우면 깨끗해지니 모두가 행복해질 수 있잖아요." 더는 이상 가난할 수 없는 환경 속에서 환하게 웃는 어린이의 모습에서 저자는 인간의 원초적 행복을 찾았으리라.

어쨌든 행복의 기준을 어디에 두느냐에 따라 행복을 느끼는 정도가 달라지리라고 본다. 보통의 기준으로 볼 때 가난하거나 가진 것이 남들에 비해 적은 사람들이 더 행복하다고 한다. 그 예로 우리보다 가난한 부탄, 방글라데시 사람이 훨씬 행복지수가 높다고 한다.

2014년 한국보건사회연구원의 논문을 보면 경제협력개발기구(OECD) 34개 회원국 가운데 우리나라 국민 행복지수는 33위로 최하위권이다. 특히 자살률이 높고 출산율과 주관적 행복도가 낮아 국민 행복 부문의 순위가 낮았다. 잘살고 돈이 훨씬 많은 미국 국민 행복지수는 30위로 한국과 비슷했다. 이런 점으로 미루어 짐작건대, 국가의 소득 수준이 높아도 개인은 불행할 수 있다는 사례라고 할 수 있겠다.

1998년 이래 주된 흐름으로 자리를 잡아 오고 있는 긍정 심리학에서는 유전이 행복의 50% 정도를 결정하고, 돈, 좋은 집, 좋은 주거 환경 등의 물리적 환경들이 10% 정도를 결정하고 좋은 친구들과의 사귐, 여가 활동 등 같은 의도적 활동들이 40% 정도를 결정한다고 보고 있다. 또한, 행복한 사람들의 가장 큰 특징에는 사회성이 좋고 주위에 참되고 좋은 친구들이 많다고 하였다.

아무튼지 사람들은 누구나 다 자기 나름의 생각이나 기준으로 행복을 추구하는 것 같다. 나도 이제 나이가 들고 보니 참된 행복을 조금이나마 알 듯싶다. 인생에서 행복과 불행은 자기가 판단하기 나름이라고 생각한다. 돈과 명예도 좋지만 진정한 행복을 추구하는 삶이 더 아름답지 않을까? 최고는 아닐지라도 나만의 길을 걷는 행복한 삶을 추구해야겠다.

(2014. 12. 1.)

누가 뭐라고 하든지 자신의 삶을 살기

갑오년이 끝자락에 이르렀다. 엄벙덤벙 보내버린 시간이 아쉽다. 지난 한 해가 눈앞에 파노라마처럼 펼쳐졌다가 사라져 간다. 그동안 어떻게 살아야 보람차고 가치 있는 삶을 살 것인지 나름대로 고민하고 생각해 왔건만 아직 오리무중이다. 싱숭생숭 들뜨고 헝클린 마음을 다잡기 위해 숨을 고르며 생각에 잠겨 보았다. 언젠가 읽었던 두 석공의 이야기가 떠올랐다.

열심히 일하고 있는 한 석공에게 누군가 물었다. "무엇 때문에 당신은 그토록 열심히 돌을 깨고 있습니까?" 석공은 시큰둥하게 대답했다. "먹고 살기 위해 시키는 대로 일할 수밖에 없잖아요." 이번엔 다른 석공에게 물었다. 그러자 그 석공은 이렇게 대답했다. "이 일은 제가 꼭 하고 싶어 하던 일입니다. 지금 천년 세월을 견뎌낼 궁전을 짓고 있는데, 제가 죽은 후에도 찬란하게 빛날 이 궁전을 생각하면 저는 가슴이 벅차오릅니다." 이렇듯 같은 일을 하더라도 목적의 여하에 따라 일은 위대한 의미를 함축할 수도 있고 평범한 의미만을 부여받을 수 있다는 걸 알 수 있다. 이왕 하는 일이라면 긍지를 가지고 즐겁게 하는 사람이 보다 보람을 느끼고 큰 성취감을 맛볼 수 있으리라는 건 더 말할 나위 없다.

이로 보건대, 일 자체보다 그 일을 어떻게 생각하고 있는지 어떤 의미를 지니고 있느냐에 따라 우리의 삶이 달라진다는 걸 알 수 있다. 더군다나 일하면서 그 일의 의미를 발견한다면 단순히 성취감 이상의 어떤 것을 얻을 수 있으리라는 건 너무나 뻔하다. 또한, 자기가 하고 싶은 일을 하는 사람의 행복감과 먹고 사는 방편으로 마지못해 하루하루 일을 해나가는 사람의 행복감은 차원이 다를 거라고 본다.

한편 생각해보면 현재의 생활에 만족하며 충실하게 사는 것이 행복의 지름길이라 할 수 있다. 우리가 진실로 살아가고 있다는 것을 느끼는 것은 지금 이 순간뿐이다. 오로지 현재만이 존재하며 미래도 또한 그때가 되면 현재에 불과하다. 살아서 행동하는 나는 지금 현재의 존재이지 결코 과거의 존재는 아니다. 현재를 활용함으로써 그것을 극대화할 수 있는 사람이야말로 성취도 높은 삶을 살 수 있다.

우리 시대 가장 성공한 흑인 여성인 방송인 오프라 윈프리도『내가 확실히 아는 것들』이란 책에서 "우리 인생에서 가장 중요한 것은 지금 이 순간 그리고 타인에게 의지하는 대신 진정한 나를 찾는 것"이라고 하였다. "과거도 미래도 아닌 지금, 이 순간을 누려라." "삶에서 다른 이의 시선과 사랑에 기대지 말자. 나를 행복으로 이끄는 것은 내가 나를 보는 시선, 내가 나와 맺는 관계이다."고 말했다.

영국의 극작가이며 사회주의 평론가인 버나드 쇼는 "사람들은 항상 자신에게 주어진 환경에 대하여 불평을 한다. 그러나 나는 환경을 인정하지 않는다. 이 세상에서 성공한 사람들은 환경을 스스로 원하는 데로 만든 사람들이다. 그들은 환경이 자신에게 맞지 않으면 그것을 변경시키거나 자신에게 맞는 환경을 스스로 찾아 나섰다."고 말했다.

젊었을 적 나는 한동안 직업 선택을 놓고 갈피를 잡지 못할 때가 많았다. 정말로 하고 싶은 일은 무엇이며 하고 싶은 일을 위해 어떻게 해야 할지 잘 몰랐다. 공연히 문젯거리를 만들거나 괜한 고생을 사서 하는 일도 한두 번이 아니었다. 인생의 목표가 여러 번 바뀌었고 제대로 도달하지 못한 채 지금에 이르고 있다. 이제는 누가 뭐라고 하든 행복할 수 있는 일을 하는 데 집중하고 싶다. 삶을 관조하고 적어도 깜냥껏 살아야겠고 다짐해본다.

(2014. 12. 8.)

아름다운 마무리

해마다 이맘때쯤이면 모임을 알리는 문자가 예서 제서 날아든다. 덩달아 마음이 바빠진다. 이제, 마무리할 게 있다면 서둘러야 한다는 생각으로 한 장 남은 달력에 자꾸 눈이 간다. 그동안 바쁘다는 이유로, 혹은 이런저런 핑계로 매듭짓지 못한 일들이 너무 많은 것 같다. '우물쭈물하다가 내 이럴 줄 알았다.'는 버나드 쇼의 경구가 떠오른다. 아쉬움만 가득하다. 무얼 위해 달려왔던 걸까? 잠깐 돌이켜본다. 이해가 다 저물기 전 진정으로 아름다운 마무리가 무엇인가를 깨우치고 싶다.

며칠 전 여행을 사랑하는 모임에 참가하여 친구에게 인상 깊게 들은 말이 생각난다. 바로 스티브 잡스가 병상에서 자기의 과거를 회상하며 마지막으로 남겼던 메시지이다.

> 나는 사업에서 성공의 최정점에 도달했었다. 다른 사람들 눈에는 내 삶이 성공의 전형으로 보일 것이다. 그러나 나는 이를 떠나서 기쁨이라고 거의 느끼지 못한다. 결과적으로 부富라는 것이 내게는 그저 익숙한 삶 일부분일 뿐이다.
>
> 지금 이 순간에 병석에 누워 나의 지난날을 회상해보면 내가 그토록 자

랑스럽게 여겼던 주위의 갈채와 막대한 부는 임박한 죽음 앞에서 그 빛을 잃었고 그 의미도 다 상실했다. 어두운 방 안에서 생명 보조 장치에서 나오는 푸른빛을 물끄러미 바라보며 낮게 윙윙거리는 그 기계 소리를 듣고 있노라면 죽음의 사자의 손길이 점점 가까이 다가오는 것을 느낀다. 이제야 깨달은 것은 평생 배 굶지 않을 정도의 부만 축적되면 더는 돈 버는 일과 상관없는 다른 일에 관심을 가져야 한다는 사실이다. 그건 돈 버는 일보다 더 중요한 뭔가가 되어야 한다. 그건 인간관계가 될 수도 있고 예술일 수도 있으며 어린 시절부터 가졌던 꿈일 수도 있다. 쉬지 않고 돈 버는 일에만 몰두하다 보면 결과적으로 비틀어진 인간이 될 수밖에 없다. 바로 나같이 말이다. 부에 의해 조종된 환상과는 달리 하나님은 우리가 사랑을 느낄 수 있도록 감성이란 것을 모두의 마음속에 넣어주셨다.

평생에 내가 벌어들인 재산은 가져갈 도리 없다. 내가 가져갈 수 있는 것이 있다면 사랑으로 오직 점철된 추억뿐이다. 그것이 진정한 부이며 그것은 우리를 따라오고 동행하며 그것은 우리가 나아갈 힘과 빛을 가져다 줄 것이다.

사랑은 수천 마일 떨어져 있을지라도 갈 수 있다. 삶은 한계가 없다. 가고 싶으면 가라. 오르고 싶은 높은 곳이 있으면 올라가 보라. 모든 것은 우리의 마음먹기에 달려 있고 우리의 결단 속에 있다. 어떤 것이 세상에서 가장 비싼 침대일까? 그건 병석이다. 우리는 운전사를 고용하여 우리 차를 운전하게 할 수도 있고 직원을 고용하여 우리를 위해 돈을 벌게 할 수도 있지만 고용을 하더라도 다른 사림을 위해 대신 병을 앓도록 시킬 수는 없다.

물질은 잃어버리더라도 되찾을 수 있지만 절대 되찾을 수 없는 게 하나 있으니 바로 삶이다. 누구라도 수술실에 들어갈 즈음이면 진작 읽지 못해 후회하는 책 한 권이 있는데 이름하여 '건강한 삶 지침서'이다. 우리 인생이 어느 시점에 이르렀던지 상관없이 때가 되면 누구나 인생이란 무대의 막이 내릴 날을 맞게 되어 있다. 가족을 위한 사랑과 부부간에 사랑 그리고 이웃을 향한 사랑을 귀히 여겨라. 자신을 잘 돌보기 바란다. 이웃을 사랑하라."

집에 돌아와서도 잊히지 않아 되새겨 보았다. 인생이 뜻하는 마무리는 죽음을 맞이하는 순간이 아니라는 걸 알 수 있었다. 또한, 세상살이에서 하나씩 지어지는 매듭이 모여 마침내 아름다운 마무리를 달성하는 거라는 걸 알아차릴 수 있었다.

크리슈나무르티의『명상집』에서 말하고 있는 아름다운 마무리에 대해 일부를 옮겨본다.

아름다운 마무리는 차 한 잔을 앞에 두고 그 향기와 맛과 빛깔을 조용히 음미한다. 아름다운 마무리는 스스로 가난과 간소함을 선택한다. 아름다운 마무리는 단순해지는 것. 아름다운 마무리는 살아온 날들에 대해 찬사를 보내는 것. 아름다운 마무리는 언제든 채비를 갖춘다. 아름다운 마무리는 낡은 생각 낡은 습관을 미련 없이 떨쳐버리고 새로운 존재로 거듭나는 것이다. 그러므로 아름다운 마무리는 끝이 아니라 새로운 시작이다.

나의 지난 한 해를 돌이켜 보니 성심誠心이나 진지함 따위는 없이 그럭저럭 보낸 것 같다. 오늘이 가고 내일은 온다. 살아가는 순간순간 마무리하고 새롭게 출발할 수 있으리라. 이제부터는 걸어온 길을 이따금 되돌아보며, 남은 인생 마음껏 사랑하고 즐기며 아름다운 마무리를 성취해야겠다.

(2015. 12. 11.)

우린, 어떤 사랑을 하고 있는 걸까

한 해를 보내고 한 해를 맞는 섣달이 중반을 달리고 있다. 창밖을 보니 밤새 내린 눈으로 뒷동산 숲 가지마다 눈꽃이 피어나고 있다. 막연한 그리움이 밀려온다. 멀뚱대다가 문밖으로 나섰다. 무작정 걷다가 문득 영화 구경을 하고 싶은 생각이 들어 극장으로 발길을 옮겼다. 마침 TV 다큐멘터리 프로그램으로도 소개됐던 영화 「님아, 그 강을 건너지 마오」가 상연되고 있었다.

주인공으로 나오는 98세 낭만주의자 조병만 할아버지와 89세 소녀 감성 강계열 할머니 부부는 '76년째 닭살 연인'이다. 노부부는 마당의 낙엽을 쓸다 서로에게 뿌리며 장난을 치고, 나물을 씻다 개울물을 튕기며 웃음을 터뜨린다. 밤에 할머니가 화장실을 갈 땐 할아버지가 문밖에 서서 노래를 부른다. 사랑이 깊을수록 이별은 더 눈물겹다. 할아버지를 먼저 떠나보낸 할머니의 "내가 아니면 누가 기억해주겠느냐."는 넋두리 속에는 깊은 사랑이 고스란히 묻어난다.

종영되고 극장 안이 환해졌으나 숙연한 마음은 가시지 않았다. 귀갓길 내내 생각해 보았다. 카메라를 의식한 연기, 연출이 아니었다. 진짜 저럴까 싶을 만큼 아름다운 노부부의 사랑을 사실 그대로 찍은 영화였다. 평생 작은 것들을 실천하며 산 노부부의 배려와 사랑을 지켜보는 것만으로도 의미 있었다. 불꽃 만남과 매우 빠르게 이혼하는 젊은이들에게 진정한 사랑이 무엇인가에 대해 음미할 만한 메시지가 잘 녹아 있었다.

한편 우리 부부는 이제까지 어떤 사랑을 한 걸까? 자문해본다. 아기자기한 사랑을 나눈 추억이 그다지 떠오르지 않는다. 서로 배려하며 다정하게 살고 싶은 마음은 여전히 간절하다. 행복한 부부생활을 소망하는 건 이 세상 여느 부부도 마찬가지일 거로 생각한다.

내 모든 인생을 다 걸고 평생토록 헌신해도, 사랑이 없으면 아무것도 아니라고 본다. 불현듯 사도 바울의 말이 머릿속에 떠오른다. 내가 사람의 방언과 천사의 말을 할지라도 사랑이 없으면 소리 나는 구리와 울리는 꽹과리가 되고, 내가 예언하는 능이 있어 모든 비밀과 모든 지식을 알고 또 산을 옮길 만한 모든 믿음이 있을지라도 사랑이 없으면 내가 아무것도 아니요, 내가 내게 있는 모든 것으로 구제하고 또 내 몸을 불사르게 내어 줄지라도 사랑이 없으면 내게 아무 유익이 없느니라.(고전 13:1~3)

의미 있고 가치 있는 삶을 살기 위해 배워야 할 사랑의 기술이 있다. 사도 바울은 사랑의 기술을 14가지로 설명하였다. 사랑은 오래 참고, 온유하며, 투기하지 아니하며, 자랑하지 아니하며, 교만하지 아니하며, 무례히 행치 아니하며, 자기의 유익을 구하지 아니하며, 성내지 아니하며, 악한 것을 생각하지 아니하며, 불의를 기뻐하지 아니하며, 진리와 함께 기뻐하는 것이다. 또한, 사랑은 모든 것을 참으며, 모든 것을 믿으며, 모든 것을 바라며, 모든 것을 견디는 것이라고 하였다.

한편으로 생각해보면 사람은 관계성의 존재이다. 서로 비비고 부대끼며 사노라면 대부분 신경증이 생길 수밖에 없다. 상실감, 부족감, 배신감 같은 것으로 마음의 병을 앓고 있는 사람은 뜻밖에 많다. 이런 마음의 병을 고치는 가장 좋은 명약은 바로 조건 없이 베푸는 사랑이다.

'채소를 먹으며 서로 사랑하는 것이 살진 소를 먹으며 서로 미워하는 것보다 낫다.'고 한 잠언이 새삼 마음에 와 닿는다. 사랑이 밴 섬김과 나눔이 없이는 삶이 아무것도 아님을 명심하고 참된 사랑을 할 수 있는 사람이 될 것을 굳게 다짐해본다.

(2014. 12. 15.)

한 해를 마무리하며

가지 말라고 붙잡고 싶은 세월의 수레바퀴는 아랑곳없이 잘도 굴러간다. 올해가 얼마 남지 않았다고 생각하니 감회가 새로워진다. 행복하고 아름답던 순간들만 기억하자고 스스로 다짐해도 못내 아쉬웠던 일들이 먼저 떠오른다. 좀 더 참을 걸, 좀 더 잘할 걸, 좀 더 베풀 걸…….

한편 곰곰 생각해보면 올 한 해 감사 아닌 것이 없다. 내가 만났던 모든 일이 감사하다. 나와 함께 했던 모든 사람에게 무엇으로 사의를 표해야 좋을지 모르겠다. 많은 감사 거리가 있으나 그간 미숙한 내 글을 게재해준『정읍시사』담당자 여러분에게 먼저 감사드린다. 원고를 며칠씩 잔뜩 뜸을 들이다가, 너무 늦게 보낸 적이 한두 번이 아니었다. 또한, 애독해 주신 독자 여러분께도 감사드리고 싶은 마음 간절하다. 앞뒤가 맞지 않게 쓴 내 글을 읽고 심기가 언짢은 독자도 더러 있으리라 짐작된다. 마음 깊이 사과드리며 앞으로 더욱 정진하여 더 좋은 글로 보답할 것을 다짐해본다.

어쨌든 나를 나이게 한 올 한 해에 감사한다. 법정 스님의 산문집『아름다운 마무리』에서는 아름다운 마무리란 지나온 날들에 대해 찬사를 보내고, 타인의 상처를 치유하고 잃어버렸던 나를 찾는 것, 의

존과 타성적인 관계에서 벗어나 홀로 서는 것이라고 알려주고 있다. 내가 걸어온 길을 이따금 되돌아보고, 내려놓음의 소중한 가치를 스스로 알게 된다면 진정으로 아름다운 마무리를 성취할 수 있을 거라고 일깨우고 있다.

크리슈나무르티의 『명상집』에서도 아름다운 마무리에 대해 여러모로 말하고 있다. 맘에 드는 내용을 한 부분 옮겨본다. 아름다운 마무리는 차 한 잔을 앞에 두고 그 향기와 맛과 빛깔을 조용히 음미한다. 아름다운 마무리는 스스로 가난과 간소함을 선택한다. 아름다운 마무리는 단순해지는 것. 아름다운 마무리는 살아온 날들에 대해 찬사를 보내는 것. 아름다운 마무리는 언제든 채비를 갖춘다. 아름다운 마무리는 낡은 생각 낡은 습관을 미련 없이 떨쳐버리고 새로운 존재로 거듭나는 것이다. 그러므로 아름다운 마무리는 끝이 아니라 새로운 시작이다.

나름대로 마무리에 대한 생각이 다르고, 각기 주어진 상황과 처한 환경에 따라 다를 수 있지만, 적어도 매 순간 감사하며 소박한 일상에 행복을 느낄 수 있는 여유를 느끼는 마음을 가질 수 있다면 그 또한 아름다운 마무리가 아닐까 싶다. 각종 송년 모임과 마감해야 할 일로 정신없이 바빠지는 연말이 다가오더라도 틈틈이 쉬며 몸과 마음을 가다듬고 재충전하며 한 해를 보내는 것도 좋은 마무리가 될 수 있을 것 같다.

어느 이야기가 생각난다. 한 시간 동안 두 사람에게 나무를 베게 했는데 한 사람은 쉬지 않고 베었고, 한 사람은 베다가 잠시 쉬면서 날을 갈고, 다시 베는 행동을 반복했다. 나중에 결과를 봤을 때는 한 번도 쉬지 않은 사람보다, 쉬면서 도끼의 날을 갈았던 사람이 더 많이 나무를 베었다는 얘기이다. 무슨 일을 몰두하는 것도 좋지만 이따금 쉬면서 그 시간에 자신을 갈고 닦으면 더 좋은 결과를 가져올 수 있지 않을까 생각해본다.

헛되이 보내버린 날들, 별로 이룬 것은 없고 잃어버린 것들만 있어 못내 아쉬워한들 무슨 소용이 있으랴. 연초에 계획 세웠던 일들이 달성되지 않았다고 지나치게 자책할 필요가 있을까. 새해가 다가오기 전에 지울 것은 지우고 잊을 것은 잊어버리고 가슴 속에 따사로운 사랑만 남겨두어야겠다. 한 해를 마무리하기 좋은 지금, 지나온 삶을 되돌아보고 새로운 삶에 대해 설렘으로 준비하는 시간을 가져야겠다고 다짐해본다.

(2014. 12. 20.)

새해 소망 꼭 이뤄지길 바라며

금세 일 년이 갔다. 다시는 만날 수 없는 시간이기에 못내 아쉽다. 신변잡사에 부대끼며 사느라 일어나는 마찰과 감당하기 힘든 일로 중압감에 시달린 적이 많았으나 내 나름대로 열심히 살았던 한 해였다. 대체로 '괜찮다.'고 스스로 보듬어 온 하루하루였다. 새해에도 해내야 할 일이 많다는 생각이 앞선다.

이맘때 즈음이면 대개 누구나 새해에 꼭 이루고 싶은 꿈과 소망이 있기 마련이다. 내게도 소소한 꿈이 많다. 배우고 싶은 것, 여행하고 싶은 곳, 만나고 싶은 사람들이 많다. 건강, 가족, 금전, 성공, 자녀, 취미, 사업, 인간관계, 등에 관련된 계획도 하도 많아서 모두 이루어질지는 미지수이다.

돌이켜보면 나는 변덕쟁이였다. 어릴 때부터 해가 바뀔 무렵이 되면 매양 새로운 목표와 계획을 세워서 실천 각오를 다져왔건만 한 번도 제대로 이룬 적이 없다. 처음 며칠 동안은 계획대로 잘 실천하지만 머지않아 그 계획은 흐지부지되기 일쑤였다. 마침내 자신의 빈약한 의지력을 탓하면서 무력감에 빠져 포기할 때가 예사였다. 모두 나의 게으름과 나태함 탓이 컸지만 가당치 않은 목표와 힘에 부치는 계획인 경우도 허다했다.

어쨌든 다가오는 을미년의 계획은 실현 가능성이 높은 계획을 세워야겠다. 먼저 새해 나의 꿈 목록 작성해볼까 한다. 꼭 하고 싶은 것을 생각하며 간절한 마음으로 정성껏 써 늘 보이는 벽에 걸어놓고 1년 동안 아침에 일어나서 일과를 시작하기 전, 잠들기 전에 꼭 한 번씩 읽어볼 심산이다. 날마다 보고 실천하노라면 1년 후에는 여느 해보다 꿈의 실현 가능성이 커지지 않을까 기대를 걸어본다.

희망으로 가득 찬 최근 한 모임에서 '새해 바라는 소원'에 관해서 물어봤더니, 직선적이고 단순한 대답 일색이었다. 가족과 함께하는 여행에 관한 것이 가장 많았고, 아파트나 자동차 등 특별히 지정한 자산을 갖고 싶다는 소원, 그리고 자기계발 등에 관한 소원이 그 뒤를 이었다. 실현성 없는 기대로 끝날 수도 있겠지만, 소중한 꿈이 있기에 우리는 힘과 용기를 내고, 최선의 노력을 다하는 게 아닐까 생각해보았다.

한편 무릇 모든 일에 때가 있고 꿈이 이루어질 적절한 시기가 있다는 생각이 떠올랐다. 계획을 세울 때도 놓치지 말고 잡아야 할 호기가 있다는 걸 알게 되었다. 일찍이 공자孔子는 "일생의 계획은 어릴 때에 달려 있고 일 년의 계획은 봄에 있으며 하루의 계획은 새벽에 달려 있다. 젊어서 배우지 않으면 늙어서 아는 것이 없고 봄에 밭을 갈지 않으면 가을에 바랄 것이 없으며 아침에 일어나지 않으면 그날 할 일이 없게 된다."고 말했다.

지혜의 왕 솔로몬의 전도서를 보면 "범사에 기한이 있고 천하만사가 다 때가 있나니, 날 때가 있고 죽을 때가 있으며, 심을 때가 있고 심은 것을 뽑을 때가 있으며… 사랑할 때가 있고 미워할 때가 있으며, 전쟁할 때가 있고 평화할 때가 있다."는 말이 있다.

신이 우리에게 공평하게 보내준 선물, 그것은 바로 시간이다. 내게 주어진 시간은 얼마나 될지 좀 더 진지하게 생각해보며 지혜로운 삶을 추구해야겠다. 삶의 마침표를 찍기 전에 꼭 하고 싶고, 반드시 해야 할 일을 떠올려보고 실천하며 보람차게 살아야겠다.

수많은 꿈과 소망이 뭉치고 결실 맺어 오늘의 내가 이루어진 것 아닐까. 작은 소망일지라도 그것이 삶의 힘, 나의 발전 동력이 된 것은 아니었을까. 새해에는 나의 작은 꿈과 계획이 꼭 이루어지기를 소망해본다. 각오를 단단히 하고 겸허하게 을미년을 맞이해야겠다.

(2014. 12. 29.)

| 축사

오늘 여기, 그대가 주인입니다.

문 경 근

(정읍수필문학회 편집장)

그동안 쓴 글을 모아 내놓고 싶다는 말을 듣고 이제나저제나 하며 지켜봤습니다. 언젠가는 드러내겠지 하며 내심 기다리던 시간이 꽤 지났습니다. 그러던 차에 드디어 『그대 머무는 곳마다』라는 이희석 에세이집을 출간하게 되었다는 소식을 접했습니다. 머뭇거리는 줄 알았더니 제대로 익히느라 그랬나 봅니다. 농익은 과실을 한 아름 안은 듯 반갑기 그지없었습니다. 거두고 모으는 계절에 맞춰 큰일 하셨습니다. 마치 내 일이라도 된 듯, 기쁘게 생각하며 진심으로 축하드립니다.

누구나 그렇듯, 지나온 세월 동안 겪었던 일들은 나름 소중한 이야기일 것입니다. 뜬구름처럼 잠시 떠다니다가 흔적도 없이 날려버리기엔 너무 아까운 일들이지 싶습니다. 계량할 수 없는 귀한 자산이겠지요. 애지중지 아끼며 간수한 물건도 소중하겠지만, 따지고 보면 무심한 사물이 아닐는지요. 하고 싶었던 이야기를 모으고 다듬어 언젠가는 한 권의 책으로 엮어야겠다고 입버릇처럼 말했던 일이 새삼 떠오릅니다. 이 작가의 다짐에 전적으로 공감하며 화답했던 기억이 납니다.

이 작가의 이런 생각이 신념으로 진화할 즈음에 지역신문에 칼럼을 쓸 기회를 맞게 된 것은 어쩌면 행운인지도 모릅니다. 신문 칼럼을 통해 문장은 더욱 다듬어지고 사유는 깊어졌을 테니까요. 2년 동안 한 주도 거르지 않고 마감 시각 안에 송고한다는 것은 피를 말리는 싸움이었을 거라 짐작합니다. 시간에 쫓기다 보면 사방이 적요한 밤중을 헤매다가 머릿속까지 헝클어져 컴퓨터를 닫아버리고도 싶었을 것입니다. 하지만 산고의 진통을 거쳐 태어난 새 생명이 온 가족을 기쁘게 하듯, 지면을 통해 독자를 만남으로써 긍정의 미소를 짓게 했습니다.

이 작가는 처음 1년 동안 칼럼 형식의 색깔을 드러내며 글을 썼지요. 정서보다 논리를 끌어왔으며, 구체적이고 직설적일 수밖에 없었을 것입니다. 건조함을 벗어나지 못하는 칼럼에 한계를 느낄 때마다 수필 생각이 간절했겠지요. 수필적인 칼럼은 구체적인 것을 오히려 추상화시킴으로써 주제 전달에 여운을 주게 되며, 문학적인 효과도 제공하게 된다는 사실에 주목한 것이라 믿습니다. 연재 후반에 과감하게 수필 쓰기로 변신을 꾀한 건 잘한 일 같습니다. 이 작가의 또 다른 문학성이 지면을 장식하며 독자의 관심을 끌게 되었으니까요.

칼럼의 제약에서 한걸음 벗어난 작가의 글은 날개를 단 듯 마음껏 날았습니다. 유연함을 바탕으로 때로는 서정적으로, 때로는 지성적으로 호소력 짙은 글을 써나갔습니다. 무려 100여 편의 칼럼과 수필을 지역신문에 게재하며 소재의 폭은 넓어지고 사유와 성찰은 깊어져 갔겠지요. 사람이 글을 쓰고 그 글이 사람을 만들 듯, 글을 통해 자신을 다독이며 인생을 관조하는 길로 한 걸음씩 나아갔을 것입니다.

이 작가는 준비된 칼럼니스트이자 내공 있는 수필가입니다. 이미 대학원에서 깊이 있는 학문 탐구의 과정을 밟으며 관련 분야의 도서를 섭렵했으며, 그 결과는 칼럼을 통해 심오한 통찰력으로 표출되었습니다. 또한 수필에 대한 열정과 부단한 학습으로 등단의 꿈을 이루는 과정을 옆에서 지켜봤습니다.

이 작가의 수필에 대한 사랑은 '정읍수필문학회'의 창립으로 이어졌습니다. 아직 수필 활동이 미진했던 정읍지역에 발로 뛰며 수필의 씨앗을 뿌렸습니다. 이 작가의 헌신적인 노력으로, 그동안 머뭇거리고 있던 수필 애호가들이 동행해 주었습니다. 그 결과 1년 만에 『정읍수필』 창간호 발간이라는 열매를 거두게 되었습니다. 이 작가가 앞장서서 정읍 수필 밭에 뿌린 씨앗은 언젠가 꽃이 피고 열매를 맺으리라 기대합니다.

첫 에세이집 발간을 다시 한번 축하드리며, 문운이 크게 뻗어나가기를 기원합니다.

2017년 12월 12일